検証「戦後民主主義」

わたしたちはなぜ
戦争責任問題を解決できないのか

田中利幸

三一書房

40年間の変わらぬモラル・サポートに深く感謝しつつ、この小著をジョアンナに捧ぐ

もくじ

序文　アジア太平洋戦争と「戦後民主主義」

「忘却というものは、いともたやすく忘却された出来事の正当化と手を結ぶ」

テオドア・アドルノ

いわゆる「慰安婦（日本軍性奴隷）」や「徴用工」の問題で日韓関係が最近ひじょうに険悪化していることからも明らかなように、戦後74年も経つというのに、なぜ日本は「戦争責任問題」を解決できないのであろうか。この疑問について考えるためには、単に日本の「戦争責任意識の欠落」だけに視点を当てるのでは解決にはならない。日本の「戦争責任問題」は、最初から、米国の自国ならびに日本の「戦争責任」に対する姿勢と複雑に絡み合っていることを知る必要がある。さらには、その絡み合いが日本の「戦後民主主義」を深く歪め、強く性格づけてきたのであり、そうした歴史的経緯の結果として、多くの日本人の「戦争責任意識の欠落」と現在の日本政府の「戦争責任否定」があることを明確にする必要がある。

本書の目的は、そのような日米の「戦争責任問題」の取り扱い方の絡み合いを、空爆、原爆、平和憲法の3点に絞って分析し、どのようにそれが絡み合っているのかを分析することにある。さらには、その絡み合いの最も重要な要素の一つとしての「記憶」にも焦点を当て、日米の公的「戦争記憶」がいかにして作られ今も操持されているのか、その「公的記憶」に対して、我々市民が自分たち独自の

「歴史克服のための記憶」の方法を創造していくにはどうすべきかについても議論する。
本題に入る前に、まず基本的な歴史事実を押さえておきたい。「戦争責任」を議論するには、日本が犯した侵略戦争の実相を概観しておく必要がある。

（1）日清・日露戦争から「満州事変」まで

日本は日清戦争（1894～95年）、日露戦争（1904～05年）、第一次世界大戦（1914～18年）を経て短期間のうちに急速に軍事大国にのしあがった。日清戦争では台湾・澎湖諸島を植民地化、日露戦争では遼東半島先端部（関東州）を租借地として獲得し、サハリン南東部（南樺太）を領土とした。1910年には朝鮮を植民地化、第一次世界大戦では南洋群島も保有するに至った。

日清戦争中の1894年11月、旅順に侵攻した日本軍は、市内ならびにその近辺の農村で、中国人の軍人、民間人、負傷者の多くを、捕虜にせず殺害し、略奪と放火を行った。被害者の数を確定できるような資料は存在しないが、少なくとも2、500人が犠牲になったと言われている（1）。日清戦争後の1895年5月、台湾植民地化のために台湾北部に上陸した日本軍は、台南占領までの約5ヶ月間に、軍民合わせて1万4千人以上を殺害。その後起きた北部蜂起に対する日本軍による報復殺害の犠牲者数は3千人近く。1898～1902年までに台湾総督府が処刑した「叛徒」の数は1万人以上にのぼった(2)。

日露戦争には当初から日本の朝鮮半島植民地化の狙いが含まれていたのであり、戦時中は、朝鮮での徴発、軍用品輸送や土木作業のための人夫労役に反抗する多くの朝鮮人を日本軍は処刑した。戦争直後には、日本による朝鮮植民地化に反対する「義兵運動」が高まり、1906~11年には朝鮮各地で義兵闘争が起きた。日本軍はこれに対し、暴行、略奪、焼き払いなどで弾圧を試み、その結果、朝鮮人義兵側には推定死傷者2万4千名が出た(3)。このように日本は、朝鮮・台湾植民地化の当初から虐殺行為をくりひろげた。

日露戦争後の日露講和条約で、日本はロシアから東清鉄道南部支線を取得し、これを基盤に半官半民の南満州鉄道株式会社(いわゆる「満鉄」)を設置。満鉄は鉄道経営にとどまらず、沿線の撫順・煙台の炭鉱採掘、大連・旅順の港湾事業、鞍山の製鉄業などの事業をも兼営する(最盛期には80を超える関連企業を有する)一大コンツェルンへと拡大することで、満州植民化への足がかりを作っていった。

満州を完全に日本の支配下におくため、満州に駐留していた日本軍(関東軍)では、満州占領のための戦争計画、満蒙領有計画を1930年末までにほぼ完了させていた。時機到来と判断した関東軍参謀たちは、1931年9月18日、奉天郊外の柳条湖の満鉄線路を爆破し、中国軍が不法にも攻撃をしかけてきたと主張。これを口実に、「自衛」のための行動と称して、天皇裕仁の許可もなく満州各地に日本軍を侵攻させ、柳条湖爆破後わずか5ヶ月で、日本軍は全満州を占領した。いわゆる「満州事変」である。1932年1月8日には、天皇裕仁は関東軍の「果断神速」を褒め称えて、「朕深ク其忠烈ヲ嘉ス」という喜びの勅語を発表した。1932年3月1日に、日本の傀儡政権である満州国建国が宣言され、満州国は関東軍の強力な軍事的支配下に置かれた（4）。

1931年の段階で、日本は280隻（13万8千トン）の大艦隊を擁する世界第3位の海軍大国となり、陸軍は常備兵力として17個師団（約23万人）の兵力をもち、そのうちの2個師団は朝鮮に配備され、さらに1個師団が関東州と満鉄の防備・保護の任務に当たる関東軍として配備されていた。この帝国陸海軍を統帥する（支配し率いる）のは陸海軍大元帥であった天皇裕仁（1921年に摂政、28年に天皇に即位）であったが、統帥権は、実際には、最高幕僚長である陸軍参謀総長と海軍軍令部長（1933年9月から「軍令部総長」と改称）の補佐によって行使された。この統帥権行使については、軍部が「統帥権独立」を主張し、内閣の関与を許さなかった。つまり軍隊の指揮・運用に関しては、参謀総長、軍令部総長、陸海軍両大臣の帷幄上奏権《いあくじょうそう》（天皇に直接進言する権利）によって、内閣の意向とは無関係に、軍令を制定することができた。天皇は、統治権を総攬する国家元首であり、国務に関する大権も持っていたが、この大権も国務大臣の補弼《ほひつ》（天皇に助言を与えること）によって行使されていた。

軍事的には大国となっていた当時の日本ではあるが、経済的にはいまだ弱劣国で、石炭はなんとか自給できていたものの、鉄鉱石、非鉄金属類、石油などの自然資源やゴム、羊毛、棉花などの原料確保では、覇権争いの相手であった米国ならびに英国植民地からの輸入に大きく依存していた。その上、日本は工作機械類の工業生産手段の生産でも立ち遅れていたため、この面でも米英からの輸入に依存。脆弱な経済力にもかかわらず、実力以上の軍事的対外膨張政策を推進したため、外資輸入や国際金融面でも米英への依存度が強かった。かくして、日本は、軍事力では世界第3位を誇り米英に対抗しながらも、経済的にはその両国に大いに依存しなければならないという矛盾を抱え込んだ、一言で称するなら「遅れてやってきた帝国主義国家」であった。

この矛盾を解決するために、アジア地域で日本を中心とする自給自足圏（後に「大東亜共栄圏」と呼ばれる）を打ち立てることで、米英に対する経済上の劣勢と依存を克服するという構想が、軍や右翼の急進派によって唱道されるようになった。この構想の実現は、アジア全域に支配力を及ぼしていた既存の欧米勢力の打破を必要とするので、米英仏蘭といった列強諸国との軍事的対決が必然的になってくる。そのため軍部は、このアジア覇権主義に基づき、上記の「統帥権独立」を盾に、国家総力戦体制の確立に向けて、内閣の意向を無視する形で軍備増強を推進。同時に、国政や外交にも頻繁に介入して、ますます内閣の欧米列強諸国との国際協調路線政策を妨げ、対外政策の分裂を増幅させた。同時に、軍部を中軸とする天皇制支配体制を強化し、議会政治、政党政治の機能を麻痺させていった。

一方、経済面では、日本は、第一次世界大戦で異常に膨張した経済を襲った1920年の恐慌、23年の関東大震災による経済へのさらなる打撃、27年に起きた空前の深刻な金融恐慌などのために、長期にわたる深刻な経済不振にみまわれ、「慢性不況」と称される時代であった。この恐慌の影響で疲弊した農村では、多くの若い女性たちが娼妓、すなわち売春婦として身売りされ、都市へと送り込まれたと言われている。こうした経済危機を脱出するために資本家たちが中国市場の確保拡大を要求する動きによっても、「アジア覇権主義」は促進された。「遅れてやってきた帝国主義国家」である日本が、長引く経済不振を「アジア覇権主義」で暴力的に解決しようと始めた無謀な15年という長期にわたる戦争の端緒が、上述の「満州事変」だったのである。

(2) 日中戦争から「武力南進」政策の開始まで

1937年7月7日深夜、北平（北京）郊外の永定河に架けられている盧溝橋付近で、日中両軍の間で小さな衝突が起きた事件、いわゆる盧溝橋事件を機に、日本は中国全土を植民地化する目的で、今度は中国各地に軍を侵攻させた。いわゆる「日中戦争」の始まりである。進撃する大量の日本軍将兵に必要な食糧や物資をまかなうのは困難であるため、食糧は「現地にて徴発、自活」せよとの命令が頻繁に出された。「現地徴発」とは、早く言えば地元住民から「略奪」するという日本軍独自の用語であった。かくして、進撃の途上のいたるところで、日本軍将兵たちは捕虜・敗残兵を殺害し、民家に押し入って略奪。抵抗する市民には放火・暴行・虐殺で応酬した。日本軍の「現地徴発（または現地調達）」はアジア太平洋戦争中に各地で行われたが、これがそれに伴う戦争犯罪行為（とくに市民の殺害と強姦）を引き起こし、それがさらに反日感情と抗日運動を高めるという悪循環を生み出したことが重大な特徴である。

その典型的な事件が、同年12月13日に南京を占領した日本軍が犯した、虐殺・略奪・強姦・放火など、いわゆる「南京虐殺」で、占領後2ヶ月にわたりこうした残虐行為を市内でくりひろげた。南京での中国人死亡者推定数は4万人から30万人と様々な説があるが、おそらく、どんなに少なく見積もっても十数万の中国人が日本軍による虐殺の犠牲になったと考えられる（5）。

南京を占領した日本軍将兵が多くの女性を強姦・輪姦したことも、様々な資料や証言から否定しがたい事実であることが分かる。大量強姦・輪姦が中国人の間に強烈な反日意識を生み出したため、これ以降、日本軍は性暴力犯罪を防止するという目的から、日本軍が侵攻する先々で軍専用の「慰安所」を設置するという方針をとることになった。「慰安所」は、1932年1月からすでに海軍が設置していたが、陸軍の「慰安所」が急増するのは、この南京占領の後からである。しかし、「慰安所」を設置しても強姦・輪姦を防止することは全くできなかった。

「慰安所」で働かされた女性の中には日本人女性もいたが、その大半は当時植民地であった朝鮮と台湾の若い女性たちで、多くが「看護婦見習い」とか「給仕」といった仕事で雇うと騙されて連れられてきた人たちであった。中国各地でも、日本軍は地元の女性を強制的に「慰安婦」にしていった。女性たちは、一旦「慰安所」に入れられたならば、長期間、兵士たちに性的奉仕を強制されたことから、彼女たちもまた強姦の犠牲者だったと言える。彼女たちの証言を読んだり聞いたりして分かることは、その実態は「軍性奴隷」と称すべき由々しい人権侵害であり、したがって女性たちは「人道に対する罪」の犠牲者であったことである。この「日本軍性奴隷制度」は、中国だけではなく、1941年12月の対米英蘭開戦の後には、日本軍が侵攻したアジア太平洋全域にわたって導入され、多くの東南アジア人やオランダ人女性も犠牲者となった(6)。

日中戦争が全面化すると、日本軍は大量の毒ガス兵器も使うようになった。使用された毒ガスはイペリット(びらん性ガス)、青酸ガス、ホスゲン(窒息性ガス)などであったが、それらは主に広島県大久野島で大量生産され、中国に輸送された。満州では、関東軍化学部が731(細菌戦)部隊と連携して毒ガス兵器の人体実験や訓練を行った。日本軍は、毒ガスを1937年から中国各地の実戦で使用し始め、いわゆる「ゲリラ掃討作戦」で423回以上使用し、3万3千人以上の兵士・民間人を殺傷。中国軍との正規戦では少なくとも1、668回使用して、4万7千人以上を殺傷した(うち死亡者約6千人)。日本軍は、敗戦前後に、保有していた大量の毒ガス弾を中国各地の十数都市で遺棄した。例えば、吉林省敦化市のハルバ嶺地区には、推定30万から40万発の日本軍の毒ガス弾が遺棄されたと言われている。戦後、それらの都市では、漏れ出した毒ガスで多くの住民が被害を受け、1947～69年に行われた毒ガス弾回収作業では、作業中の事故で300人ほどが死亡したとも言われている(7)。

731部隊は細菌兵器の開発と人体実験も大々的に行った。731部隊(いわゆる「石井部隊」)は、ハルビン郊外の平房に建設された大規模な施設(医学研究室、実験室、人体実験被験者収容施設、監獄などの複合施設)で、ペスト菌、チフス菌、パラチフス菌など様々な病原菌を兵器として利用する目的で大量生産し、そのための人体実験で、中国人(少数ながらロシア人も含む)に感染させた。さらには、毒ガス、凍傷、熱湯、脱水、感電などの実験にも生きた人体を使った。マルタ(丸太)と呼ばれたこれらの被実験者たちは、抗日分子、スパイ容疑で逮捕された者、「犯罪者」と見なされた者などで、約3千人あまりが犠牲者となったと言われている(8)。

中国で日本軍が行ったもう一つの残虐行為は「三光作戦」と呼ばれるもので、「三光」とは、中国語で、殺光(殺し尽くす)、焼光(焼き尽くす)、搶光(奪い尽くす)を意味している。1940年8月から10月にかけて、中国共産党軍は、華北で八路軍40万人を動員して総力をあげて日本軍を攻撃する「百団大戦」と呼ぶ作戦を展開して、日本軍に大きな打撃を与えた。これに対する報復として、日本軍は同年9月から、共産党の抗日根拠地を燼滅《じんめつ》させる作戦、「晋中作戦」(「晋」は山西省を指す)を開始。この作戦では、①「敵性あり」と考えられる住民中15歳以上60歳までの男子は殺傷、②敵が隠匿または集積している武器弾薬や糧秣（食糧のこと）は押収または焼却、③「敵性部落」は焼却破壊する、の3つが命令とされた。つまり、「敵性あり」とみなされた者は殺戮し、所有物資は奪い、住居は燃やすことで、「敵をして将来生存するに能わざるに至らしむ」ことが目的とされたのである。この「三光作戦」展開中にも強姦・輪姦が頻発し、大量の毒ガス兵器も使用された。残虐なこの「三光作戦」は、「第2期晋中作戦（40年10～11月）」と「三西西方作戦（40年12月～41年1月）」でもとられ、41年8月から43年7月にかけては、北支那方面軍（司令官・岡村寧次大将）がチャハル省、河北省、河南省、山東省の各地で展開した「燼滅・粛清作戦」でも実施された。

さらに日本軍は、中国共産党軍の活動を封じ込めるために、1942年から43年にかけて、満州から華北にかけての万里の長城沿いの地域の住民を強制移住させて無人区にし、幅6メートル・深さ4メートルの遮断壕や、幅1メートル・高さ2メートルの石垣で作った封鎖線を張りめぐらした。これらの遮断壕や封鎖線の長さは、総合すると1万1、860キロにも及んだと言われている。「三光作戦」と遮断壕・封鎖線設置作戦によって、1941年から42年の間に、華北地域の共産党解放区の面積は6分の1縮小し、人口も4千万人から2千5百万人にまで激減した（9）。

1938年末までに、日本軍は北平（北京）、上海、南京、漢口、武漢、広東などを占領。こうして中国の多くの重要都市と鉄道を占領はしたものの、広大な中国全域、とりわけ内陸部の農村部を制圧することはとうていできず、これが日本の軍事動員力の限界であった。１９３９年までに、中国への日本軍派兵数は85万人という数に膨れ上がっていた。海外にこれだけ多くの兵員を駐屯させ、武器・弾薬などの必要物資を供給するには膨大な予算が必要となり、１９３８年度の軍事予算は60億円ほど〈国家財政の77％近く〉までに膨張してしまった。一方、ヨーロッパでは、１９３９年9月1日、ドイツ・ナチス軍がポーランドに侵攻したのを受けて、英仏両国がドイツに宣戦布告し、第二次世界大戦が始まった。

日本が中国で戦火を拡大したことは、英米などの列強諸国の中国での権益を侵すことになったため、英米は国民党政権を物的・人的の両面での支援を開始。日本にとっては仮想敵国であったソ連もこの支援に参加。そのような国民党の首都である重慶に、日本軍は無差別爆撃を１９３８年12月から１９４３年8月まで断続的に２１８回もくり返し、合計2万人近い数の市民を殺害した⑽。列強諸国からの援助があるため国民党政権は屈服しないと考えた日本側は、１９３８年後半からは支援ルートの遮断にも力を入れるようになり、１９３９年にはそのルートの拠点である海南島・南寧・汕頭を占領し、１９４０年には北部仏印〈フランス領インドシナ〈現在のベトナム・ラオス・カンボジア〉〉にまで侵攻するようになった。

(3) 三国同盟調印から太平洋戦争開始まで

1940年7月26日の閣議で、第二次・近衛文磨内閣（陸軍大臣・東条英機、海軍大臣・吉田善吾、外務大臣・松岡洋右）は、陸軍省軍務局の立案による「基本国策要綱」を決定したが、その根本方針は、日本、満州、支那（中国）の「強固なる結合を根幹とする大東亜の新秩序を建設する」ことを目的とし、そのために日独伊三国同盟と武力南進という2つの政策をとるというものであった。「大東亜共栄圏の確立」（松岡洋右が外務大臣就任談話の中で使った表現）と「高度国防国家体制の確立」いう軍事拡大主義的な方針によって、ここにその後の日本の運命が決定づけられた。日独伊三国同盟は9月27日にベルリンで調印され、これによって、三国枢軸（Tokyo-Berlin-Rome Axis）と米英陣営連合諸国（The Allied Power）の世界的規模での対抗、すなわち世界帝国主義の二大陣営の対抗が明白なものとなった。

第二次世界大戦は、根本的には、この二大陣営による植民地再分割戦争であったと言える。すなわち、アジア・アフリカ諸国を植民地として領有し続けようとする富める先進資本主義諸国である英仏蘭米に対して、植民地を拡大しようともくろむ後発の資本主義諸国である日独伊の間の戦争であった。ヨーロッパ戦線での戦争は、アフリカ地域で英仏蘭が支配する植民地のドイツ・イタリアによる争奪戦であり、アジア・太平洋地域では英仏蘭米の支配下にある植民地・半植民地の日本による争奪という性格をもつ戦争であった。ただし、枢軸国側の政策は、全体主義に基づく「新秩序建設」という名目での膨張主義であるのに対し、連合国側は、先進資本主義諸国による植民地領有継続のための戦いを、「民主主義防衛」と「不拡大主義」という美名の旗を掲げることで正当化した。

こうした状況の中で、南方資源の確保がますます切実な問題となってきたため、日本は、武力南進政策を急速に強化。アメリカはこうした日本の行動に対し、1940年7月には、石油ならびに兵器製造に必要な屑鉄の輸出許可制度、航空機用ガソリンの対日禁輸を実施。9月23日の仏印武力侵攻の3日後には、屑鉄の輸出を全面禁止した。その一方で、9月25日、アメリカは中国に2、500万ドルの借款を供与。12月1日には対日禁輸品目に鉄鋼、鉄合金などを追加し、翌日の12月2日には中国への1億ドル借款案がアメリカ連邦議会で可決された。日本は、ロンドンに亡命政府を置いていたオランダとの交渉で蘭印（オランダ領東インド＝現在のインドネシア）からの石油輸入をはかろうとしたが失敗。敵国ドイツと同盟にある日本にオランダが協力するはずはなく、仏印に日本の軍事基地を置いて威圧すれば蘭印も石油供給に応じるかもしれないという甘い考えは、果たして誤算に終わった(11)。

このため日本は武力南進政策をさらに推進し、1941年7月28日から兵力4万人の第25軍を南部仏印に上陸させ、サイゴンを中心に8航空基地、サイゴン・カムラン湾に海軍基地を設定。結局、こうして日本は仏印全土を日本軍の制圧下に置いた。これによって、英国の東アジア支配の最大の根拠地であるシンガポールが、日本軍の空爆圏内に入ることとなった。仏印＝インドシナは、日本軍と仏印当局の二重支配下におかれ、日本軍は民族運動を厳しく弾圧していた仏印当局を使って、住民から食糧・労働力を供出させただけではなく軍事費まで負担させるという圧政を行った。この二重支配は、1945年3月に日本軍が仏印当局を攻撃して単独支配を行うようになるまで続いた。

アメリカは、対抗処置として7月25日に在米日本資産（5億5千万円）の凍結を発表。翌日にはイギリス、オランダも同様の措置をとった。アメリカは、さらに8月1日、日本への石油輸出の全面禁止を決定。この決定は、日中戦争を通じてアメリカと敵対関係を深めながら、そのアメリカに戦略物資面で、とりわけ最も重要な石油の供給の75％をアメリカに依存してきた日本にとっては致命的な打撃となるものであった。

この時期になると、軍部は、陸海両軍とも石油確保困難の焦りから、対米英戦の決意をさらに強めた。米国の対日石油全面禁輸決定の前日の7月30日、軍令部総長・永野修身は「油の供給源を失うこととなれば、……戦争となれば1年半にて消費し尽くすこととなるを以て、寧ろ此際打って出るの外なしとの考えなり」と天皇裕仁に上奏した。9月6日の御前会議では、裕仁は外交交渉の続行の希望を暗示させながらも、「帝国（＝日本帝国）は自在自衛を全うする為対米（英蘭）戦争を辞せざる決意の下に概ね10月下旬を目途とし戦争準備を完整」し、「外交交渉に依り10月上旬頃に至るも尚我要求を貫徹し得る目途なき場合に於いては直ちに対米（英蘭）開戦を決意す」という内容の「帝国国策遂行要綱」

の決定そのものは否認しなかった。「帝国の要求」とは、具体的には、米英が「帝国の支那事変処理に容喙し又は之を妨害せざること」、「極東に於いて帝国の国防を脅威するが如き行動に出ざること」、「帝国の所要物資獲得に協力すること」の3つであった(12)。

ところが、国民に対して政府は、無謀な中国占領や武力南進の実態については説明せず、もっぱら米英支蘭が一方的に日本を包囲封鎖しつつあるという「ABCD(America, Britain, China and Dutch)包囲陣」の不当性を強調し宣伝することで、来たるべき対米英蘭戦争の正当化に努めたのである。(日本の右翼たちはいまだに、このABCD包囲網で日本経済が立ち行かなくなったため、やむなく戦争という手段に訴えたという戦前プロパガンダをそのまま戦争正当化のために使っている)

10月16日に突然辞職した近衛に代わって東条が天皇裕仁から組閣を命じられ、その東条政権の下、10月23日以降連日、大本営政府連絡会議が開かれたが、9月6日の御前会議決定が抜本的に再検討されることはなかった。結局11月5日の御前会議で、12月初頭までに陸海軍は作戦準備を終え、12月1日午前0時までに対米交渉(日本は仏印以外には進出しないから、英米蘭は石油をはじめとする物資供給を保障せよという要求)が成功しなければ、12月8日(日本時間)に開戦ということが最終決定された。

この御前会議に先立つ11月2日、裕仁は東条に対して「〈戦争の〉大義名分を如何に考えるか」と質問しているが、東条は「目下研究中」としか答えられなかった。11月4日の軍事参議院会議でも東久邇宮が「聖戦の趣旨」について問いただしたのに対し、同じく「目下研究中」と述べている(13)。一国の首相が国家創設以来の大戦争を始めようという時に、その戦争の目的すら国民に説明できないというのが、このときの日本の実情だったのである。

11月26日、アメリカ政府は最後通牒とも呼ぶべき「ハル・ノート」を日本側に提示。これによって、アメリカは日本に、中国ならびに仏印から全面撤退し、事態を満州事変前の状態に戻すことという、日本軍がとうてい受け入れないような要求をつきつけてきた。明らかにアメリカ側も、日本との全面対決で問題を解決することを決定した上での最後通告であった。

11月29日、裕仁は首相経験者である8名の重臣 ― 若槻礼次郎、岡田啓介、広田弘毅、林銑二郎、平沼騏一郎、阿部信行、米内光政、近衛文磨 ― を集めて、対米交渉継続か開戦かに関する意見を聞いている。林が基本的に開戦賛成、阿部が慎重論を述べたのに対し、他の6名は全員が物資補給の面から戦争遂行は不可能であり、問題解決のためには外交交渉の継続が必要であるという意見であった。ところが裕仁は、11月30日、東条に会い、さらに海軍大臣・嶋田繁太郎と軍令部総長・永野修身を呼んで戦争遂行の是非について質問した結果、「いずれも相当の確信を以て奉答せる故、予定通り進むる様首相に伝えよ」(14)(強調：引用者)と木戸に命じたのである。翌日12月1日には、開戦に関する最後の御前会議が開かれ、全員一致で開戦を決定。参謀総長・杉山元は、「本日の会議に於いて、お上は説明に対し一々頷かれ何等御不安の様子を拝せず、御気色麗しきやに拝し恐懼感激の至りなり」というメモを残している。この会議の最後に、裕仁は「此の様になることは已むを得ぬことだ。どうか陸海軍はよく協調してやれ」と出席者を鼓舞している(15)（強調：引用者）。戦後、裕仁は、「開戦の際東条内閣の決定を私が裁可したのは立憲君主として已おえぬ事である」と述べているが(16)、戦前・戦中の天皇制が「立憲君主制」であったなどとはとうてい言えないし、裕仁自身が最終的には東条内閣の開戦決定をかなり積極的に支持したことは間違いないのである。

かくして、日本時間の1941年12月7日午後11時半、日本軍は英領マレー半島のコタバル泊地に侵入し、翌8日午前2時前後に上陸。その1時間あまり後には、真珠湾にも奇襲攻撃をかけることで太平洋戦争への自滅の道へと突入していった。

(4) 太平洋戦争期における日本軍の残虐行為

A 現地調達と強制労働

上述した日本軍の中国での「現地調達」は、太平洋戦争中にも各地で行われたが、これがそれに伴う戦争犯罪行為、とくに市民の強姦と殺害を引き起こし、それがさらに反日感情と抗日運動を高めるという悪循環を東南アジアや太平洋各地でも生み出した（ガダルカナル、ニューギニア、フィリピンなどのほとんど人が住んでいないジャングル地帯の激戦地では、強奪する相手がおらず、「現地調達」が不可能であり、そのため多くの日本兵が餓死した）。

同時にまた、そうした現地住民に対する残虐行為は、アジアの様々な民族に対する強い蔑視、すなわち日本人の間に広く共有されていた人種差別意識と深く関連していた。この差別意識は、戦前・戦中の義務教育を通して日本人の間に浸透された天皇崇拝ならびにそれに基づく大和民族優越感という天皇制イデオロギーと密接に結びついていたことは言うまでもない。さらには、そうしたアジアの他民族に対する優越感と裏腹になっていた欧米人種に対する文化的な劣等感が、後述するように、連合軍捕虜に対する残虐行為でそれを優越感に変えるという複雑な心理状況が働いていたことも否めない。

当時、日本の植民地であった朝鮮の民衆も、様々な形での民族差別の犠牲にさせられた。とりわけ日本国内の労働力が不足するようになった1939年には徴用令が公布され、朝鮮労働者の移入＝強制連行が日本の政策として実施され、いわゆる「徴用工」と呼ばれる朝鮮人労働者の数が急増した。彼らは、日本各地の炭鉱や土木工事現場で過酷な労働を強いられて、事故死したり虐待死させられた。徴用された朝鮮人の数は70万人とも150万人とも言われている。朝鮮人労働者は南西太平洋の様々な島にも送り込まれ、軍関連施設の建設工事に従事させられた。強制連行は中国人に対しても１９４２年末から始められ、43〜45年までで5万1、１８０人がその犠牲になっている。彼らもまた日本の炭鉱・発電所建設・銅鉱山・飛行場建設・水銀鉱山・地下工場建設などで過酷な労働に従事させられ、多くが死亡している（17）。

Ｂ　捕虜・抑留者虐待

連合軍捕虜を収容する準備をほとんどしていなかった日本軍は、開戦から半年の間に29万人という捕虜を抱えこんで困惑する。このうち約15万人が英国、オランダ、米国、カナダ、濠州、ニュージーランドの連合国本国の将兵で、残りはインド、フィリピンなどの植民地軍兵士であった。中国戦線でも膨大な数の捕虜がいたはずであるが、前述したように、日本軍は中国兵を捕虜とは扱わずに「匪賊」と呼んで集団虐殺したり、強制労働させたうえで処刑してしまった場合がほとんどであったので、その数については全く分からない。

捕虜収容準備がなかったため、当初からの食糧や医薬品の不足に加えて、過酷な強制労働や監視員による暴行が重なり、死亡率が約28％となった。これはドイツ軍・イタリア軍の捕虜になった連合軍将兵の死亡率４％と比べてひじょうに高い。戦後、シベリアに抑留された日本軍将兵の死亡率でさえ11％であった。捕虜虐待の典型的な一例としては、１９４２年1月、フィリピンのバターン半島で、米軍1万2千人、比軍6万4千人が十分な食糧・医薬品の供給もなく112キロを歩かされ、日本軍による虐待もあって、約1万7千人（うち米兵1、200人）が死亡したケースが挙げられる。もう一つの典型的な例としては、1942年6月～43年10月にタイのノンブラッドからビルマのタビュザヤの間の415キロにわたって建設された泰緬鉄道の工事に駆り出された5万5千人の連合軍捕虜のうち、1万3千人あまりが過酷な強制労働と熱帯病で死亡したケースがある(18)。

日本軍が占領した地域には欧米の植民地が多かったため、そこに居住していた多数の本国民間人が日本軍に抑留された。特に蘭印（インドネシア）では10万人ちかいオランダ市民（うち婦女子が6万6千人ほど）が抑留され、食糧・医薬品の不足から1万2千5百人以上が餓死・病死した。このオランダ人抑留者の若い女性の中に、強制的に日本軍の性奴隷＝いわゆる「慰安婦」にさせられた人たちもいた。

C 東南アジアでの虐殺・虐待

日本軍は占領各地で現地住民の虐待・虐殺も行った。例えば、1942年2月にシンガポールを陥落させた日本軍第25軍司令官・山下奉文は、シンガポールとマレー半島の「華僑粛清」命令を自軍に出した。シンガポールとマレー半島には多くの華僑が住んでおり、彼らは日本に侵略されている祖国の中国に献金する「抗日救国運動」を展開していた。そのため、シンガポールでは18歳から50歳までの華僑男子のうち「敵性あり」とみなされた者が次々と処刑され、3月末までに4～5万人が虐殺された。マレー半島でも、2〜3月に、「抗日的」とみなされた者は検挙され、その多くが処刑され、「抗日分子」または「抗日ゲリラ」が潜んでいるとみなされた村落は皆殺しにされた。マレー半島での犠牲者数は数万人から10万人にのぼると推定されている(19)。

全土が日本の軍政下に置かれたインドネシアでは、日本軍占領地域における軍関係の様々な建設工事のための「労務者」が徴発され、ジャワ島のみならず、マレー半島、ビルマ、太平洋の島々に連行されて強制労働に従事させられた。その数、400万人にのぼったと言われている。泰緬鉄道の建設工事現場にも数多くの「労務者」(「ロームシャ」という用語はインドネシア語になっている)が送り込まれたが、ここではインドネシア人だけではなく、地元のタイ、ビルマ、マレーなどから合計35万人を超えるアジア人ロームシャが酷使され、捕虜同様に、過酷な労働や熱帯病、飢餓で多くが亡くなった。またインドネシアの女性の中には、スマトラやジャワ島に設置された「慰安所」だけではなく、マレー半島やボルネオ島の「慰安所」にまでだまされて連れて行かれ、軍性奴隷とさせられた人たちがいた(20)。

ベトナム北部では1944年末から45年にかけて大飢餓が発生し、200万人が餓死または飢餓関連の病気で死亡したと言われている。飢餓の原因は、単なる自然災害だけではなかった。仏印に駐留していた約10万人の日本軍が農民に米を強制的に供出させ、2年分の食糧を蓄えていたうえに、仏印当局も供出させた米を大量に持っていた。しかし、飢餓が発生しても、これらの貯蔵米が住民たちには提供されることはなかった。また、農民たちには水田を潰して軍事物資であるジュート（黄麻）を植えることが強制されていたため、米の生産そのものが激減していた。さらには、戦況の悪化のために、ベトナム南部から米が流入してこなくなっていた。こうした幾つもの人為的要因が重なって、大量の餓死者を発生させた(21)。

D 軍性奴隷制度

前述したように、「慰安所」が急増するのは、南京占領の後からであった。しかし、いわゆる「慰安婦制度」、すなわち「軍性奴隷制度」を設置しても強姦・輪姦を防止することは全くできなかった。この「日本軍性奴隷制度」は、１９４１年12月の対米英蘭開戦の後には、日本軍が侵攻したアジア太平洋全域にわたって導入され、多くの東南アジア人やオランダ人女性も犠牲者となった。

戦時中、連合軍側も軍管理売春を行っており、性病予防対策として広範囲にわたって現地部隊により運営されていたが、軍指導部はこれを黙認していたのみならず、大量のコンドームや消毒剤を各現地部隊に輸送する手配を行った。しかし、日本軍の軍性奴隷制のように「慰安所」の経理への介入や女性の物理的拘束といった強権的監督統制は行わなかった。また、連合軍側が利用した女性達は現地の既存の商業売春婦であり、日本軍のように多くの女性を強制連行したり騙したりして強姦同然に「売春」を強要するということはなかった。

日本軍の軍性奴隷制の場合、他国の軍管理売春と比較して以下の5点において特殊性が見られる。

1）地理的な広範囲性（アジア太平洋全域、女性が移動させられた距離―例えば朝鮮からソロモン諸島―の長さ点でも極めて特異）

2）性的搾取を受けた女性の絶対数の多さ（推定8〜10万人と言われている）

3）性的搾取を受けた女性の多民族性（朝鮮人、中国人、台湾人、インドネシア人、オランダ人、南西太平洋諸島のメラネシア人など）

4）女性に対する性的暴力の度合いの激しさと期間の長さ（数年にわたる監禁同様の状態での、しばしば暴力を伴う性奴隷的取り扱い）

5）軍指導部と政府による統制（陸軍省、外務省による関与）(22)

E　被害の全体像と天皇の責任

結果的に、天皇裕仁を大元帥と仰ぐ日本帝国陸海軍は、1931年9月から45年8月までの15年という長年にわたって中国、東南アジア、太平洋各地で中国軍、連合軍とすさまじい破壊的な戦闘をくりひろげた。とりわけ中国に対する日本の戦争は初めから終わりまで一貫して残虐極まりない侵略戦争であり、犠牲者の数は2千万人と言われている。エドガー・スノーは日本軍の中国での蛮行を「近世において匹敵するもののない強姦、虐殺、略奪、といったあらゆる淫乱の坩堝を泳ぎ廻っていた」(23)戦闘と表現した。こうした中国での犠牲者の他に、この15年戦争の犠牲者は、インド（150万人）、ビルマ（15万人）、ベトナム（200万人）、マレーシア・シンガポール（10万人）、フィリピン（111万人）、インドネシア（400万人）、その他にも多くの太平洋の島々の住民犠牲者を合わせると、おそらく1千万人に近い人たちが死亡したと考えられる（24）。ホロコーストの推定犠牲者数が580万人から600万人と言われている。第二次大戦中5年ほどの間における、主としてユダヤ人という一民族の計画的な大量虐殺と、場当たり的で、どちらかと言えば無計画な15年にわたるアジア多民族の直接的・間接的殺害の総数とを単純には比較できない。しかし、それでも絶対数だけからすれば、日本軍残虐行為の犠牲者はホロコーストをはるかに超えるものであったと言えよう。また、日本軍兵士・軍属の死亡者数は（朝鮮・台湾の植民地出身者約5万人を含む）230万人（その6割が戦病死・餓死者）。これに、原爆を含む空襲の犠牲者と沖縄や満州などでの一般邦人犠牲者数80万人を合わせると、約310万人の人命が失われた。強制疎開で取り壊された住宅は310万戸、約1、500万人が家を失い財産を空襲・原爆で焼かれた（25）。

戦後、裕仁は、戦争が起きたのは、大元帥である自分の意志を無視して軍部が独走したからだと主張し、責任を回避した。しかし、防衛庁防衛研究所戦史部が編纂した膨大な戦史叢書を読んでみると、彼が統帥部の上奏に対する「御下問」や「御言葉」を通して戦争指導・作戦指導に深く関わっていたことは否定しがたい事実であることがよく分かる。とりわけ、1941年12月の対連合国開戦の決定過程では、先に見たように、裕仁が最終的には決定的に重要な役割を積極的に果たしたことは、当時の内大臣・木戸幸一氏の日記を見てみれば一目瞭然である。戦後の極東軍事裁判（いわゆる「東京裁判」）で、元首相・東条英機が、米占領軍と日本政府の政治的圧力から、裕仁が開戦決定をしたのは「私の進言、統帥部、その他責任者の進言によってシブシブ御同意になった」からだと証言した。しかし、たとえ「シブシブ」というのが本当であったとしても、それに同意し、「宣戦の詔勅」に署名したことは事実である。裕仁に開戦の意志が全くないのに署名できたということ自体がおかしいのであるが、いずれにせよ帝国陸海軍の統帥権者として署名した限り、その最終責任が彼にあったことは否定できない。ところが、1946年4月29日（裕仁の誕生日）に28名の軍人や政治家たちがA級戦犯容疑者として起訴され、1948年12月23日（明仁の誕生日）に、そのうちの7名（板垣征四郎、木村兵太郎、土肥原賢二、東条英機、武藤章、松井石根、広田弘毅）の死刑が執行され、これで戦争責任問題は解決済みとされてしまった。

このように裕仁の重大な罪と責任をうやむやにしたのは、第3章、4章で詳しく見るように、米国が日本の占領をできるだけスムーズにすすめ、且つ日本をアメリカの軍事力の支配下に永続的におくために、天皇の「象徴権威」を徹底的に利用するという戦略の結果であった。

(5) 日米軍事同盟の原点としての日米「原爆正当化」共同謀議

詳しくは、第2章で説明するが、米国は、アジア太平洋戦争を終わらせるためには戦略的には全く必要でなかった原爆を、もっぱらソ連の対日戦争開始を避けるためという政治的目的の理由から、日本に対して使うことを計画。そのため、原爆が完成するまで日本が降伏しないような画策、すなわち日本が自ら米国の原爆使用を誘引させるような画策をトルーマン政権は企て実行した。一方、天皇裕仁と日本帝国陸海軍ならびに日本政府指導者たちは、降伏条件として「国体護持」にあくまでもこだわり、「国体護持」を確実にするために降伏を先延ばしにしたことで、米国による広島・長崎への原爆攻撃を誘引させた。かくして、原爆無差別大量虐殺の責任は、米国の「招爆画策責任」と日本の「招爆責任」の複合的責任に求められる。

ところが、戦後、米国は、戦争を終わらせるには原爆が必要であったという原爆使用正当化の神話を打ち立てて、「招爆画策」と20万人以上に上る無差別市民大量殺戮の犯罪性と責任を隠蔽した。他方、日本側は、原爆によってもたらされた戦争終結によって、一部の軍人に利用された「国体＝天皇」から、本来あるべき姿である「平和の象徴的権威」としての「立憲主義的天皇」を取り戻し、維持していくのだという詭弁を弄することで、裕仁と日本政府の「招爆責任」と自分たちがアジア太平洋各地で犯した様々な戦争犯罪行為に対する責任を基本的にはうやむやにしてしまった。畢竟、日米双方が、それぞれの思惑に沿って、原爆が持つ強大な破壊力、殺傷力の魔力を政治的に利用し、その双方の政治的利用方法を互いに暗黙のうちに受け入れて、「ポツダム宣言受諾」となった。「戦後」という時代は、したがって、「原爆」を政治的に利用することで、互いの重大な戦争責任の放棄を相互に了解しあうことを出発点にしていたのである。

この「戦争責任放棄の相互了解」を基礎に、日米安保条約が結ばれ、日本政府は、アメリカの核兵器大量殺戮の欺瞞的正当化を受け入れ、同時に「戦争終結の理由」としてそれを政治的に利用しただけではなく、その後も現在に至るまで米国の核戦略を支持してきた。その上で、いわゆる「核の平和利用」＝原発推進政策をがむしゃらに維持し、事実上は米国の核兵器保有と「核による威嚇」を支持するのみどころか、米国にそうした核利用の持続を要望しているのが現状である。他方、米国側は、日本帝国陸海軍大元帥であった裕仁の戦争責任を不問にした。それどころか、日本政府と共謀で「裕仁は平和主義者」という神話を作り上げ、彼の戦争責任を日本側が隠蔽することに積極的に加担し、天皇制を存続させて、それを日本占領政策に、さらには占領終了後の日米安保体制下での日本支配のために利用し続けてきた。米国によるこうした裕仁の政治的利用が、ごく一握りの数の日本帝国陸海軍指導者ならびに戦時政治指導者だけを戦争犯罪人として東京裁判で裁くことで、彼らにのみ戦争責任を負わせたことと密接に関連していたことは右に述べた通りである。

こうした日米両政府による文字通りの「共同謀議」の画策ゆえ、大多数の日本人はアジアに対する確固たる「戦争責任」意識を持つどころか、自分たちをもっぱら「戦争犠牲者」と見なし、しかしながら、同時に米国による自分たちへの戦争加害の責任も問わないという、「戦争責任自覚不能」の状態にある。すなわち、これまで、自分たち自身が被害者となった米国の原爆殺戮犯罪の加害責任を厳しく問うことをしてこなかったゆえに、我々日本人がアジア太平洋各地の民衆に対して犯した様々な残虐な戦争犯罪の加害責任も厳しく追及しない。自分たちの加害責任と真剣に向き合わないため、米国が自分たちに対して犯した由々しい戦争犯罪の加害責任についても追及することができないという、二重に無責任な姿勢の悪循環を産み出し続けてきた。それゆえにこそ、米国の軍事支配には奴隷的に従属する一方で、アジア諸国からは信頼されないため、いつまでたっても平和で友好的な国際関係を築けない情けない国となっている。つまり、一般の日本人に現在も広く見られるこの極めて偏った「被害者偏向歴史認識」、と言うよりは正確には「歴史認識の欠如」は、このように、日米共同謀議の結果であって、日本人が、あるいは日本政府のみが独自に作り出したものではないことをはっきりとここで再確認しておく必要がある。したがって、我々は、この二重の意味での「過去の総括」をしない限り、真の意味での「過去の克服」を成し遂げることはできないのである。

戦後の「日米共同謀議」について、もう少しだけ議論をすすめておこう。戦前・戦中は天皇制に奴隷的と言っても過言ではないほど精神的に自分たちを従属させていた日本人（とりわけその天皇制の中で大いに権益を享受していた軍人、政治家、官僚たち）は、敗戦を迎えるや、今度は「自由と民主主義」を持ち込んだ米国に、核武装力という超巨大暴力を背景としたその「自由と民主主義」の本質をなんら真剣に問うこともなく、この日米共同謀議によって作り上げられた「被害者偏向歴史認識」と「象徴天皇制に基づく民主主義」という「新社会体制」を喜んで受け入れ、天皇制は基本的にはそのまま維持しながら、天皇の代わりに今度は米国に奴隷的に追従することになんら自己矛盾を感じないという変身の素早さをみせた。この変身のためにこそ、「原爆無差別虐殺正当化」と「天皇免責」の両方を全面的に受け入れることが必須条件であった。そのような変身を遂げた代表的な人物の一人が、安倍晋三の祖父、岸信介であったが、岸の場合は、「天皇免責」どころか、「自己の戦犯免責」という驚くべき変身を同時に成し遂げた政治家である。

岸信介の経歴についてはすでによく知られているところなので、詳しくは書かないが、ごく簡単に紹介しておこう。皇帝溥儀を名目上の「主権者」とする日本の傀儡政権である満州国の行政機関、国務院の実業部総務司長として、岸は、1936年10月に満州に渡った。37年7月には産業部次長、39年3月には総務庁次長となり、事実上、満州国運営の実権を握った。その間に、「戦争準備ノ為満州国ニ於ケル産業ノ飛躍的発展ヲ要望ス」という関東軍参謀部の方針に沿って作られた産業5カ年計画の立案と実行に、岸は深く関わった。すなわち、満州国の軍需用工業を発展させることで満州を日本帝国主義の重要な戦略基地にすることに、岸は決定的に重要な役割を果たしたのである。戦争終了後に岸がA級戦犯容疑にかけられた理由の一つは、この産業5カ年計画の立案に関わることで「侵略戦争の準備」に貢献したことであった。岸はまた、満州での自分の地位を利用して巨額の政治資金を東条英機に提供したとも言われている。東条とのそのような緊密な関係から、1941年10月には東条内閣の商工大臣のポストに就き、43年11月に軍需省が新たに設置され東条が軍需大臣を兼務すると、岸がその次官兼国務大臣となり、産業経済の全ての分野で総力戦体制を確立強化させていく様々な政策の立案と実施でも手腕を発揮した(26)。

このように、アジア太平洋戦争で重要な役割を果たした岸がA級戦犯容疑者として逮捕されたのは、したがって決して不思議なことではなかった。ところが、日本を共産圏に対するアジアの防御壁とするという米国の政策変更に沿って、米国は岸を1948年末に不起訴のまま無罪放免にした。それどころか、岸が首相になるや、岸の弟で大蔵大臣である佐藤栄作の「共産主義と戦うための資金援助依頼」に応えて、米国政府はCIA秘密資金を提供するということまでやっている。その岸や佐藤は、周知のように、日本への核兵器持ち込みを認める密約を米国と結んだ。安倍晋三の大叔父である佐藤栄作は、首相時代に「非核三原則」なる政策を導入した。彼は、後年、そのことでノーベル平和賞まで授与されている。ところが、その裏で、日本国民には全く知らせずに、沖縄への核兵器持ち込みを認める密約を米国政府と結んでいた(27)。「非核三原則」は全く大嘘だったのである。これを「日米共同謀議」と称さなければ、いったい何と呼べばよいのであろうか。

かくして、戦争犯罪とその責任の隠蔽の相互了解という「日米共同謀議」は、戦後の日米両国の「民主主義」を深く歪める重大な要因であったのであり、そしてそれはいまもそれぞれの国の「民主主義」

を強く歪め続けているのである。したがって、「戦争責任問題」は決して過去のことではなく、いま現在の我々の生活にもろに影響している決定的な政治社会要因であることを忘れてはならない。

我々は、「忘却というものは、いともたやすく忘却された出来事の正当化と手を結ぶ」というテオドア・アドルノの言葉を肝に銘ずる必要がある。この「出来事」には、自国・日本の出来事はもちろん、他国（米国）の出来事も含まれていることも忘れてはならない。

（1）大谷正「日清戦争における日本軍の住民への加害─旅順虐殺事件から台湾植民地化戦争へ」、田中利幸編『戦争犯罪の構造─日本軍はなぜ民間人を殺したのか』（大月書店、２００７年）第1章、３～33頁。
（2）海野福寿『日清・日露戦争』（集英社、１９９７年）82～87頁。
（3）愼蒼宇「抗日義兵闘争と膺懲的討伐」、前掲書『戦争犯罪の構造』第2章、35～67頁。
（4）江口圭一『十五年戦争小史』（青木書店、１９９１年）38～47頁。井上清『日本の軍国主義』（岩波現代文庫、２００４年）２３８～２５８頁。
（5）南京虐殺の詳細については、笠原十九司『南京事件』（岩波書店、１９９７年）、『体験者27人が語る南京事件─虐殺の「その時」とその後の人生』（高文研、２００６年）、『南京難民区の百日─虐殺を見た外国人（岩波現代文庫、２００５年）を参照。
（6）いわゆる「慰安婦制度」の歴史については、吉見義明『従軍慰安婦』（岩波新書、１９９５年）、林博史『日本軍「慰安婦」問題の核心』（花伝社、２０１５年）、Yuki Tanaka, Japan's Comfort Women: Sexual Slavery and Prostitution during World War II and the US Occupation (Routledge, 2002) を参照。
（7）日本軍の細菌・毒ガス兵器の研究開発と実戦使用については、歩平『日本の中国侵略と毒ガス兵器』（明石書店、１９９５年）、日本軍が遺棄した毒ガス兵器による被害については高暁燕『日本軍の遺棄毒ガス兵器』（明石書店、１９９６年）を参照。
（8）７３１部隊の詳細については、常石敬一『七三一部隊─生物兵器犯罪の真実』（講談社現代新書、１９９５年）、松村高夫『論争　７３１部隊』（晩聲社、１９９７年）を参照。
（9）三光作戦の詳細については、姫田光儀、陳平『もう一つの三光作戦』（青木書店、１９８９年）、笠原十九司『南京虐殺と三光作戦』（大月書店、１９９９年）、森山康平『証言　南京事件と三光作戦』（河出文庫、２００７年）を参照。
（10）重慶爆撃については、戦争と空爆問題研究会『重慶爆撃とは何だったのか─もうひとつの日中戦争』（高文研、２００９年）、前田哲男『戦略爆撃の思想─ゲルニカ、重慶、広島』（凱風社、２００６年）を参照。

(11) 前掲、『十五年戦争小史』154〜162頁。
(12) 同右、164〜165頁。
(13) 森武麿『アジア・太平洋戦争』(集英社、1997年)175頁。
(14) 木戸幸一『木戸幸一日記』(東京大学出版会、1966年)928頁。
(15) 参謀本部編『杉山メモ(上)』(原書房、1967年)554頁。
(16) 『昭和天皇独白録』(文春文庫、1995年)159頁。
(17) 朝鮮人強制連行については、外村大『朝鮮人強制連行』(岩波新書、2012年)、朴慶植『朝鮮人強制連行の記録』(未来社、1965年)、朝鮮人強制連行調査団『強制連行された朝鮮人の証言』(明石書店、1990年)を参照。
(18) 日本軍による捕虜虐待については、Gavan Daws, Prisoners of the Japanese POWS of World War II in the Pacific (William Morrow & Company, 1994)、内海愛子、G・M・マコーマック、H・ネルソン編『泰緬鉄道と日本の戦争責任』(明石書店、1994年)を参照。
(19) 林博史『華僑虐殺—日本軍支配下のマレー半島』(すずさわ書店、1992年)、高嶋伸欣・林博史編『マラヤの日本軍—ネグリセンビラン州における華人虐殺』(青木書店、1989年)を参照。
(20) ロームシャについては、前掲『泰緬鉄道と日本の戦争責任』を参照。インドネシアの慰安婦については、川田文子『インドネシアの「慰安婦」』(明石書店、1995年)、ブディ・ハルトノ『インドネシア従軍慰安婦の記録—現地からのメッセージ』(かもがわ出版、2001年)を参照。
(21) 早乙女勝元『ベトナム〝200万人〟餓死の記録—1945年日本占領下で』(大月書店、1993年)
(22) 田中利幸「国家と戦時性暴力と男性性—「慰安婦制度」を手がかりに」、宮地尚子編『性的支配と歴史—植民地主義から民族浄化まで』(大月書店、2008年)第2章、95〜96頁。
(23) Edgar Snow, 'Scorched Earth' <https://spartacus-educational.com/USAsnowE.htm>
(24) 小田部雄次、林博史、山田朗編『キーワード 日本の戦争犯罪』220頁。

(25) 家永三郎『戦争責任』(岩波現代文庫、2002年)199~201頁。
(26) 原彬久『岸信介—権勢の政治家』(岩波新書、1995年)
(27) 不破哲三『核密約』(新日本出版社、2000年)、太田正克『日米「核密約」の全貌』(筑摩選書、2011年)を参照。

第1章

米軍による日本無差別空爆と天皇制ファシズム国家の「防空体制」

「苦痛でのたうち、ずたずたに裂かれた身体がどうして私に見えようか。……（自分が）投射した爆弾がもたらした見えない結果は……地球の裏側で行われている戦闘の結果をラジオ・ニュースで聞いているのと変わらない。あまりにもかけ離れた、現実性をおびない出来事なのだ」

チャールズ・リンドバーグ

《扉写真》
3月10日未明の米軍のB29による空襲で被災した東京·深川地区。多くの屍体がきれいに片付けられた焼け跡を視察する天皇裕仁。1945年3月18日（共同通信提供）

はじめに

アジア太平洋戦争の最終段階の1944年末から45年8月14日までの間に、米軍は日本全土の市町村400ヶ所ほどに対する空爆を展開した。そのうちの2ヶ所、広島と長崎に対する攻撃は原爆を使った空爆であった。周知のように、原爆攻撃は、その驚愕的な破壊性と殺傷性のために、広島・長崎以外の日本の諸都市に対するいわゆる「空襲」、とりわけ焼夷弾（ナパーム弾）を使った攻撃とは、常に分離されて議論される傾向がひじょうに強い。核兵器の恐ろしさ、とりわけ放射能の強力な無差別的殺傷力を我々はもちろん軽視するわけにはいかない。しかし、我々日本人は、原爆被害国であることを常に強調するところから、核兵器を通常爆弾とは別物扱いしすぎることによって、通常爆弾による被害を、無意識のうちに軽視しがちなのではなかろうか。

米軍空爆による日本市民無差別大量殺傷の米国の戦争責任を追及するという観点からするならば、原爆攻撃と（焼夷弾を含む）通常爆弾攻撃とを決して分離して考えてはならない。空からの無差別攻撃は第一次世界大戦以前から始まっており、第一次世界大戦とそれ以降にも世界各地でくり返し行われ、第二次世界大戦末期に急速に強化拡大された。広島・長崎への原爆攻撃は、そうした長年にわたる連続行為としての市民無差別空爆の頂点として、米軍が犯した戦争犯罪行為である。つまり、原爆攻撃は、今も世界各地、とりわけ中近東で続いている無差別空爆の歴史の一環として捉える必要がある。無差別空爆による大量殺傷が「人道に対する罪」であるという点では、使われる爆弾が原爆であろうと焼夷弾であろうと根本的には同じである。

このような無差別空爆の歴史には、日本軍が中国諸都市の住民に対して行った空爆も含まれている。無差別空爆による殺戮は、我々日本人にとっては、中国で犯した加害行為であると同時に、米国から受けたすさまじい被害でもあったという、二重の側面をもっていることを常に記憶しておくことが重要である。さらに、戦争加害国家が、自国民に、他国民に対する加害行為を強いるだけではなく、自分たちの被害の受忍をも強いるという現象が必ず見られる。無差別空爆による大量虐殺の「責任」は、かくして、こうした複雑な加害と被害の絡み合いの状況を複合的にとらえ、その絡み合いを解きほぐすことによって、初めてその責任の全容が明らかとなるはずである。

こうした観点に立つならば、太平洋戦争末期に米国が日本市民に対して犯した重大な「人道に対する罪」である無差別大量殺傷の責任の全容は、単に加害国であるアメリカ側の行動を一方的に分析するだけでは決して明らかにはならない。アメリカによる加害行為を、被害国である日本側の天皇制ファシズム国家政府の「防空体制」の実態、すなわちその「防空体制」は天皇制国家に内在する「自国民犠牲化構造」に深く組み込まれていたという事実と、複合的に考察することによって、はじめてその責任の全体像が明らかとなるからである。この第1章の目的は、その米軍空爆無差別大量殺戮に対する日米両国の責任の全体像を明らかにすることである。

(1) 日本の「防空法」と「防空体制」の実態

日本で初めて都市防空演習が実施されたのは、1928年7月5～7日の3日間、大阪市で行われたもので、この演習には、市内各所での、防毒、消防、救護、灯火管制の訓練が含まれていた。翌年は名古屋で、さらに1930年代に入ると、軍港や軍事施設を持つ都市を中心に防空演習が行われるようになった(1)。しかし、この時期には、ナパーム弾という恐ろしい猛熱火力をもった焼夷弾がいまだ広範に使われていなかったことや、また第一次世界大戦で毒ガスが大量に使われたという鮮明な記憶が広く共有されていたことからも、演習では、毒ガス攻撃に対する防毒訓練のほうが焼夷弾よりもはるかに重視されていた。これはまた、国民には知らされてはいなかったが、1929年から陸軍が、広島県竹原沖の大久野島で毒ガス生産を秘密裏に開始し、その後、中国で実際に使用した事実とも密接に関連しているように思われる。ちなみに、戦後GHQに提出された極秘報告書によると、アジア太平洋戦争中に生産された毒ガス兵器の総数517万発のうち、大久野島で生産されたものは370万発であったとのこと(2)。

防毒訓練とはいえ、その実態は、防毒マスクの他は、ゴム製マント、ゴム長靴などの着用であった。

さらには、麻糸等にゴム引布、防水紙、障子紙等を蚊帳状に張合せて、底の部分を書籍や座布団でおさえて隙間を塞ぐ「防毒蚊帳」や、糊をつけた油紙や和紙で建具の隙間を目張りして「防毒室」を作るといった、あまりにも粗雑な方法も奨励された（3）。毒ガス兵器の恐ろしさをはっきりと認識していた陸軍が、その防毒対策としてほとんど効果のないこのような方法を国民に指示したこと自体が、「国民の生命・財産を守る」ことを目的とするはずである陸軍の「防空」意識がいかなるものであったかを暗示している。

１９３７年４月には「防空法」が成立しているが、その第１条による「防空」の定義は、「陸海軍以外ノ者ノ行フ灯火管制、消防、防毒、避難及救護竝ニ此等ニ関シ必要ナル監視、通信及警報」となっており、ここでも「防毒」の重要性が強調されている。と同時に、「防空」とは、国民を空襲から防衛することではなく、空襲の際に国民がとるべき「行動義務」、すなわち灯火管制、消防、監視、通信、警報のほうに圧倒的な重視が置かれていたのである。しかも、この「防空法」と時を同じくして、「家庭防毒十則」や「家庭防火十則」といった標語も唱えられるようになったが、「家庭防毒十則」の一番が「軍隊、警察、防護団、頼り過ぎては却つて危険、家を護るは家庭の責務」（強調：引用者）となっている。「家庭防火十則」のほうは、一番が「火事は最初の五分間、焼夷弾は最初の三十秒」、十番が「落ちた途端に拾って投げよ、用意のシャベルで庭先へ」である（4）。すなわち、毒ガスであろうと焼夷弾であろうと、実際に空襲から自分の身と家庭を守るのは、「自己責任」とされた。畢竟《ひっきょう》、実際には民間人を守るための有効な具体的防衛策をなんら提供せずに、義務行動だけを一方的に政府が要求することで国民の生命を危険にさらすことをなんらいとわない、これが日本の「民間防衛」の実態であったのだ。

上述の防空演習が行われるようになった1920年代末から30年代初期は、日本軍の中国侵略の時期とも重なっている。周知のように、1931年9月18日、関東軍が満州侵略を開始。これに対し、9月27日、関東軍に暗殺された張作霖の息子、張学良が遼西の錦州に政府を立てて関東軍に抵抗。10月8日、関東軍高級参謀・石原莞爾大佐の命令により、日本軍は12機編隊で錦州への無差別攻撃を強行し、250キロ爆弾75個を投下した。錦州駅、病院や大学に爆弾が投下され、市民に14人の死傷者と20人以上の負傷者を出した。ちなみに、この錦州空爆は、ナチスのコンドル軍団によるスペインのゲルニカ爆撃より6年も前のことで、これが東アジアにおける史上初の無差別爆撃であった。この時、天皇裕仁は、この無差別爆撃を「状況上当然のこと」と認めただけではなく、「関東軍の兵力は少なくないか」と尋ね、状況によっては関東軍を増強する意思があったことを示唆している(5)。

しかし、日本軍による中国諸都市への大規模な空爆は1932年1月の「上海事件」からであったが、1937年7月7日の「盧溝橋事件」以降、日本軍の中国での行動が急速に拡大するに伴って、南京、武漢、広東、重慶といった都市住民が次々と無差別爆撃の目標となった。南京攻略に関しては、「南京虐殺」の実態については広く知られているが、1937年9月下旬に行われた南京空爆で600名近い市民に死傷者が出たことについてはあまりよく知られていない。重慶は、1938年から3年間にわたり200回以上の攻撃にさらされ、1万2千人近い死傷者を出した(6)。1937年9月の南京空爆の際には、国際連盟が9月28日の総会で対日非難決議案を全会一致で可決。10月5日には、米国大統領フランクリン・ルーズベルトがシカゴで行った演説で、「宣戦の布告もせず、何ら正当な理由もなくして婦女子を含む非戦闘員を空爆により無慈悲に殺害しつつある」と日本を厳しく非難した。ところが、後で詳しく見るように、その米国が太平洋戦争末期には、多くの日本市民を「空爆により無慈悲に殺害」するようになる。

1933年8月9日から11日の3日間にわたって、東京を中心とする関東地域で「関東防空大演習」と銘打った大々的な演習を実施したが、その背景には、錦州や南京などへの日本軍自体による空爆もあったのではないかとも想像される。と同時に、その前年には犬養毅首相が現役軍人に殺害される5・15事件が起きており、33年になると河上肇検挙、小林多喜二虐殺、長野県教職員多数検挙、京大滝川事件、野呂栄太郎の拘置所内死亡など、次々と反体制派弾圧事件が起きている。「関東防空大演習」も、その真の目的は「防空」にではなく、国民の非常時意識を高めると同時に日本軍の「防衛力」を誇示することによって、国民の統制・支配を強化することにあったものと推測される。この3日間の演習では、敵機から主要施設を守るため、飛行機から上空に大煙幕をはる、夜間に来襲した敵機を大型の照空灯で照らし出す、日本橋のデパート屋上から敵機を撃ち落とすための最新型高射機関銃の実射など、様々なデモンストレーションがはなばなしく行われた。しかもその状況がラジオで全国に実況放送された。これは演習というよりは「仮想戦争ショー」と称すべき内容のものであった。後日、演習の様子を紹介する写真が記念絵ハガキ集として売り出されたが、その写真からも、攻撃爆弾としてはもっぱら毒ガス弾を想定しており、焼夷弾についてはほとんど考えていなかったことが判明する（7）。

この大演習を痛烈に批判する、「関東防空大演習を嗤う」というタイトルの時局評論を、当時、信濃毎日新聞主筆であった桐生悠々が、大演習の最終日である8月11日の紙上で発表した。桐生は、敵機が日本上空に侵入する以前に、太平洋または日本海上空で撃退するのが「防空」であり、敵機が帝都に爆弾投下するような事態にまで戦争状況が悪化したならば、もうことは遅すぎるのであり、敗戦状態であると主張。「投下された爆弾が火災を起こす以外に、各所に火を失し、そこに阿鼻叫喚の一大修羅場を演じ、関東地方大地震当時と同様の惨状を呈するだろうとも、想像されるからである。こうした空撃はいくたびもくり返される可能性がある」と、10万人以上と推定される都民が6時間で焼き殺された1945年3月10日の東京大空襲をまさに予言するような発言をしているのである。大演習は、したがって、壮観ではあるが「パペット（操り人形）・ショー」に過ぎないと桐生は嘲笑したのである（8）。

しばしば、桐生のこの論評が東京大空襲を予言した最初のものであると紹介されるのであるが、実は、軍事評論家の水野広徳が、その前年の1932年10月に出版した自著『興亡の此一戦』の中の一章「日米戦争と東京空襲」で、東京が空襲を受けたならばどのような状態になるかを、桐生の描写よりはるかに詳細に論じていた。水野は海軍大佐であったが、第一次世界大戦中に2度にわたり欧米諸国を視察しており、すでに1917年の1回目の視察からの帰国後に、東京朝日新聞に連載した紀行文「バタの臭」で、東京が空爆されれば即座に灰と化す危険性を指摘していた。第一次世界大戦がもたらす深刻な人的、物的被害を詳しく見聞した結果、「戦争に勝つよりもいかにして戦争を避けるかを考えるべき」と唱える反戦平和思想家に彼は転じ、1921年に海軍を退役して軍事評論家となった人物である。「日米戦争と東京空襲」の中で、水野は、東京が空爆されれば「一時間を出でずして、山の手も、下町も、全市忽ち火の海と化する。河と云う河、堀という云う堀は、逃げ場を失ひたる避難者の、悲鳴号泣の修羅と変ずる」と予測。ある若い会社員が見た悪夢という形でもその仮想状況を詳しく描写し、「火炎は先ず市の東と西とに起こった。やがて北にも、南にも、火の手は三十ヶ所、五十ヶ所に及んだ。避難民雑踏の為に消防ポンプも走れない。先ほどから吹き起こった南東の風は、火を見て益々猛り狂ふて居る。満天を焦がす猛炎、全都を包む烈火。物の焼ける音、人の叫ぶ声、建物の倒れる響き。後は非情凄景。想像も出来ない、形容も出来ない」と注意を促した。日米開戦となれば、どのような悲惨な状況になるかを、東京空襲のみならず様々な観点から予測したこの名著『興亡の此一戦』は、しかし、出版されてから直ちに発禁処分となった（9）。

上述したように、「関東防空大演習」では最新型高射機関銃のデモンストレーションも行われたが、その後の爆撃機の急速な大型化、飛行能力と爆弾搭載能力の発展などに伴い、爆撃機を撃ち落とすための高射砲の開発も進んだ。しかし、米軍が後年に大量に活用するようなる、1万2千メートルまで上昇できる爆撃機B29を撃ち落とすことができるような高射砲の開発を、日本軍は怠った。強力な日本帝国陸海軍を有する日本の本土が、敵国に空爆されるような状況にはならないという驕りがその主たる理由であった。日中全面戦争に発展する発端となった盧溝橋事件が勃発した1937年の段階ですら、国内常設の高射砲部隊は7個中隊のみで、装備砲数はわずか28門。高射砲と一緒に装備されるべきである照空灯や聴音機の数はさらに少なかった。防空部隊の装備は高射砲のみで、侵入してくる敵爆撃機を迎撃するための戦闘機を備えた航空部隊が防空部隊には全く付属していなかった。太平洋戦争開戦直前には、日本全土の防空兵力の合計は、高射砲458門、飛行機133機とかなり増えてはいる。しかし北海道から沖縄まで、南北に長くのびた日本の国土を守るためには、高射砲の数も飛行機の数も、これでは全く不十分であったことは明らかである。つまり、日本は、国民の生命・財産を守るための「防空戦略」を全く持たないままで、無謀な国家総力戦へと突っ込んでいったのである。戦争末期になってもほとんど「無防備状態」とも言えるこうした状況は、基本的には変わっていない。当時、日本軍が配備していた高射砲の多くは99式88ミリ砲で、B29の飛行高度にまで達する射高は持っていなかった。B29を攻撃可能な日本の高射砲は数少なく、射高2万メートルの高射砲が製造されたのは、ようやく1945年4月になってからであり、しかもたったの2門だけだった(10)。

(2) 太平洋戦争期の「防空」と「防空壕」の実情

こうした日本の「防空体制」の不備は、太平洋戦争開始から約半年後に早くも露呈した。米軍による日本本土への最初の空爆は、1942年4月18日のことで、これは真珠湾攻撃に対する報復爆撃として行われたものであった。しかしこの空爆は、単に敵国日本に物的打撃を与えることが目的ではなく、むしろ太平洋各地の戦地で敗退を続けていたアメリカが自軍将兵ならびに自国民の戦意昂揚をもくろむためという政治的意味合いを強く含んだ作戦であった。周知の通り、この時期、南西太平洋の島々はほとんど全てが日本占領下にあり、米軍が日本本土空爆のために利用できるような飛行場はこの地域には全くなかった。しかも、大量の爆弾を搭載して5、200キロという長距離を飛行できるB29も未だ開発されてはいなかった。そこで米軍が考えついたのが、16機の中型爆撃機B25を搭載した新型空母ホーネットをできる限り日本近海に接近させ、その空母から飛立った爆撃機で1、200キロ離れた日本領土に奇襲攻撃をしかけるという作戦であった。攻撃目標都市は、東京、川崎、横須賀、名古屋、神戸であった。しかし、最長航続距離2、170キロのB25が本州各地での爆撃任務を終えて再び空母に戻ることは不可能であったため、そのまま飛行を続け、日本海沿岸ソ連領のウラジオストックと中国の東シナ海沿岸から少し内陸部に入った麗水にある基地にまで脱出するという危険な作戦であった。総員80名というこの爆撃機編隊の隊長を務めたのが当時陸軍大佐であったジェームズ・ドゥーリトルであったため、この空爆は「ドゥーリトル奇襲」と呼ばれた(11)。

16機の爆撃機のうち13機は東京を、その他は川崎、横須賀、名古屋、神戸を襲った。東京の攻撃目標は主として荒川区の工場地帯であったが、葛飾、牛込、小石川、品川、王子などにも爆弾や焼夷弾が投下された。この日本本土空襲の最初の犠牲者は、葛飾区にある国民学校高等科の一学童で、爆撃機から行われた機銃掃射によって殺害された。早稲田中学校の生徒も一人、焼夷弾の直撃を受けて即死した。かくして、米軍による初の日本空爆の死傷者もまた、戦闘員ではなく子どもを含む一般市民であったが、都内における死亡者数は39名、重軽傷者307名、焼失・破損家屋251戸にのぼった。全国の総計では死亡者が50名、重軽傷者が400人を越えた(12)。

東部軍司令部は爆撃を受けるまでこの奇襲を知らず、空爆が始まってから慌てて空襲警報を出すという状況であった。その後の軍司令部の発表は、「現在マデ判明セル撃墜九機ニシテ、ワガ方ノ損害ハ軽微ナル規模ナリ、皇室ハ御安泰ニワタラセラル」(強調：引用者)というものであったが、実際には1機も撃墜されなかった。しかも、軍司令部は国民の被害には関心がなく、皇室、とりわけ裕仁の生命の安否が最重要視された。空爆を終えた爆撃機のうち1機はソ連側に事前通告なしでウラジオストックに着陸し、残り15機は中国の麗水に向けて飛行を続けたが、そのうち2機が中国沖の海上で遭難し、搭乗員10名のうち生存者8名が日本軍に捕らえられた。これら捕虜8名のうち3名が「幼キ者ニ鬼畜ノ急降下掃射ヲ」行った罪で処刑され、残り5名は投獄された。この奇襲は真珠湾攻撃に対する「報復爆撃」としてアメリカでは大々的に報道され、無事に帰還したドゥーリトル大佐たちの勇敢な行動が賛美されて、国民の士気を高めるため大いに利用された(13)。

一方、日本には強力な陸海空の精鋭があるのでロンドンや重慶のように空爆されることは絶対にないと唱え、「空襲恐るに足らず」と豪語していた日本軍部は、この奇襲ですっかり面目を失ってしまった。したがって、それまでさほど真剣に行われていなかった防空・防火訓練が全国的に強化、継続化されていった。前述したように、日本は１９３７年に「防空法」を成立させたが、当時の貴族院防空法案特別委員長自らが認めたように、その実体は「防空演習法」と呼ぶべき内容のものであった。つまり、この法律が実際に目的とするところは、国民の生命・財産を敵の空爆から守ることではなく、国民を防空演習・訓練に総動員することによって統制・支配することにあった。しかも、１９４１年の法律改正で、「退去の禁止」と「応急消火義務」が加えられることによって、幼児、老人、病人を除いて原則として市民が「空襲避難」することは認められず、居住者の事前退去、すなわち無断で居住地から避難することも禁止された。すなわち、焼夷弾が降り注いでも「避難することは許されず、消火作業に奮闘せよ」という命令である(14)。海外戦闘地域の前線で兵士たちが玉砕を強いられたのと同様に、いわゆる「銃後」の日本国内においても、実は「防空」という名称で、この「玉砕」の思想が、戦闘地域のようにはっきり見えない形ではあるが、国民全員に強いられていたのであるということを、我々は明確に認識しておく必要がある。すなわち、天皇制軍国主義のもとでは、戦争が激しくなるにしたがい、「前線」と「銃後」の実質的な差異はなくなり、国民はすべて自分の生命・財産を国家のために犠牲にすることを強いられるというのが、その国家論理だったのである。

さらには、大政翼賛会の基礎単位であった「隣組制度」（ほぼ10戸の家族を1グループとする）を防空の基礎単位とも位置づけ、空襲時には町内の治安維持のために隣組防空群が警察や警防団に協力する体制を普段から整備しておくことが重視された。隣組の数は、1943年までに全国で120万に達したが、家族国家イデオロギーがこの「隣組」にまで当てはめられ、「隣組は一家」でなくてはならず、これこそが「皇国一家の基礎単位であり、八紘一宇の具体化のための第一歩」であるとされた。こうして隣組は「家族国家」という国家イデオロギーの中に堅固に組み込まれ、隣組メンバーは全て「天皇の赤子」であるとされたのである。しかし、通常「赤子」を守るのが父母であるのに対し、国民を「赤子」と見なす「天皇」と彼を取り巻く軍指導者や政治家は、実際には「赤子」の命を極端に軽視し、国家権力を掌握している自分たちのためにはいつでも犠牲にすることを厭わなかったのである。皮肉にも、本来は国民生命・財産を守るために設置されるべき「防空体制」の目的が、実は国家による「国民生命の軽視と犠牲」であった。この事実がまざまざと「防空法」と「隣組制度」に表れているのである。

「ドゥーリトル奇襲」で危機感をつのらせた軍部は、国民に対する防空・防火訓練を、隣組制度を通して全国規模で徹底させる政策をとった。訓練参加は実質的に強制であり、参加しない者は「非国民」

と見なされた。隣組制度は隣近所の住民の行動や思想をチェックする相互監視の機能も果たしており、また食糧をはじめその他の生活必需品の配給もこの隣組制度を通して行われたため、この制度から外されるということは現実の生活が不可能となることを意味していた。したがって、防空・防火訓練への不参加ということは日本国民にとってはありえなかった。ところが、軍部が強調した「実践的ナル訓練」の内容はといえば、バケツリレーを基本とし、風呂桶、手桶、樽などを使った消火作業、砂や土をかけたり火たたき棒を使っての焼夷弾処理といった、あまりにもお粗末な方法であった。東京防衛本部は、「ドゥーリトル奇襲」以前には投下される焼夷弾の数は1隣組に対しほぼ1個と想定していたが、奇襲後は「一戸ニ一個ナイシ数個落チルコトモアル」と変更した。1943年6月中旬に世田谷区の各町内に出された訓練方針でも、「小型焼夷弾ハ各戸一個以上、大型焼夷弾ハ一〔隣組〕群一個トスル」とされていたが、こうした変更想定がいかに現実離れしたものであったかは、その1年半ばかり後から始まった日本各地への空爆で明らかとなる（15）。

太平洋戦域での戦局が極めて不利な状況になってきた1943年半ばからは、日本各地で防空壕も作られるようになった。路上、広場、駅、公園といった公有地を掘って作った横穴状の集団用のものと、各家庭の床下や庭先を掘って作った一般家庭用のものがあったが、本質的にはどちらも降り注ぐ爆弾・焼夷弾からあくまでも身を守る「防空壕」ではなく、単なる「待避壕」であった。すなわち、空襲が始まれば一般市民は一時的に「待避壕」に避難し、ある程度危険が去ったと考えられれば即座に壕を出て隣組の一員として消火活動に当たるべきである、という考えに基づいて作られた。したがって壕の深さも1メートル前後と極めて浅く、あたり一面が猛火に包まれれば全く用をなさないものであった。かくして、日本全国の市民が隣組という支配組織に組み入れられて「避難の自由」を奪われていたがゆえにこそ、戦争末期の空爆激化の中で市民はますます犠牲を強いられていったと言えよう。しかもその犠牲者の大半は、夫や息子を戦地に送り出し「銃後の守り」を担っていた女性、またその幼い子どもたちや勤労動員に駆り出された若い学徒たちであった(16)。

(3) 「御真影」と「御文庫」の絶対守護命令に表れている天皇制の本質

「防空法」による一般市民の生命・財産の極端な軽視、と言うよりは「犠牲死の強制」、あるいは小田実の表現を借りれば「難死」を、最も対照的な形で表明しているのが「御真影」、すなわち「天皇・皇后の写真」の絶対的守護命令である。

「御真影」が「下賜」、すなわち全国の小中学校に配布され始めるのは、１８８９年に文部省総務局長の名前で出された通達によってであった。その2年後の１８９１年、「御真影」と「教育勅語謄本」の両方を「校内ノ一定ノ場所ヲ撰ヒ最モ尊重ニ奉置セシムヘシ」という訓令を文部省は出す。これ以降、全国各地の学校で、「御真影」と「教育勅語謄本」を収納する、「奉安室」あるいは「奉安庫」と呼ばれる特別収納庫が設置されるようになった。しかし、1920年代になると、校舎が火災などで焼失する危険性を考慮して、校舎から離れた校内の場所に「奉安所」を作る学校が増えてきた。1936年には、全国の小・中学校における「御真影」の「下賜率」は100％近くに達し、1940年代初めまでには、全国ほとんどの学校に、独立した鉄筋コンクリート製の小さな建物の「奉安殿」が設けられ、教員も生徒もこの前を通過する時は最敬礼しなければならなかった(17)。

「御真影」が「下賜」されるようになると間もなく、火事や災害の際に、「御真影」を守護しようとして命を落とす校長や教員が出てきた。「御真影に殉じた」最初のケースは、1896年の三陸大津波の際に死亡した教師であったが、その後、「御真影」を守るために、幾人もの校長や教師が命を落とした。その死は、日清・日露戦争で「殉死」した将兵の死と同様に、おおいに粉飾・装飾されて、「美談」として喧伝された。

1943年9月、文部省は「学校防空指針」なるものを発表。この「指針」は、校長の指導もとに教職員と生徒が一丸となって実施する「自衛防空」と、学校関係者が一般民防機関の活動に参加する「校外防空」とに分けられていた。とりわけ、中学3年以上の生徒は、自衛防空または校外防空機関の「防空補助員」として参加することが義務づけられた。この「指針」では、「自衛防空上緊急に整備すべきもの」の最重要項として、「御真影、勅語謄本、詔書謄本の奉護施設（奉安所の設置のほか、必ず奉遷所も決定し置くこと）」が挙げられている(18)。「教職員学生生徒及び児童の退避施設」、すなわち実際の人間の生命保護のほうは、天皇の写真に続く第2事項であった。被害報告の仕方についても「御真影」が最重要視され、「空襲による被害があつたら所轄警察署へ、1御真影、勅語謄本、詔書謄本の安否、2死傷者数、3建物被害の程度を速報する必要がある」とされた。さらに、「指針」は、奉安殿が危なくなった場合の処置方法として、「直ちに所定の奉遷所に奉遷するのであるが、その場合は、御真影奉遷所であることを明らかにする標識を掲げ、警備を厳重にせねばならない」と命じている。米軍による日本本土空襲が激しく行われた1945年、「御真影」を「守護」するために死亡した校長と教師の数は10名にのぼった。さらには、中学校の生徒の中にも「奉安殿」を守る「学校守備役」というものが決められ、この役に選ばれたゆえに、命を落とした生徒も少なからずいた(19)。

広島が原爆無差別大量殺戮攻撃で破壊されたとき高等師範学校2年生だった森田定治（後に高校教師となった）は、広島市内で死体埋葬作業に加わった。そのときの体験を彼は、1989年になって次のように記している。「次から次へと運ばれてくる死体に石油をかけて焼いたが、深夜は奉安殿の警備にあてられた。学校は全焼して崩れ落ちたが、奉安殿は鉄筋だったため焼け残っていた。……一瞬にして20数万人の命が消えた夜、なぜ奉安殿の警備かと、私は分からなくなった」(20)。

無差別大量殺戮兵器で無数の市民が殺され、さらに、いまだ多くの生存者が、放射能汚染と全身火傷で苦しみのたうちまわり、生死をさまよっていた1945年8月6日過ぎの深夜、高等師範学校2年生の若者に与えられた任務が、破壊を免れた鉄筋コンクリート製の小屋に収納されていた天皇裕仁と彼の妻の写真を守ることであったというこの事実。このエピソードほど、天皇・皇后の写真と天皇の言葉を記した紙切れ、人間性を全く喪失した単なる写真と紙切れを守ることが、子どもたちや教員のみならず、国民の誰の生命を守ることよりはるかに重要視されるという、天皇制が本源的に内包している決定的な性格を象徴的に表明しているものはないように思われる。すなわち、人間性を失った「現人神」を元首とする国家による国民の「人間性の徹底的否定」を強烈に象徴しているエピソードである。

空爆から絶対的に守護されたのは、もちろん裕仁の写真のみならず、生身の裕仁と彼の家族全員であったことは言うまでもない。彼の「赤子」たちが、深さ1メートルもない狭い穴を古畳みやトタンで覆った「待避壕」に身を隠し、いつ直撃弾でやられるかと怯えふるえ、あるいは、焼夷弾の猛火に囲まれ、我が子を抱えて狂うように逃げ回っていたとき、彼自身は「御文庫」と呼ばれる強固な防空邸宅の地下防空壕に、あるいは、その邸宅から100メートルほど先の、地下道で繋がっている「吹上（地下）防空室」に避難していたのである。

宮中内には、1935年に初めて防空室が作られ、1938年には裕仁の母親である貞明皇后の住まいも防空建築化されたが、爆撃機の発達と投下爆弾の爆破力の向上のため、すぐにその防空室も強度が足りなくなった。そこで、1941年4月に、吹上御所に新たに本格的な防空建造物の建築が着工された。しかし、「防空建造物」という名称では、「いかにも逃げ腰に聞こえ、……大元帥陛下にふさわしくないという配慮から『御文庫』と名付けた」とのこと。それだけが理由ではなく、おそらくは、国民の「防空体制」を実質上無防備にしておきながら、裕仁夫婦の邸宅だけを完全防空建物にすることには気が引けたのであろう。工事は国民には絶対に知らせないという秘密主義のもとで進められた(21)。

建坪は1、320平方メートル、地上1階、地下2階建になっている。総工費は約2百万円（現在の物価に換算すれば数百億円になるはず）という、当時としては莫大な費用で、1942年の年末に完了している。トイレと風呂場は、それぞれ裕仁と妻良子の個人用に別々なものが作られており、寝室、書斎、食堂はもちろん、映画会のできる映写室ホール、ピアノや玉突台が置かれた娯楽室、女官室、侍従室などもある大邸宅である。1トン爆弾の直撃を受けても爆弾が天井を貫かないように、屋根はコンクリートや砂を重ねて3メートルの厚さにしてある。しかも、地下2階の「避難所」には毒ガス浄化装置まで設置された(22)。

ちなみに、「御文庫」が完成した1942年12月という時期は、南太平洋のガダルカナル島で、同年8月上旬から始まった戦闘が完全に敗北した時である。この戦闘に動員された3万1千名余りの日本軍将兵のうち、死者・行方不明者数が2万名以上にのぼった。しかも、武器弾薬、食糧、医薬品の輸送の困難から、これら2万名の死者・行方不明者のうち、1万5千名ほどが餓死とマラリア、下痢、脚気などによる病死であった。同年8月、東部ニューギニアに送られた南海支隊、さらに11月に送り込まれた独立混成第21旅団の合計約1万5千名の将兵たちも、食糧・医薬品の補給を完全に絶たれた中でのジャングル移動で、そのほとんどが翌年１９４３年の1月中旬までに病死、餓死。生き残ったのはわずか3千名に過ぎないという状況であった。このように南太平洋をはじめ、アジア太平洋各地の戦闘地域で日本政府が自国民を文字通り「難死」させ、「棄民」扱いしていた時、宮中内では天皇の「玉体」と彼の家族を守るために、贅沢を凝らした「防空大邸宅」が建設されていたのである。

(4) 東京大空襲と「吹上防空室」補強作戦

マリアナ諸島を発進基地とする米軍爆撃機による日本本土空襲が本格化するのは、１９４４年11月下旬からで、当初は、東京や名古屋の工業地帯が攻撃目標とされた。ところが、１９４５年1月下旬にカーティス・ルメイ少将が第21爆撃軍司令官に着任すると、後述するように、爆撃方法が急速に無差別爆撃へと移行していった。3月10日の東京大空襲は、その最も大規模なものであった。

1945年3月9日夕方、グアム、サイパン、ティニアンから合計334機のB29が出動し、3月10日の午前0時8分から空爆を開始。攻撃目標は、隅田川を挟んで東西にまたがる下町の家屋密集地帯（現在の墨田区、台東区、江東区）であった。爆撃機は高度1、525から2、135メートルの低高度飛行を行い、最初は攻撃地帯の中心部を囲むように東西南北の4地点に焼夷弾を投下。つまり、火で四方を囲んで住民が逃げられないようにしておき、次に、その火の囲いの内側に焼夷弾の雨を降らせるという作戦をとった。この絨毯爆撃は午前2時半まで続いたが、折からの乾燥した強い北風に煽られ、東京は猛烈な火炎と火風でおおわれ、火炎は6時間続いた。投下された焼夷弾の数は23万7千個、総重量にして1、665トン。焔は数百メートルまで舞い上がり、黒煙が6千メートル上空にまで立ち昇ったと言われている。まさに火焔地獄と呼べるような状況の中、逃げ場を失った多くの人たちが焼き殺され、呼吸困難に陥って窒息死した。犠牲者の確実な数は不明であるが、東京消防庁は死者9万7千人、負傷者12万5千人と推定した。学童疎開などでかなりの数の人口が流出していた当時の東京の推定人口は500万人であるので、死者約10万人とすれば、人口の50分の1が一夜にして亡くなったことになる。その上、26万8千戸の家屋が全焼または半焼し、罹災人口が百万人という状態であった。米国の戦略爆撃調査団が戦後に出した報告書では、「6時間で死亡した東京の死亡者数は、人類史上、これだけ短い間に死亡した数としては最大であろう」と述べられている(23)。

その8日後に裕仁が被害状況を視察したが、この視察の数日前に「屍体を早く片付けよ」という軍命令が出され、兵隊、警察官、学生だけではなく囚人までが動員されて、遺体が公園、墓地、空き地に片端から埋められた。隅田公園に埋められた屍体数は5千から7千体と言われている。上野公園には8千4百体近く、錦糸公園には約1万3千体、猿江公園にも1万3千体ほど、等々、他にも多くの場所に、遺体の身元確認などほとんど行われずに、掘られた穴に次々と屍体が放り込まれた。屍体処理に動員されたある造船部隊員は、戦後、次のようにその体験を回想している（24）。

我々の部隊百四十人が錦糸公園で出役することになった。公園内はつくだ煮のごとくになった死体の山がいくつもあった。思わず目を覆った。こんな状況がこの世にあるものだろうか。トラックで死体を運んでくる兵隊、警官、消防官、どの人も焼死者の脂でドロドロになりながら、トラックから死体を降ろしていた。そしてわれわれの部隊が、土を掘り、埋めた。私は死臭に全く弱った。

そして3月18日当日、裕仁が視察した折には、視察地域から屍体はきれいに片付けられていた。その状況を、堀田善衛は以下のように紹介している（25）。

九時過ぎかと思われる頃に、おどろいたことに自動車、ほとんどが外車である乗用車の列が永代橋の方向からあらわれ、なかに小豆色の自動車がまじっていた。それは焼け跡とは、まったく、なんとも言えずなじまない光景であって、現実とはとても信じ難いものであった。これ以上に不調和な景色はないと言い切ってよいほどに、生理的に不愉快なほどにも不調和な光景であった。……小豆色の、ぴかぴかと、上天気な朝日の光りを浴びて光る車のなかから、軍服に磨きたてられた長靴をはいた天皇が下りて来た。大きな勲章までつけていた。……(焼け跡を片付けていた)人々は本当に土下座をして、涙を流しながら、陛下、私たちの努力が足りませんでしたので、むざむざ焼いてしまいました、まことに申し訳ない次第でございます、生命をささげまして、といったことを、口々に小声で呟いていたのだ。……責任は、原因を作った方にではなくて、結果を、つまりは焼かれてしまい、身内の多くを殺されてしまった方にあることになる！　そんな法外なことがどこにある！　こういう奇怪な逆転がどうしていったい起り得るのか！

贅沢を凝らした防空豪邸に暮らす裕仁が、このようにお膳立てされた「視察」で、果たしてこの時どこまで深く空襲の被害にあった市民の苦痛苦悩の実態について理解できていたかは極めて疑わしい。ちなみに、公園や空き地に埋められた無数の屍体は、戦後になってもアメリカの占領軍に「無残な死者の姿は国民に見せられない」と遺体発掘作業に反対されたため、結局、4年近く放置されたままになっていた。戦後復興が始まり、焼け跡や空き地に建物が建てられるようになり、民有地の地主たちからも苦情がよせられるようになってきたため、東京都の公園課が国庫補助を使って、「公園整備」という名目で失業対策の一環として初めて遺体発掘を秘密裏に開始したのは1948年12月からであった。最終的に、発掘作業を終えるのにはそれから3年もかかっている(26)。

東京大空襲から2ヶ月も経たないドイツ敗戦直前の5月早々、ヒトラーの山荘ベルヒテス・ガーデンに米軍が10トン爆弾を投下して破壊したというニュースが東京の大本営に届いた。当時、本土決戦を想定して建設中だった長野県の松代大本営は、岩山をくり貫いたものであるから、10トン爆弾にも優に耐えられることは間違いなかった。しかし、「御文庫」も、それと地下道で繋がっている「吹上防空室」も、10トン爆弾にはとても耐えられない。「御文庫」は補強工事を施しても2・5トン爆弾に対する耐弾効力しか期待できなかった。そこで、「吹上防空室」を6トン爆弾に耐えられるように、周囲を15・5メートル、上部をさらに3・5メートルの鉄筋コンクリートで覆うという工事を急遽行うことを宮内省と陸軍省が決定した(27)。

既存の「吹上防空室」は地表から土層で4メートル以上埋められていたため、頂上までが10・8メートルの高さの小山であった。今度は、その土層を突き固めて圧縮した上に、まずは二層の鉄筋を敷き、そこにコンクリートを隙間なく流し込む。その上にさらに2・1メートルのコンクリート層を作り、さらにその上に鉄道レールを二層十文字にしてぎっしり敷き詰め、さらにコンクリートを流し込む。最後に、厚さ1メートルの土層をおき、擬装のために草木を植えて、合計14・3メートルの高さの小山にするという工事であった。「第1号演習」という名称で秘密裡に進められたこの工事に要した期間は、5月下旬から7月下旬までの2ヶ月間。製造された生コンクリートは2万立法メートル、生コンを作るために使われたセメント、砂利、砂の総量が5万トンであったとのこと。24時間3交代の突貫工事で、工事に従事した兵員の数は1日平均2千人、ピーク時は4千人。2ヶ月の工事を通じての延べ動員数は12万人にものぼった。米軍爆撃機搭乗員が上空から見ても気がつかないように、自然の森に見えるような擬装網で工事現場をすっぽり覆ったのであるが、工事現場が3万平方メートルと広かったため、擬装網は後楽園球場がすっぽり入る広さであったとのこと。夜間の工事は、この擬装網に取り付けられた数千個の電球を一斉にともした照明の下で行われたが、空襲警戒警報が出るたびに消灯し、敵機が去ると再び点灯して工事を再開するという繰り返し。この工事とほぼ同時並行で、日光に疎開していた皇太子明仁、近く軽井沢に移る予定をしていた貞明皇后、さらには都内の7つの宮家のためにも頑強な防空壕建設が行われていた(28)。

この「吹上防空室」突貫工事が行われていた5～7月は、沖縄戦の真最中。周知のように、この沖縄戦では、動員された地元の防衛隊、学徒隊、女子挺身隊などの戦闘協力者のうち2万8千人ほどが死亡。その上に、14万人といわれる住民の命が犠牲となった。しかも、1万1千5百人弱の14歳未満の死亡者の死因の多くが、敵によるものではなく、友軍、すなわち日本軍将兵による残虐行為に起因するものであった。これに対し、日本側の守備軍正規部隊の戦死者が6万5千人あまり、米軍側の戦死者数が1万2千5百人ほどであった。すなわち、沖縄住民の犠牲者数が、戦闘員である日米両軍の将兵の戦死者よりはるかに多かったというのが、沖縄戦の一つの特徴である。その理由は、天皇裕仁と大本営は、最初から60万人の沖縄住民と沖縄に派兵された守備軍を「捨て石」にする作戦であったからである(29)。

1945年2月14日、裕仁は近衛文麿を「御文庫」に招いて戦況に関する近衛の意見を聞いている。このとき、「敗戦は遺憾ながら最早必至なりと存候。国体護持の立場より最も憂ふべきは、敗戦よりも敗戦に伴うて起ることあるべき共産革命に候」と、近衛が一刻も早い戦争終結を提言したのに対して、裕仁は「もう一度戦果を挙げてからでないと中々話は難しいと思う」と述べた。実は、裕仁は、連合諸国との和平工作に入る前に、近い将来に想定されていた台湾戦で「大戦果」をあげることを期待したのである。これは、台湾戦で「大戦果」をあげ、戦争をこのまま継続すれば不利であることを敵にさとらせたうえで和平交渉に持ち込むこと、これ以外に「うつべき手はなし」という、元首相・広田弘毅が、当時、裕仁に進言していた政策であった。台湾戦で「大戦果」をあげるためには、台湾に残り少なくなった戦力を集中させ、台湾戦の前に想定される沖縄戦を持久戦でなるべく引き伸ばすという作戦であった。そのためには、沖縄住民を犠牲にすることも厭わない、というのが「御文庫」で自分の生命の安全を確保していた裕仁の考えだったのである。そこで1944年12月、大本営は沖縄防衛のための第9師団を台湾に転出させ、さらに本土から第84師団を増援部隊として沖縄に送るという計画も中止した。しかも一旦沖縄戦が始まり、期待したような戦果があがらず、連合軍側が台湾に侵攻する様子もみられないことから、今度は、いまだ当初の計画の6割ほどしか整備されていなかった日本本土防衛体制を少しでも進めるための時間稼ぎに、沖縄をさらに犠牲にすることにしたのである。すなわち、敵軍を1日でも長く沖縄に釘付けにして、本土侵攻を遅延させるために沖縄住民と沖縄守備軍を玉砕させるという戦略であった(30)。

沖縄住民「捨て石」戦略という考えは、実際には沖縄戦が始まる5ヶ月以上前の1944年10月10日の那覇大空襲の時点ですでに沖縄住民には明らかとなっていた。例えば、細川護貞は那覇大空襲について内務省のある官僚から聞いた話として、1944年12月16日、以下のように記録している(31)。

沖縄は(10月10日)全島午前7時より(午後)4時まで連続空襲せられ、如何なる僻村も皆爆撃機銃掃射を受けたり。而して人口60万、軍隊15万程ありて、初めは軍に対して皆好意を懐き居りしも、空襲の時は1機飛立ちたるのみにて、他は皆民家の防空壕を占領し、為に島民は入るを得ず、又4時に那覇立退命令出て、25里先の山中に避難を命じたるも、家は焼け食糧はなく、実に惨憺たる有様にて、今に至るまでそのままの有様なりと。………

而して焼け残りたる家は軍で徴発し、島民と雑居し、物は勝手に使用し、婦女子は凌辱せらるる等、恰も占領地に在るが如き振舞にて、軍紀は全く乱れ居り、指揮官は長某にて、張鼓峯の時の男なり。彼は県に対し、我々は作戦に従い戦ひをするも、島民は邪魔なるを以て、全部山岳地方に退去すべし、而して軍で面倒を見ること能はざるを以て、自活すべしと暴言し居る由（強調：引用者）。

玉砕を強いられた日本軍将兵が住民を追い出して民家の防空壕を占拠する、これが沖縄で持久戦略をとった大元帥・裕仁の日本軍の「防空体制」の実態であった。前述したように、天皇制軍国主義体制下では、「戦闘地域前線」と「銃後」の差は実際には存在せず、将兵も住民も全てが「国体」を象徴する天皇の「玉体」＝身体を護持するために、自己の生命を犠牲にすること、すなわち「玉砕」を強制される。のみならず、一旦住民の居住地域が戦場になると、まずもって住民の生命・財産が、本来は住民の防衛にあたるべき天皇の軍隊の将兵によって利用され犠牲にされる。日本の「防空体制」には、天皇制ファシズム国家のこの民衆差別と犠牲強制的な「棄民」の国家イデオロギーがまざまざと具現化されているのである。

しかも、この国家イデオロギーには、第4章で詳しく分析するように、天皇と国家（すなわち国家権力を掌握する政治家と軍人）の政治責任をほとんど問わず、逆に、天皇と国家に支配され、協力させられ犠牲となる国民の「国家への犠牲的奉仕の責任」を問うという「責任追及の転倒」を通して、真の責任者＝支配者の「責任不問」という、実に不当な欺瞞化の機能が備えられているのである。しかもこの機能は、戦後も根本的にはなんら変わらないまま継承され続け、今も「戦後民主主義」の「象徴天皇制」の下で働き続けているのである。すなわち、戦後間もなく戦争責任の「不問」と「忘却」がみごとに果たされ、誰も責任を問われなくなったとき、死を強制された天皇制軍国主義の多くの犠牲者たちは、「平和のための尊い犠牲者であった」とまつりあげられた。まつりあげられることで、そのような「死を強制した」者の責任がさらに隠蔽されるという、「無責任の増殖作用」とも呼べる現象が広く且つ深く日本全体に浸透し、大多数の国民の精神を麻痺させていったし、今も、その「無責任の増殖作用」現象は強力に作用し続けている。

(5) 米軍日本本土無差別空爆の実相

一方、米軍は、一旦日本との戦争が起きれば、日本本土空爆をできるだけ早く開始する計画を開戦前から立てており、1941年9月には爆撃機B17の編隊をフィリピンに配置し、焼夷弾も搬送していた。ルソン島の飛行基地から爆撃機を飛ばし、日本本土空爆後は爆撃機を日本海を越えてソビエト領にまで到達させるという方法で航続距離の限界を克服するという作戦であった。これは、ウラジオストックとルソン島の間を往復飛行させながら日本各地に爆撃を加えるという計画であった。当時、ジョージ・マーシャル将軍は、ソ連の協力をとりつけるため交渉に努力したが、この時点では日本との戦争をできるだけ回避したいと考えていたソ連政府はこれを認めなかった。同年11月、日米開戦が避けられないような状況になってきた時、マーシャル将軍は、米軍は「日本の紙でできた都市を火で崩壊させる」と息巻き、しかも「市民を爆撃することになんの躊躇もない、徹底的にやる」とまで言い切った。周知のように、実際には戦争が始まるやまたたく間に日本軍がフィリピンに侵攻し、米軍に爆撃機を台湾や日本に向けて発進する機会を与えなかった(32)。

しかし、日本空爆のための最も効果的な方法は焼夷弾の利用であるという米軍の方針は早くから固まっていた。日本の都市が火災に脆いことは1923年の関東大震災で証明済みであり、したがって焼夷弾攻撃が最も効果的な日本空爆の方法であると、すでに1939年の段階で米陸軍航空軍戦術学校の学生たちも教えられていた。

これに対し、米軍の対ドイツ空爆戦略は、軍事基地や軍事工場などの軍事関連施設のみを攻撃目標とし、攻撃目標が明確に目視できる昼間のみに行う「精密爆撃」という方針をとっていた。実際にはドレスデンの場合が典型的な例であるように、ほとんどが無差別爆撃であったことは周知の通りであるが、形式的にはせよあくまでも「精密爆撃」という方針であった。ところが、米軍の日本空爆戦略は、ドイツの諸都市の空爆とは対照的に、最初から焼夷弾による一般家屋の破壊、すなわち無差別爆撃を主たる目的としていた。とりわけ1943年に着火力も燃焼力も一段と強化された新型焼夷弾M

69が開発されると、これを日本本土空爆に大量に使うことが計画され始めた。1943年3月からは、ユタ州のダグウェイ基地に24軒の日本家屋の「密集村」を作り、ここにM69焼夷弾を実際に投下してその効果を検証する実験が開始された。これらの家屋は木造2階建てで、各家には障子や畳のみならず、ちゃぶ台、座布団、茶碗や箸までが置かれ、ほとんど日本の一般家屋と変わらない状態に作られていた(33)。

また1942年12月には、ヨーロッパならびに太平洋の両地域における空爆の攻撃目標を選定、評価するために民間人と軍人で構成された「作戦分析官委員会」を立ち上げていたが、この委員会は、1943年11月に、ヨーロッパでの空爆結果の詳しい分析を参考に日本における主要都市の具体的な攻撃目標を選定し、これらの攻撃のために大量の焼夷弾を使用することを勧告した。その1ヶ月前には、情報収集担当の米陸軍航空軍副参謀長が「日本・焼夷弾攻撃に関する情報」というタイトルの報告書を作成しており、この中でも日本の諸都市への焼夷弾攻撃が強く要請されている。さらに1944年6月には、「作戦分析官委員会」の下部組織として「合同焼夷弾委員会」を設置し、日本の主要6大都市（東京、横浜、川崎、名古屋、大阪、神戸）を焼き尽くすために必要な爆弾投下量や爆撃機数の推定、火災を起こすために最も効果的な焼夷弾の投下場所、その空爆がもたらす経済的・政治的波及効果の推測評価などを行わせた。この「合同焼夷弾委員会」が最終的に出した報告書は、東京の場合には56万人の死傷者が出るであろうと推定し、焼夷弾攻撃がもたらすであろう効果を極めて高く評価して、早急に6大都市への空爆を開始すべきであると提言した(34)。

このように、アメリカの日本空爆計画は当初から都市の焦土化を狙った無差別攻撃的な傾向を強くおびていた。ヨーロッパ戦線では、形式的にせよ、あくまでも「精密爆撃」にこだわってきた米軍が、日本に対してはその方針を最初から適用しようとしなかった理由には、日本人に対する人種蔑視観、すなわち白人優位のイデオロギーが強く働いていたことは否定できない。しかし、それだけではなく、ヨーロッパにおいて展開してきた「精密爆撃」が実際にはいかに「無差別的」なものにならざるを得なかったか、すなわち「精密爆撃」を実際に行うのは不可能であるという事実を米軍航空軍の指導者たちはすでに明確に認識しており、したがって日本本土への「戦略爆撃」の具体的計画の作成にはそうした現実認識が色濃く反映されることになったという要素も考慮に入れなくてはならない。

米軍の大量の焼夷弾による日本本土爆撃の自己正当化は、実は、ヨーロッパ戦線で英空軍が展開した「地域爆撃」の論理をそのまま応用したものであった。すなわち、工場が存在し、そこで働く労働者の住居が存在する地域全体を焼夷弾で焼き払うことによって労働力=地域住民を生産手段=工場から乖離させる、というのがその論理の骨子である。英空軍はこの「地域爆撃論」で、開戦後の早い時期から無差別爆撃を正当化していた。実際には、英空軍は、無差別爆撃を正当化するための口実として「地域爆撃」という構想を打ち立てた、と言うほうが正確であろう。

1943年9月のケベック軍事会議にヘンリー・アーノルド大将が提出した『日本を敗北させるための航空計画』の中でも、「[労働者に] 死傷をもたらすことで労働力を引き離す」という表現でこの論理が強調されている。無数の町工場が散在する日本の諸都市にこの論理を応用すれば、「戦略爆撃」は当然「無差別爆撃」にならざるを得ないことを米軍関係者は十分に理解していた。しかし、この論理形式にあくまでも拘泥することによって、現実を直視することから自分たちは心理的に逃避することができ、同時に自国民に対しても正当化の説明がつくという要素が働いていたと考えられる。1944年10月に国防研究委員会が作成した報告書もまた、焼夷弾で敵国民に比較的多くの犠牲者を出すことで戦争を早期に終結させることができ、ひいては多くの生命を救うことができるという、第一次大戦以来繰り返し主張されてきた「戦略爆撃正当化論」にほとんどそのまま依拠した主張がなされている。かくして、新型焼夷弾の大量使用によって犠牲者の数が急増することを容認しながらも、「期待される戦争の早期終結」を理由に無差別爆撃をめぐる倫理性の問題に決着をつけようとする試みが、すでに日本本土空爆開始前から米軍内部では行われていたのである。それでもなお米軍は、その固有の「精密爆撃論」を、形式論として維持することに固執し続けたのであった(35)。

1944年半ばから、当時最大級の大型爆撃機であるB29が初めて登場した。実はこの大型爆撃機の開発計画が最初に出されたのは1939年のことで、その4年前に開発されたB17を航続距離、搭載爆弾量の両方において優る爆撃機の製造が提案された。設計に2年間という長い準備期間を費やし、実際に試験製造に取りかかったのは１９４１年６月のことであった。その時、製造を受け持ったボーイング社は１９４３年１月までに14機を製造するように要求されたが、日本軍による真珠湾攻撃の１ヶ月前には注文台数は２５０機へと跳ね上がった。真珠湾奇襲の直後に注文台数は５００機になり、１９４２年９月初旬には、いまだ１回も試験飛行が行われていないにもかかわらず、陸軍航空軍はその注文台数を１、６６４機にまで急増させた。９月11日、最初のテスト飛行が行われたが、実用までにはいまだ多くの技術的不備を改善しなければならず、実用機の製造に一応のメドがついたのは１９４３年後半になってからのことである。最終的に、終戦までに幾度も改良が重ねられながら、３、９７０機が製造された(36)。

Ｂ29は「スーパー・フォートレス（超空の要塞）」と呼ばれたように、当時としては最も大型の、しかも最高機能を備えた爆撃機であった。翼長が43メートル、全長30メートル、高さ９メートル、最高速度は時速５７６キロ、航続距離５、２３０キロメートル、上昇限度１万２千メートル、搭載可能爆弾量は約10トン、その上に機体の前後合わせて10数門の機関砲を備えていた。昼間精密爆撃用として製造されたものであるが、後述するように、実際には昼夜を問わない無差別爆撃用に使われた。

１９４４年４月、この最新型爆撃機を主力兵器とする第20航空軍を編成し、これを陸軍航空軍総司令官アーノルドの直接指揮下に置いた。同年８月に、第20航空軍の隷下に第21爆撃軍団が編成され、その任務は、「日本軍、日本の工業ならびに経済機能の撹乱の拡大をできるだけ早期に達成し、……日本人の戦争遂行の能力ならびに意志が決定的に弱体化するまでその士気を砕くこと」、とされた。

１９４４年６月から７月にかけて米軍はマリアナ諸島を日本軍から奪取すると、サイパン、ティニアン、グアムの各島に第21爆撃軍団のＢ29基地を建設し、11月までに１２０機あまりの爆撃機の集結を完了させ、同月下旬から日本本土への空爆を開始した(37)。

指揮官はヘイウッド・ハンセル准将であったが、彼は、いまや全くその内実を失った「昼間精密爆撃」という米国の表向きだけの公式方針にできるだけ沿った空爆作戦を遂行しようとした人物であった。最初の作戦は「第一次サン・アントニオ作戦」と呼ばれるもので、攻撃目標には東京北多摩郡武蔵野にある中島飛行機武蔵製作所が選ばれた。日本軍の戦闘機のエンジンの３割がこの製作所で製造されていた。１１１機というＢ29爆撃機の大編隊が早朝サイパン島を出発し東京へと向かったが、東京上空に到達した時には一面に雲がたれこんでいたため目標を識別することができなかった。したがって当初の計画通り中島飛行機武蔵製作所を爆撃できたのは、１１１機のうち24機だけであった。それでも48個の２５０キロ爆弾が製作所敷地内の工場に命中し、57名の死者と75名の負傷者を出した。これ以降も連日のように東京各地の工業地帯を狙って「精密爆撃」が行われているが、攻撃目標よりは周辺の市民や民家の被害のほうが大きい状態であった。例えば、１９４４年12月３日の武蔵製作所への爆撃の折には、攻撃目標から相当離れた、杉並、板橋、江戸川、中野といった地域にも爆弾が投下され、その結果、185名が死亡し、687名が罹災した。12月に2度行われた名古屋の三菱工業名古屋発動機製作所に対する空爆でも、住宅街に落とされた爆弾で700名近い市民が死亡し、560戸の民家が焼失している。「精密爆撃」として比較的成功したと言われている1945年1月19日の兵庫県明石市の川崎航空明石工場への空爆でも、工場周辺の住宅地域に260個の爆弾がばらまかれ、死者71名、罹災者3千名を出した(38)。

「精密爆撃」にもかかわらず、これほどまでに「誤爆」が多いのには様々な原因があった。当時のレーダーやノーデン爆撃照準器といった攻撃目標設定技術は、いまだ極めて不完全なものであった。しかしその上に、しばしば雨雲で視界がきかないこと、強風によって投下した爆弾が空中で流し飛ばされる、乱気流によって機体が激しく揺れて目標照準が不安定になる、といったような気象条件による問題があった。特に、高射砲による攻撃を避けようと高度を高くすればするほど、投下爆弾は風で流される。すでに説明したように、日本軍が配備していた高射砲の中でB29の飛行高度にまで達する射高を持つものは数少なかったが、しかしそれでもパイロットたちは高射砲による攻撃をひじょうに恐れた。悪天候で視界がきかない場合には、群れをなして飛んでいる友軍機との衝突の危険性も高かった。日本軍の戦闘機はそのスピードや飛行高度の点でB29にはるかに劣っていたためB29を効果的に遊撃できなかったが、そのため間もなく日本軍パイロットの中には死にもの狂いで「体当り」するという特攻戦法をとる者が多くなった。さらには爆撃任務に時間をかけすぎると燃料を消費しすぎて、2、

400キロも遠く離れた基地に戻れなくなる。向かい風に吹かれればなおさらその危険性は高まった。したがってB29の搭乗員たちは、こうした様々な危険性を避けてできるだけ短時間のうちに爆撃任務をおえて敵上空から飛び去りたいという焦燥感のために、「精密爆撃」はますます形式的なものとなった。悪天候のために与えられた攻撃目標を発見できなかった場合には、帰路の機体をなるべく軽くして早く安全に基地に帰還するために、搭載している爆弾を途中で無作為に投下して捨てていくことは常時行われていた。

目に見える形での効果が上がらないにもかかわらず高度上空からの「昼間精密爆撃」という方法に固執したハンセル准将は、1945年1月21日、アーノルド大将によって第21爆撃軍団司令官の職を解かれ、代わってカーチス・ルメイ少将が着任する。実はハンセル准将は、解任直前にワシントン司令部から名古屋への焼夷弾による「地域爆撃」を命じられていたが、この命令に異議を申し立てていた。前述したように、陸軍航空軍司令部内では、欧州での実際の経験から鑑みて日本に対しても「精密爆撃」よりは焼夷弾を使った「地域爆撃」をとるべきであるという考えが優勢になっていたのであり、この方針に沿った形で日本本土爆撃を展開しようとしないハンセル准将に対する不満がつのっていたのである。

ルメイが司令官となるや、空爆は焼夷弾を大量に使う「地域爆撃」へと急速に移行していった。ルメイ指揮下による東京への最初の空爆は1月27日に56機のB29で武蔵野を攻撃目標に行われたが、高度上空から投下した焼夷弾や高性能爆弾はやはり冬の強風にあおられて東京都下の様々な場所にばらまかれ、1、453名の死傷者と4、400名の罹災者を出した。次に攻撃目標に選ばれたのは、造船所や航空機工場があった神戸であった。2月4日、120機のB29爆撃機が焼夷弾3、696発（合計154トン）と高性能爆弾50発を投下し、民家1、800戸以上を焼き払った。東京への空爆は2月19日と25日にも行われたが、25日の空爆はこれまでにない大規模な無差別爆撃であった。200機の大編隊によるもので、神田、本所、四谷、赤坂などの住宅1万9千家屋が焼失し、7万6千人が焼け出され、195人が焼死した。既存の消防設備と消火方法ではもはや到底対処できないことがこれで明らかとなった。3月4日にも180機ほどの編隊が現れ豊島や向島などで多くの被害が出たが、これら一連の爆撃は、形式上は武蔵野の軍需工場を攻撃目標とする「昼間精密爆撃」であった(39)。

激しい空爆にもかかわらず、日本の軍需工場の生産量は1945年2月に戦時期の頂点に達した。3月に入ると生産量は突然2割も落ち込み、その後も急速に落ち込んで行くが、しかしその主たる理由は空爆による工場破壊ではなく、海外における戦況の悪化や海上輸送網に米軍が与えた打撃によって、鉄やアルミなど兵器生産に必要な原材料の入手がひじょうに困難になったからであった。したがって、「軍需工場破壊」という名目には実際にはあまり意味がなかったのである。

強力な新型焼夷弾を使っても、高度上空からの空爆では投下される焼夷弾が飛散してしまい、軍需工場が存在する一定地域を完全に破壊するという意味では期待したほどの効果が上がらないことに気がついたルメイは、3月初旬になると爆撃方法を根本的に変更することにした。それは、これまでの2万8千～3万フィート（8、400メートル～9、000千メートル）という飛行高度を5千～8千フィート（1、500～2、400メートル）にまで大幅に下げる低高度爆撃に変えるというものであった。しかしそれでは高射砲によって爆撃機が撃ち落とされる危険性が極端に高まるため、それまでの昼間爆撃を止めて夜間爆撃に変えたのであった。この爆撃方法の変更は、実質的には、形式的にせよ米軍がそれまで維持してきた「昼間精密爆撃」を破棄することを意味していた。この時期、第21爆撃軍団が保有するB29の台数は380機あまりであり、さらに600機が生産ラインに乗せられていた。こうして、無数の爆撃機による「低高度爆撃」、すなわち無差別絨毯爆撃が3月初旬から開始され、終戦の8月中旬まで日本各地がその攻撃対象となり、文字通り日本の諸都市は焦土化していった。しかし、日本の諸都市の一般住宅街には、軍需工場で使われる様々な種類の部品の製造に携わっている無数の町工場があり家内工業も営まれているので、そうした市街地域全体を空爆することになんら倫理的問題はないというのが米軍の公式見解であり、爆撃機搭乗員たちにもこの正当化論がくり返し教え込まれた(40)。

「低高度夜間爆撃」の最初の攻撃目標となったのが1945年3月10日の東京であり、これは、広島、長崎のケースは別としても、1回の攻撃で史上最も多くの死者を出した大空襲であった。前述したように、3月9日夕方、グアム、サイパン、ティニアンから合計334機のB29が出動し、3月10日の午前0時8分から空爆を開始した。各機に24発のM69集束焼夷弾が積み込まれた。細長い筒状のM69は合計48個がひとまとめに束ねられて1発の爆弾となっているため、集束焼夷弾と呼ばれている。長さ約51センチ、直径7.6センチの各焼夷弾の筒にはナパーム（ゼリー状の油脂ガソリンとパーム油の混合物）が充填されている。集束弾は投下されるとM69の筒一本一本が空中でばらばらになるようになっており、地上や建物の屋根に落下したM69は5秒以内にナパームに火がつくように製造されている。屋根に投下された焼夷弾は、瓦屋根を突き破って建物内部に落下して点火する。一旦点火すると、その熱で鋼鉄製の筒が吹き飛ばされ、30メートル四方に火のついたナパームをまき散らして建物を延焼させる。油が燃えるわけであるから消火はひじょうに難しい。これが着物や皮膚に付着すると、粘着性のあるゼリー状の油であるため振り落として消火するのが困難で、最悪の場合には火は皮膚を焼いて骨にまで達することになる恐ろしい爆弾である。東京空襲で死亡した人たちの死体の多くが黒焦げ状態になっているのは、火災だけがその原因ではなく、ナパーム弾で焼き殺されたためであった。各爆撃機が投下する焼夷弾は横0.8キロ、縦2.4キロの範囲に散乱するため、人々は文字通り火の雨を浴びることになる（41）。

3月10日のこの東京空爆に参加した操縦士の一人は次のように回顧している（42）。

飛行機が投弾区域に入ると、一帯は真っ昼間のように明るかった。火の海に近づくにつれ、指定区域全体が陰鬱なオレンジ色の輝きに変わった。…… 私たちは、なめずる火の先端あたりに荷を一どきに投下して、湧き起こる煙の中に突っ込んで行った。途端に真っ暗になった。……私は荒れ狂う気流に揺れる飛行機の安定を保とうとして必死に操縦した。そこへ、いきなり妖怪が出たか、と思われた。燃えさかる火で起こった下からの熱風による強烈な上昇気流に機体が持ち上げられ……身動き一つできなくなった。何が起こったのか考える余裕ができたときには、高度が5千フィート（1、５００メートル）以上も上がっていた。と、急に身軽になった。ここでようやく私たちは火焔地獄の搦め手から逃れることができたのだ。私たちは、焼ける人肉やがらくたの異臭に息が詰まる思いをしたので、ようやく煙から脱出して本当にホッとし溜息を大きく吐いた。（強調：引用者）

前述したように、大量のナパーム弾で引き起こされたこの火炎地獄で、推定10万人という数の市民が焼き殺された。しかし、東京への焼夷弾絨毯爆撃はこれで終わらなかった。4月13〜14日、15〜16日、5月24日、25〜26日と4回の大規模な夜間焼夷弾空襲を受け、焼失家屋約50万軒、死者約8千名、負傷者2万8千名、罹災人口約１７８万人という被害となった。3月10日の大空襲を含め、この5回の空爆で東京はその市街地の51パーセント近くを焼失してしまった。そのため、これ以降東京は米軍の焼夷弾攻撃目標リストからはずされてしまった。ちなみに、天皇を戦後の安定した日本占領のために政治的に利用するという目的から、皇居への爆弾投下は爆撃機搭乗員たちに禁止されていた。日本で最も安全な防空建物と防空室を持つ皇居が、爆撃禁止地区とされていたというのは、なんとも皮肉な話である。

3月10日の東京大空襲を皮切りに、名古屋、大阪、神戸に焼夷弾による夜間の低空絨毯爆撃が次々と行われた。名古屋には3月12、19、25日と3回にわたり行われ、合計3、500名あまりの死者と5、500名ほどの負傷者を出し、7万軒近い家屋が全焼した。大阪には3月13日の深夜から14日にかけて3時間にわたって7万個の焼夷弾が投下された。死者は3千名を超え、当時の大阪市全体の人口の2割以上に当たる51万名が罹災した。神戸には3月17日に3万6千個の焼夷弾が投下され、死者2、600名、負傷者8、500名あまりを出し、6万5千家屋が全焼した。

この時点からルメイは、これら一連の絨毯爆撃が攻撃目標地域の完全破壊という面から見てかなりの成果を上げたと自負するようになり、「航空戦力による勝利」を唱えるようになった。燃料と焼夷弾の十分な補給さえあれば戦略爆撃だけで日本を降伏に追い込むことができるはずで、大規模な日本本土上陸作戦は必要ないと主張しはじめたのである。「これまでの爆撃で相当の痛手を受けている敵は、もう一押しすれば必ず降伏するはず」という、英爆撃軍司令官アーサー・ハリスがドイツ空爆を推進する過程でくり返し主張したのと全く同じ様に、ルメイもまた、空爆のために「日本の戦意は急速に衰えつつある」と唱え始めた(43)。ここにもまた、敵国の破壊が進めば進むほど、「近い将来に期待される敵国の降伏」を実現するために、さらに無差別爆撃を強化させていくという、爆撃の強化的継続を自己正当化する注目すべき心理現象が見られる。

しかし、ルメイの日本の諸都市への絨毯爆撃作戦は、一旦途絶えざるをえなかった。というのも、3月の猛烈な連続爆撃で焼夷弾の在庫がほとんど底をついてしまったため、補給が届くまでに4週間ほど待たなくてはならなかったからである。さらに、4月初旬からは米軍の沖縄上陸作戦が始まり、これをなんとか阻止しようとする日本軍が神風特攻作戦を展開し始めた。そのため、第21爆撃軍団には、神風特攻基地である九州各地の飛行場や、和歌山、岩国などの飛行基地への通常爆弾による爆撃任務と、日本の艦船や船舶の南下を阻む海上封鎖のための機雷投下の任務も与えられた。

4月中旬にはマリアナ基地における焼夷弾の補給集積が再び整い、東京への空爆を再開するが、上記の沖縄戦闘を支援する任務のために、焼夷弾による都市絨毯爆撃の本格的な再開は5月中旬となった。この時点では日本軍は爆撃機を迎撃する航空戦力をほとんど失っていたし、名古屋、大阪、神戸などは高射砲による防空能力が極端に弱まったと考えられたので、ルメイはこれらの都市に対しては、視界のよくきく早朝あるいは昼間の無差別絨毯爆撃に切り替えた。ただし爆撃機の飛行高度は少し上げて、最低13,650フィート（4,095メートル）に設定した。他方、東京や新たに攻撃目標となった横浜に対しては、これまで通りの夜間爆撃の方法をとった。これらの5大都市に対する焼夷弾空爆は、5月14日の名古屋から始まり6月15日の大阪まで続いたが、毎回400機から500機という大編隊による大規模空爆であった。例えば、6月5日の神戸の場合には481機が参加し、3、132トンにものぼる大量の焼夷弾を投下したが、これは3月10日の東京大空襲時の焼夷弾投下量のほぼ2倍に当たるものであった。この徹底した破壊のために爆撃するものがなくなってしまった神戸は、この後、米軍の攻撃目標リストからはずされてしまった。3月9日から6月15日の間に出撃したB29の数は延べ数にして6、960機、投下された焼夷弾の量は41、592トンにのぼった(44)。

6月中旬、統合参謀本部がルメイをワシントンに召還しこれまでの空爆の成果と今後の計画に関して意見聴取を行った際、彼は、9月初旬までに日本本土における主要な軍事目標は空爆で全て消滅するであろうし、10月1日までに日本の60あまりの諸都市を徹底的に破壊すれば降伏に持ち込むことができ、上陸作戦を回避することができると答えた。陸軍航空軍総司令官アーノルドもまた、陸軍参謀総長マーシャル将軍に対して、上陸作戦の計画作成は続行すべきではあるが、当面は「日本自体の完全な破壊」をもたらすような空爆に努力を集中すべきであると進言し、「航空戦力による勝利」の可能性の高さをほのめかした。6月下旬、第21爆撃軍団が保有するB29の台数は878機までに増大していた(45)。

その後も名古屋や大阪への通常爆弾による空爆は続くが、6月中旬からは、ルメイは日本全土の徹底破壊を目指して、東海、北九州、甲信越、北陸、関東、中国・四国、東北の中小都市を次々と攻撃目標に選び、そのほとんどに焼夷弾による夜間無差別爆撃をしかけた。各都市が甚大な被害を被ったが、その中には8月2日夜に爆撃を受けた富山市のように、強風にあおられて炎が燃えさかり、市街地の98パーセントが焦土と化した所もあった。

北海道も爆撃を受けたが、B29の航続距離では北海道への空爆が難しいこともあり、もっぱら空母搭載の艦上機による爆撃と機銃掃射であった。7月半ばに函館、室蘭、苫小牧、根室、釧路、帯広などがその攻撃目標となったが、室蘭はその上に艦砲射撃による攻撃を受け、死者400名あまりを出している。すでに述べたように、沖縄本島は、1944年10月10日に米機動部隊の艦上機による9時間にも及ぶ空爆を受けたが、日本軍は何ら反撃することができず、この日、那覇市は5回にわたる波状爆撃で市街地の90パーセントが焼失した。1945年4月1日の沖縄上陸作戦の開始前には、米英連合艦船は猛烈な艦砲射撃を行い、1,600機あまりの空母搭載機で爆撃と機銃掃射を行った。言うまでもなく、沖縄の市民にとっては、これはその後数ヶ月続いた地獄のような地上戦の始まりでしかなかった。

(6) 通常戦略爆撃の一貫として理解された原爆無差別大量殺戮

1945年8月には、すでに戦争が終結したヨーロッパ戦線から第8航空軍が沖縄に移動することになっており、日本本土上陸作戦「オリンピック」が開始される11月までには、600機のB29が沖縄に送り込まれる予定となっていた。そうすれば、毎月延べ数にして沖縄からは3、500機、マリアナ諸島からは6、500機が日本本土に向けて出撃し、7万トンの爆弾を投下できると米陸軍航空軍は計算していた。さらにこれに加えて、日本本土空爆への参加を強く希望していた英国も、米軍との交渉の結果、年末までに沖縄の久米島に英爆撃軍基地を建設し、ここへ爆撃機ランカスター220機あまりを送り込み、漸次機数を増加させる計画を6月初旬の段階で具体的に進めていた(46)。したがって、上陸作戦「オリンピック」開始前後には、米英両爆撃軍による文字通りの「飽和爆撃」、すなわち九州を手始めに日本全国の都市に無差別絨毯爆撃をさらにくり返し加える目的に向けて連合軍は動き出していたのであった。8月15日に日本が降伏したことによって、この計画は実行されずに終わった。

しかし、ここではすでに、「精密爆撃」とか「地域爆撃」といった無差別爆撃に対する形式観念上の「抑制」さえ消滅してしまっており、「破壊のための破壊」とでも称せる徹底した敵国民壊滅思想しか見られない。もうこの段階では、米軍指導者たち、とりわけ陸軍航空軍の指導者たちにとっては、日本には「一般市民」は存在せず、軍国主義政府に協力している日本国民全員が「軍事標的」であると見なされたと言っても過言ではない(47)。

それゆえ、ルメイやアーノルド、戦略航空軍総指揮官カール・スパーツ大将をはじめとする米陸軍航空軍の指導者たちが、新型兵器である原爆の使用によって市民の大量虐殺をもくろむことにほとんど倫理的葛藤を感じなかったのは、第二次世界大戦を通じての無差別爆撃の漸次的強化という過程の当然の帰結とも言える現象であった。ルメイは、実際に原爆が投下される前にこの爆弾の威力について説明を受けており、「すごい」と言って喜んだと後年回顧している。彼にとっては、原爆は本質的には焼夷弾と変わらないものであり、ただ単にその爆発威力が極端に強力であるというだけのものであった。一方、アーノルドは、トルーマン大統領のトップ軍人アドバイザーの中で、ただ一人、原爆使用に反対した人物であった。しかし彼が反対した理由も、倫理的な理由からではなく、このまま焼夷弾による無差別絨毯爆撃を続ければ間もなく日本は降伏するであろうという、極めて戦略的な観点からの意見であった。軍人アドバイザーの中で、日本全域がこれまでの空爆でどれほど壊滅的な状態になっていたのかを彼ほど熟知している人間はいなかった(48)。

彼ら爆撃軍指揮官から見れば、広島・長崎への原爆攻撃は、第二次世界大戦を通して自分たちが強化拡大させてきた戦略爆撃の延長線上に設定された空爆の1ケースにしか過ぎないのであって、原爆という驚異的な破壊力を持った兵器を使用するという特殊性はあっても、敵国民の戦意壊滅のための攻撃という点においてはドレスデンやハンブルグなどドイツ諸都市への爆撃、神戸や東京その他の日本の都市に対する爆撃と本質的には何ら変わらないものとして理解されていたのである。

1945年8月6日、朝8時15分、B29エノラ・ゲイ号から投下されたウラニュウム爆弾「リトル・ボーイ」が広島上空で炸裂し、さらに8月9日午前11時2分にはボックス・カーと名付けられたB29からプルトニュウム爆弾「ファット・マン」が長崎に投下された。広島では原爆攻撃により一瞬のうちに少なくとも8万人あまりが死亡し、1945年末までの総死亡者数は14万人（その内3万人が朝鮮人）と推定されている。長崎では同年末までに死亡した被爆者は7万人（朝鮮人1万人を含む）と言われている。また広島で使用された原爆1個による被爆者総数は45万人と言われている。そのほとんどは一般市民であった。しかし皮肉にも、トルーマン大統領は広島爆撃直後の発表の中で、広島が攻撃目標に選ばれたのは広島が軍事都市であり、「できる限り市民の殺戮を避けるためであった」と述べた。しかし、戦後、米国の戦略爆撃調査団は、原爆使用を含め「日本への空からの攻撃は、特定の軍事標的のみならず、全日本国民に向けて行われた」と、その無差別性をあからさまに認めて恥じるところがなかった。原爆使用を決定した当時の米国政府指導者達が、その時、日本国民に対するジェノサイド（民族的、人種的、宗教的な一集団の全部もしくは一部を絶滅する意図で行われる行為）を全く意図していなかったとしても、広島・長崎への原爆攻撃により、核兵器がジェノサイド目的に作られた大量破壊兵器であることが結果的には誰の目にも明らかとなったはずである。

ルメイは1965年に著した回想録の中で、次のように述べている。「我々がやっている［空爆という］ことに道徳性の面で心を悩ます、そんなことは全く馬鹿げたことだ。兵隊が戦うのはあたりまえ。

我々は戦ったのだ。どんな戦闘であれ、自軍の兵員を多く失うことなく任務を達成することができれば、その日はとても良い日だったと我々は考えた」(49)。

ここには、驚くべきというほど被害者への想像力が欠落している。ルメイにとっては、空爆の成果は人道的に良いか悪いかという価値判断の基準に関わるようなものではなく、どのような威力の焼夷弾でいかに効率良く攻撃目標を破壊するか、ということのみが自己の達成すべき任務として捉えられている。したがって、すでに説明したように、彼にとって原爆は戦略爆撃に使用される兵器の単なる新型のものであり、通常の爆弾の一種としてしか捉えられていない。それゆえ彼は、原爆は「死という点からすれば、軍隊がもたらす死という点からすれば、なんら新しいものではない。我々は、3月9~10日の夜、広島、長崎で蒸発させた人間の数を合わせたよりももっと多くの人間を東京で、煮えたぎらせ焼き殺した」と豪語することに、なんら躊躇しなかったのである(50)。

ドレスデン空爆の直後には、米国民の中にその軍事的必要性や倫理的正当性について疑問の声が上がった。ところが、東京大空襲や広島・長崎への原爆攻撃のニュースに彼らのほとんどが歓喜の声を上げた。この理由を、米戦略航空軍司令長官であったカール・スパーツ大将は、戦後、次のように説明している(51)。

ドイツ人は我々（米国人）を爆撃することはなかった。……最初に真珠湾攻撃をしかけてきた日本人に対しては、ドイツを爆撃するのとは違った熱意、違った感情を持っていた。……事実、日本への大量空爆に対してアメリカ国民が異を唱えるということは全くなかった。我々が空爆をやればやるほど彼らは興奮した。それが、その時の日本に対する我々の感情だったのだ。

こうして戦争末期には、アメリカの国民たちもまた、ルメイ同様、「犠牲者の痛み」への倫理的想像力をすっかり喪失してしまっていた。ルメイや、当時ルメイの指揮下で日本諸都市の空爆に必要な焼夷弾投下量の計算などの任務にあたっていたロバート・マクナマラ（後年、ジョン・F・ケネディ政権ならびにリンドン・ジョンソン政権の国防長官）が、「もしも米国が日本との戦争に敗けていたならば、戦後、我々は戦争犯罪人として処刑されていただろう」と、自分たちの戦争中の行動を犯罪視するような発言をするようになったのは、戦後長年経てからのことで、戦争中や戦争直後のことではない(52)。

(7)「加害・被害両責任の隠蔽」の絡み合い

次章で詳しく議論するように、それまでのわれわれの想像力をはるかに超えた破壊力をもつ、全く新しい型の無差別・大量虐殺用爆弾である原爆が出現したことによって、あたかも原爆投下が太平洋戦争を終結にもちこんだ決定的な要因であったかのような、一種の神話が、その後、アメリカによって作り上げられ、今もその神話思想がアメリカ国民の間に広く且つ深く浸透している。この神話は、原爆使用が明白に「人道に対する罪」であったという犯罪性を隠蔽する役割をこれまで果たしてきた。次章で詳しく見るが、日本側もまた、天皇裕仁の終戦の詔勅に典型的に表れているように、「非人道的な原爆のゆえに降伏せざるをえなかった」という神話を国民に信じさせ、戦争犠牲者意識だけを煽ることによって、裕仁自身をはじめとする戦争指導者の戦争責任はもちろん、日本国民がアジア太平洋の様々な人たちに対して負っている責任をも隠蔽する手段の一つに「原爆被害」を利用した。

現実には、長崎への原爆投下後も、日本への空爆は終戦前日の8月14日まで毎日のように続けられたという事実が、「原爆投下終戦決定的要因」論がいかに根拠のない神話であるかを証明している。

8月10日には、熊本、宮崎、酒田が、11日には久留米、佐賀、松山が空爆を受け、13日には、長野、松本、上田、大月が空爆目標となった。14日には、秋田、高崎、熊谷、伊勢崎、小田原、岩国などが空爆され、大阪には150機のB29から700個もの1トン爆弾が投下され、201名の身元判明の死者のうえに600名以上の身元不明の犠牲者が出ている。日本政府が最終的にポツダム宣言を受け入れた理由としては、これまた次章で詳しく述べるように、ソ連の参戦とソ連軍の満州への侵攻、アメリカ政府による戦後の天皇制の存続に関する政策決定の確認など、原爆投下とは別の軍事的、政治的要因が強く働いていたことを忘れてはならない。

最終的に、米軍は日本本土に16万8百トンにのぼる爆弾・焼夷弾を投下したが、そのうちの90パーセント以上が太平洋戦争の最後の5ヶ月間にB29によって投下された。実質的にはなんら「防空体制」を持たなかった日本は、その結果、北は北海道の釧路から南は沖縄の那覇まで、全国の100あまりの都市を含む393市町村の人々が爆撃の犠牲者となった。その推定死傷者は102万人、その半数以上の56万人が死亡者と言われている（地上戦で亡くなった沖縄県民の数はこれに含まれない）。死傷者の7割近くが女性と子どもたちであるとも言われている。太平洋戦争における軍人・軍属・民間人全てを含む日本人戦没者の総数は310万人と推定されている。これら戦没者の実に18パーセントが無差別爆撃による一般市民の犠牲者であった。もちろんその上に、多くの負傷者、とりわけ焼夷弾によって火傷を負った人たち、空襲で親を失い孤児となった人たちや幼い子どもを失った親たち、兄弟姉妹を失った人たち、原爆放射能の後障害に苦しまされた人たちなど、統計数字には決して表せない様々な市民の苦悩が、戦後長く現在まで続いていることを銘記しておく必要がある。

ところが、上に述べた「原爆神話」によって、広島・長崎以外の日本各地の様々な市町村への無差別空爆による甚大な被害は、時がたつにつれ過小評価され、次第に忘れ去られてきた。1954年3月のビキニ環礁における米国の水爆実験で第五福竜丸が死の灰を浴びるという大事件が起き、これが日本の反核感情に火をつけた。またたくまに全国で核実験即時停止を求める運動が展開され、その結果として広島・長崎の被爆者が注目を浴びるようになり、1955年8月6日には、広島で初の原水爆禁止世界大会が開催された。こうして原爆被害がにわかに注目を集めるようになったのとは対照的に、焼夷弾・通常爆弾による被害は急速に忘れ去られていった。こうした現象は、もちろん自然に発生しただけではなく、そうした事件を周到に利用しようとした政治的工作の結果でもあった。「戦争被害日本国」のシンボルとして被爆者を政治利用することを考えた日本政府は、広島・長崎の被爆者に対してだけは、不十分ながらも、医療手当や生活支援のための手当などを支給するための原爆特別措置法を設置。その一方で、その他の空襲被害者に対しては、「戦時中は全ての国民が苦しかったのであるから我慢しろ」という「戦争損害受忍論」を主張し、戦争被害に対する国家責任を一切認めようとはしない態度を今も取り続けているのである。これが、日本の「自国民犠牲化＝棄民政策」の実態である。

かくして、戦時中、「防空体制」という欺瞞的な名称の国民支配体制で多くの自国民を敵軍による空爆の犠牲者としておきながら、戦後は被害者に「戦争損害受忍論」を押しつけている日本政府の無責任は、単に自国民が受けた「被害」に対する責任を隠蔽しているだけではない。原爆被害をできるだけ利用しながら、「戦争被害日本国」というイメージを国内外に広めることで、15年という長期にわたる戦争中にアジア太平洋各地で犯した様々な残虐行為に対する「加害責任」をも隠蔽しようとしていることを、我々はここではっきりと確認しておく必要がある。このように、「被害責任」と「加害責任」の隠蔽は、実は巧妙に絡み合わされているのであって、この政治的に組み合わされた「責任隠蔽の絡み合い」を、我々市民が解きほぐし、日本国の責任、米国の責任、そして我々市民の責任、そのそれそれの責任を明確にしない限り、戦争責任問題に対する根本的な解決は不可能なのである。

次章では、この「責任隠蔽の絡み合い」の問題を、原爆無差別殺戮と日本の降伏決定という2つの事柄に焦点を当てながら、さらに掘り下げてみよう。

第1章脚注

（1）大前治『「逃げるな、火を消せ！」戦時下トンデモ「防空法」』（合同出版、2016年）10〜13頁。

（2）大久野島における毒ガス生産の実態については武田英子『地図から消された島—大久野島毒ガス工場』（ドメス出版、1987年）、中国新聞「毒ガスの島」取材班『毒ガスの島—大久野島悪夢の傷跡』（中国新聞社、1996年）を参照。英語文献としては、拙著 "The Story Japan Would Like to Forget: Japan's Secret Poison Gas Complex", Bulletin of the Atomic Scientists, Vol. 44, No. 8, 1988, pp. 10-19.

（3）前掲、『「逃げるな、火を消せ！」戦時下トンデモ「防空法」』45頁。水島朝穂「防空法制下の庶民生活1」<http://www.asaho.com/jpn/sansei/116.html>

（4）前掲、『「逃げるな、火を消せ！」戦時下トンデモ「防空法」』16〜21頁。前掲、「防空法制下の庶民生活1」。

（5）江口圭一『十五年戦争小史』（青木書店、1991年）43頁。松浦総三『天皇裕仁と東京大空襲』（大月書店、1994年）21頁。

（6）前田哲男『戦略爆撃の思想—ゲルニカ、重慶、広島』（凱風社、2006年）434〜450頁。戦争と空爆問題研究会『重慶爆撃とは何だったのか—もうひとつの日中戦争』（高文研、2009年）。

（7）「空と毒瓦斯」（1）〜（3）、ブログ『窓外の黒化粧』2014年3月5日〜9日。このブログ記事には当時の記念絵葉書の写真が多く紹介されていて、たいへん興味深い。

（8）桐生悠々『関東防空大演習を嗤う』kindle版。この評論は陸軍の怒りを買い、長野県在郷軍人会からも信濃毎日新聞に対する猛烈な抗議と不買運動が起こったため、結局、桐生は同年9月に退社せざるをえなくなった。太平洋戦争開戦の3ヶ月前の1941年9月10日、彼は喉頭癌のため68歳で逝去。

（9）水野広徳『興亡の此一戦』は『水野広徳著作集』第3巻（雄山閣、1995年）に所収されている。そのうち、「日米戦争と東京空襲」は282〜298頁。

（10）前掲、『天皇裕仁と東京大空襲』24〜25、40頁。

（11）Michael Sherry, The Rise of American Air Power: The Creation of Armagedon（Yale University Press, 1987）pp.122-125. 早乙女勝元『図説　東京大空襲』（河出書房新社、２００３年）６～８頁。
（12）前掲、『図説　東京大空襲』８頁。
（13）同右、８頁。前掲、The Rise of American Air Power, p.125.　前掲、『「逃げるな、火を消せ！」戦時下トンデモ「防空法」』78～79頁。
（14）前掲、『「逃げるな、火を消せ！」戦時下トンデモ「防空法」』60～73頁。前掲、『図説　東京大空襲』11～24頁。水島朝穂「住民管理の細胞『隣組』その1、その2」<http://www.asaho.com/jpn/sansei/117.html>　<http://www.asaho.com/jpn/sansei/118.html>
（15）前掲、『「逃げるな、火を消せ！」戦時下トンデモ「防空法」』96～１１３頁。
（16）同右、１１４～１２２頁。前掲、『図説　東京大空襲』27～31頁。
（17）水島朝穂「命よりまず『御真影』が気にかかり」<http://www.asaho.com/jpn/sansei/120.html>
（18）「奉遷所」とは御真影、勅語謄本、詔書謄本などの避難場所を指す。
（19）前掲、「命よりまず『御真影』が気にかかり」。
（20）『朝日新聞』１９８９年1月17日掲載記事。
（21）『天皇裕仁と東京大空襲』79～80頁。
（22）同右、81～84頁。
（23）前掲、『図説　東京大空襲』76～１１９頁。金田茉莉『東京大空襲と戦争孤児―隠された真実を追って』（影書房、２００２年）11～58頁。前掲、The Rise of American Air Power, pp.273-82.
（24）前掲、『東京大空襲と戦争孤児』29頁。
（25）堀田善衛『方丈記私記』（ちくま文庫、１９７１年）59～61頁。

(26) 前掲、『東京大空襲と戦争孤児』34頁。
(27) 「一号演習―陛下の周辺・その一」、守谷健郎編『昭和史の天皇』第4巻(読売新聞社、1980年)所収、318〜324頁。
(28) 「吹上防空室」のこの驚くべき補強工事ついては、同右、333〜366頁に詳しく記されている。裕仁の親族のための防空壕建設については369頁を参照。
(29) 沖縄戦の詳細については、藤原彰編『沖縄戦―国土が戦場になったとき』(青木書店、1987年)、藤原彰編『沖縄戦と天皇制』(立風書房、1987年)、林博史『沖縄戦と民衆』(大月書店、2001年)などを参照。
(30) 前掲、『十五年戦争小史』232〜233頁。
(31) 大田昌秀『見える昭和と「見えない昭和」』(那覇出版社、1994年)28頁。
(32) 田中利幸『空の戦争史』(講談社現代新書、2008年)205〜206頁。ちなみに、米軍による日本本土空爆に関しては多数の英文研究書が、主として米国で出版されており、拙著『空の戦争史』は、これら大量の英文資料に依拠して記述したものである。拙著250〜253頁にそれらの参考資料・文献リストを載せているので、これを参照していただきたい。本書においては、こうした英文資料・文献の出典詳細は記さずに、拙著の関連部分だけを典拠としてあげておく。
(33) 同右、207頁。
(34) 同右、207〜208頁。
(35) 同右、209〜210頁。
(36) 同右、210〜211頁。
(37) 同右、215〜216頁。
(38) 同右、217〜218頁。
(39) 同右、219〜220頁。
(40) 同右、221〜222頁。
(41) 焼夷弾(ナパーム弾)の構造と火力については、前掲、『図説　東京大空襲』94頁を参照。ナパーム弾の開発・利用とその恐るべき殺傷・破壊力に関する歴史については、ロバート・ニーア『ナパーム空爆史―日本人をもっとも多く殺した兵器』（太田出版、２０１６年）を参照。

（42）Chester Marshall, B-29 Superfortress (Motorbooks International, 1996)p. 132.

（43）前掲、『空の戦争史』２２７頁。

（44）同右、２２７～２２８頁。

（45）同右、２２９頁。

（46）同右、２３１頁。

（47）「破壊のための破壊」とでも称せる徹底した空爆は、日本に対してだけではなく敗戦直前のドイツに対する米英両軍による空爆にもまざまざと表れている現象である。それは、１９４５年2月22日と23日の2日間にかけて米軍が主導し英軍が協力して展開された「クラリオン作戦」と呼ばれる空爆で、攻撃目標がほとんどなくなってしまった戦争最終段階での全く不必要な無差別爆撃であった。軍事的にはほとんど重要性をもたないドイツの小さな町や村々を、敵の飛行機がほとんどいなくなった空を低空飛行して爆撃するというもので、形式的な目的はドイツ人の「戦意壊滅」であった。

（48）前掲、『空の戦争史』２３２頁。

（49）Curtis LeMay, with McKinley Kantor, Mission with LeMay(Doubleday, 1965)p.382.

（50）同右、p.384.

（51）前掲、『空の戦争史』２３５頁。

（52）ロバート・マクナマラは、彼の生涯に焦点を当てた２００３年制作のドキュメンタリー映画 The Fog of War: Eleven Lessons from the Life of Robert S. McNamara の中で、戦時中に行った自分の行為（特に日本本土爆撃のために必要な焼夷弾や通常爆弾の見積もり計算）が犯罪的行為であったことをはっきりと認める発言をしている。

第2章

「招爆責任」と「招爆画策責任」の隠蔽

―日米両国による原爆神話化

「天皇制は何故やめなければならないのか。理由は簡単である。天皇制は戦争の原因であったし、やめなければ又戦争の原因となるかも知れないからである」

加藤周一

《扉写真》
原爆で破壊された広島市内に立ち原爆ドームを見つめる米兵。（米国立公文書館所蔵写真）

はじめに

岩松繁俊は、自著『戦争責任と核廃絶』（1998年 三一書房）の中で、「招爆論」、すなわち日本側、とりわけ天皇裕仁に、米国による広島・長崎への原爆攻撃を誘引させるような行動責任があったと論じる、興味深い主張を唱えている（1）。著者の岩松は1928年に長崎に生まれ、45年8月9日には、学徒動員による軍需工場での作業中に爆心地から1、300メートル地点で被爆している。1952年に東京商科大学（現在の一橋大学）を卒業し、その後長年、長崎大学経済学部で社会思想史（とくにバートランド・ラッセル思想）の専門家として教育と研究に携わった。原水爆禁止運動にも長年にわたって関わり、1997年には原水爆禁止日本国民会議の議長も務めている。社会科学者として、また反核活動家としても重要な貢献をしてきた人物である。

この著書の中で、天皇制ファシズム体制の頂点にあった天皇裕仁は、「軍部からの偏見と欺瞞にみちた上奏を偏見・欺瞞と気づかず、戦略的状況を適確に把握できず、いたずらに戦争継続と戦闘勝利に固執した」と、岩松は天皇裕仁の戦争責任を問う。裕仁は、沖縄戦という不必要な戦闘を3ヶ月あまりも行うことで多くの沖縄市民と日米双方の将兵に犠牲を強いた上に、最終的には「2個の原爆によって、朝鮮人・中国人・戦争捕虜をふくむ2都市の市民が無差別に虐殺」されるという状況を生み出した、と彼は主張する。つまり、裕仁は、民衆の犠牲を配慮せず、ただ国体護持＝天皇制存続にこだわり続けたために、原爆攻撃を招いたと、岩松は裕仁個人ならびに天皇制の責任を「招爆論」という論理で徹底追及する。ポツダム宣言を速やかに受け入れ、戦争をもっと早く終わらせていれば原爆無差別大量殺戮は避けることができたのであり、したがって、「天皇制は招爆責任の究極的責任主体であった」と結論づけている。なお、「招爆責任」という表現は、岩松の造語ではなく、もともとは長崎の龍田紘一郎弁護士の発案によるものであるとのこと。

原爆無差別大量殺戮という重大な「人道に対する罪」をアメリカが犯すような状況を日本側が作り出したという点で、確かに「招爆責任」が裕仁と天皇制ファシズム国家権力支配層にあったことにはなんら疑問の余地がない。しかしながら、原爆使用決定に至る経緯はかなり複雑で、その経緯を詳しく分析してみると、トルーマン大統領ならびに当時の米国政府の重鎮たちが、裕仁にそのような「招爆」状況を作らせるように画策したという事実があることも明らかとなる。したがって、歴史的事実に即すれば、裕仁ならびに当時の日本帝国陸海軍指導者層と政治権力者層の「招爆責任」と、トルーマン政権の「日本招爆画策責任」の両方を複眼的に論じる、「日米共犯的招爆論」と称すべき論理のほうが、より正確である。ただし、この場合の「共犯」は、事後結果として見れば、非意図的に「共犯的行為」となったという意味であり、最初から米日両国が「共同謀議で行った犯罪」を意味するものでは決してない(2)。

したがって、この章における前半部分の議論は、もっぱら「日米共犯的招爆論」という点に焦点を当てる形で、原爆無差別大量虐殺に至る歴史的経緯をできるだけ簡潔に論じる。その上で、「招爆論」の核心には、「国体護持」という重要な問題があったことを議論する。さらには原爆攻撃直後の米国の無差別大量殺戮「正当化論」の目的と、日本の原爆被害の「終戦利用」、とりわけ、いわゆる「終戦の詔勅」での利用の真の目的が、それぞれ「招爆画策責任」と「招爆責任」を隠蔽することであったことを明らかにする。そのような日米両国のそれぞれの責任隠蔽、すなわち米国の無差別大量殺戮「正当化」と日本の原爆被害の「終戦利用」が、戦後の新しい「日本民主主義」のみならず米国の「民主主義」をも、いかに矛盾に満ちた屈折したものにしてしまったかが、その結果、判明するはずである。

なお、米国が日本に対して原爆という無差別大量破壊兵器を使用する決定にいたる経緯を知るための原資料としては、当時の陸軍長官ヘンリー・スティムソンの日記がひじょうに役に立つ。スティムソンは几帳面な人物であったようで、ほとんど毎日、誰と会い、どのような会議に出席し、何を議論したか、さらには議題についての自分の考えを簡単ではあるが逐一記録しているため、当時の状況を知るための有効な手がかりとなる。トルーマン日記も参考にはなるが、スティムソン日記ほど、当時の状況に関する多様な情報を含んでいない。一方、裕仁と日本の政治家・軍上層部の「降伏引き伸ばし」の動きについては、内大臣であった木戸幸一の日記がひじょうに重要な情報源となる。木戸も、スティムソン同様に、几帳面に裕仁の周りで日々何が起きていたのを詳細に書き残している。これと並行して、内閣書記官長・迫水常久の回想録も重要な情報源となる。これらの日米両方の記録資料やその他の関連資料の分析から、以下のような経緯が明らかとなる。

(1) 広島・長崎原爆攻撃の隠された政治的意図とポツダム会談

前章で述べたように、1945年3月下旬に始まった沖縄戦は、文字通り「捨て石作戦」であり、全ての沖縄住民と守備軍将兵を犠牲にする持久作戦となった。5月4日には、裕仁は梅津美治郎参謀総長に、今回の沖縄での攻勢は是非とも成功させるようにと念押しの要求を出している。ヨーロッパでは、5月8日にドイツ軍が連合軍に正式降伏。しかも、5月中旬にもなると、もう沖縄であろうと台湾であろうと「大戦果」をあげるなどということはとうてい不可能なことが明白となる。そこで、6月9日には、裕仁は内大臣・木戸幸一に「時局収拾対策試案」、すなわち「和平工作案」を自分に提出させ、その提案を首相（鈴木貫太郎）、陸海軍両大臣（阿南惟幾、米内光政）、外務大臣（東郷茂徳）と協議するようにとの指示を行った。その結果、18日に最高戦争指導者会議が持たれ、22日には裕仁臨席のもとで再び最高戦争指導者会議が開かれ、いまだ「中立条約」が失効していない条約締結国であるソ連政府に仲介を依頼することを決定した（3）（翌日23日には、沖縄の日本軍司令官牛島満中将が摩文仁の洞窟で自決して、沖縄の戦闘は一応終結した）。しかし、周知のように対日戦を8月までに開始したいと考えて計画を進めていたソ連政府は、日本政府の仲介工作依頼にまともには応えず、事実上は無視してしまった（「仲介工作」としては、スイス国際決済銀行のスウェーデン人顧問ペール・ヤコブソンを介する動きもあったが、これも失敗している）。「和平」のために日本側が出した条件で最も重要視されていたのは、①天皇制維持　②明治憲法維持の2つであったが、とりわけ天皇制維持は譲歩できない条件であった。

一方、米国政府側は、5月初旬にドイツが降伏するや、日本政府に対する「降伏要求書」（すなわち、7月下旬には「ポツダム宣言」と呼ばれるようになる宣言）の草案作成にとりかかっている。作成に当たったのは、国務省の知日派として知られたジョセフ・グルー（元在日本米国大使、当時は国務長官代理）とユージン・ドゥーマン（国務長官代理補佐）の二人であった。この草案宣言には、「日本の降伏を確実にするには、天皇制維持がどうしても必要である」というグルーの強い意見を反映して、「現在の王制支配である立憲君主制を認める」、すなわち「天皇制継続」を確約する条項が明確に含まれていた（4）。

5月29日、陸軍長官ヘンリー・スティムソンは、グルーからの要請で、グルーと海軍長官ジェイムズ・フォレスタルならびにその二人のそれぞれの補佐官も出席する会議をもち、このポツダム宣言草案について意見交換を行っている。このときすでにスティムソンは、「S-1」（「原爆」を意味する暗号）が完成すれば「降伏要求書」の内容も変更しなければならなくなるだろうと考えていた。しかしながら「マンハッタン計画」について何も知らされていないグルーたちの前でそのことを言うわけにはいかないため、基本的にはグルーの草案に賛成するが、最終決定にはいまだ時期尚早という意味の発言でお茶を濁した（5）。

6月6日、スティムソンはハリー・トルーマン大統領に原爆関連問題を協議する暫定委員会での議論の内容報告を行ったが、その折、スティムソンはトルーマンから、ソ連のスターリンとの交渉で米国が優勢な立場がとれるように、ポツダム会談を7月15日まで延期したことを知らされる（実際には、さらに2日遅れて7月17日から8月2日の間に行われた）（6）。つまり、それまでに原爆が完成していることをトルーマンは期待していたわけだが、スティムソンは、完成はさらに数日遅れるかもしれないと警告した。トルーマンが望んでいた結末は、7月15日までに原爆を完成させ、それを日本に対して実際に使用することで、ソ連が参戦する前に戦争を終わらせることであった。つまり、日本の戦後処理にはソ連が一切口出しできないような状態を、新型兵器「原爆」という「切り札」を使って作り出すことが重要であった。

スティムソンは、この日のトルーマンとの会談で、大量破壊兵器である原爆を使うことで米国がヒットラーの残虐行為を上回る悪評を世界中から受けることがないことを願っているという不安を吐露している。それと同時に、米軍爆撃軍団が今のような状態で日本全土に対する激しい空爆を続けるなら、原爆が完成する頃には破壊する攻撃目標都市がもうないのではないかという恐れも表明して、日本の都市破壊がどれほど進んでいるかに関して十分知らなかったと思われるトルーマンに笑われている（7）。スティムソンのこの言葉には、原爆無差別大量殺戮はなるべく避けたいという気持ちと、しかし原爆を使った形で戦争を終わらせたい（つまり換言すれば、膨大な予算と多くの科学者を使って開発した原爆を使わない形で戦争は終わらせたくはない）という、矛盾した心の葛藤が如実に現れている。ちなみに、米陸軍航空軍司令官のヘンリー・アーノルドは、日本全域がすでに空爆で壊滅状態となっており、遅かれ早かれ降伏するであろうから、そのうえに原爆を使う必要はないという意見の持ち主であった。スティムソンの上記発言は、アーノルドの状況判断に影響されたものであると思われる。

6月下旬になると、スティムソンもまた、グルーが5月に作成した「降伏要求書草案」に記した「天皇制維持の確約」条項に実質上賛成する意見へと急速に傾いてきていることが、彼の日記の記述から明らかとなる。同月26日には「日本向け提案プログラム」と題した「降伏要求書草案」（基本的にはグルー草案と同じ内容）をスティムソン自身が作成しており、日本からの降伏をなるべく早く引き出すには、原爆で壊滅的打撃を与えた直後に降伏要求を出し、その要求書には「立憲君主制を排除するものではない」という文言を加えるべきであるという考えから、次のような文面を第12条として提案している。「（日本）政府が再び侵略を犯す意図がないことを世界に向けて十分な形で示すならば、現在の王朝制のもとでの立憲君主制を認めることを（降伏条件に）含む」（8）。後日、スティムソンはこの草案をトルーマンに手渡し、基本的に大統領の賛成を得ていた。

7月17日から始まる米英ソの三巨頭ポツダム会談のために、トルーマン、スティムソン、ジェームズ・

バーンズ国務長官らの米国重鎮は15日にポツダムに到着。その翌日、現地時間の16日の夜7時半、史上初の原爆「トリニティ実験」が成功したというニュースの電報がスティムソンに送られてきた。彼は、すぐさま、これをトルーマンとバーンズに報告。待ち望んでいた原爆開発成功のニュースに、大統領と国務長官の二人は大喜びした(9)。しかし、実際に日本に対して原爆を使用する確実な日程については、まだ数日の間、アメリカからの報告を待たなければならなかった。

7月21日、この日の午前中にスティムソンは、「マンハッタン計画」司令官レズリー・グローブス将軍作成の「トリニティ実験」結果に関する詳細な報告書を受け取り、原爆がいかに強大な破壊力をもった恐ろしい兵器であるかをあらためて痛感している。同日午後、首脳会議が開かれる前に、トルーマンとバーンズの二人の前でスティムソンがこの報告書を読み上げたが、彼らはその内容を聞いて16日の夜の第1報を聞いたときと同様に再び大喜びし、この大量破壊の新兵器を使うことに倫理的に躊躇するような態度はなんら示さなかった。トルーマンはこれまでのスティムソンの苦労に幾度も謝辞を述べると同時に、突然、強い自信を持った態度を示すようになったことにスティムソンは気づいている(10)。

同日夜遅く、ジョージ・ハリソン(スティムソンの特別顧問、暫定委員会委員の一人であり、スティムソンがワシントン不在中は暫定委員会の委員長代理)からの電報をスティムソンは受け取る。その内容は、①原爆はすぐに使用可能の状態にある　②以前にグローブスから要請があり、スティムソンが認可しなかった「京都に対する原爆使用」について再考して欲しい、というものであった。スティムソンは、原爆の威力がどれほど破壊的なものであるかを知った今は、京都攻撃はなおさら許可できないと頑固に要求を蹴っている。スティムソンが京都を攻撃目標とすることを頑なに拒否した主な理由は、①京都が日本の伝統文化と宗教の中心地であること　②日本人にとって重要な文化財都市であるその京都を破壊すれば、日本国民の米国への憎悪心をかきたて、戦争終結後は日本をソ連の支配下に追いやってしまう危険性があることであった。トルーマンも、スティムソンのこの決断を強く支持したため、京都は攻撃目標とはならなかった(11)。

7月22日の午前中、ポツダム会談に出席中の英国首相ウィンストン・チャーチルと彼の科学アドバイザーのフレディリック・チャーウエル卿（物理学者）の二人にスティムソンは会い、「トリニティ実験」報告書を見せ、1時間あまり会談。その折、チャーチルが「昨日午後の会議で、トルーマンが、突然、ソ連に対して強い態度を示すようになったことに驚いたが、この報告書を読んで、今、その理由が分かった」という内容の話をした。チャーチル自身は、「原爆カード」をソ連との交渉でなんらかの形で使うことに基本的には賛成であるが、その情報をソ連側に今伝えることには躊躇するという葛藤した心境を示した。スティムソンもソ連に原爆開発成功の情報を伝えることには、7月18日の段階から反対していた(12)。

しかし、トルーマンの日記によると、トルーマン自身は18日の段階ですでに「スターリンにこのこと（原爆開発成功）を伝えると決めた。すでにスターリンは、（チャーチル）首相に、日本の天皇から電報があり和平工作を依頼してきていると告げている。スターリンは、これに対する自分の返答を私にも読んで聞かせた。満足のいく内容だ。ソ連が参戦する前に日本は降伏すると思う。マンハッタン（原爆のこと）が彼らの本土の頭上に現れた時、降伏する。適当な時期をみはからって、スターリンにこのことを告げよう」と記している(13)。実は、7月17日に、トルーマンは直接スターリンから、ソ連が8月15日に参戦する計画であることをすでに聞いている。したがって、その前に原爆を使えば日本を降伏させることができるというトルーマンの強い自信が、この日記には現れている。もちろん、これが誤算に終わったことはあらためて説明するまでもないことだが。

7月23日午前、スティムソンはトルーマンと会い、実際に原爆使用可能な具体的な日程に関する情報が送られてくるのをまだ待っていると伝えた。その際、トルーマンは、グルーやスティムソンたちが準備したポツダム宣言草案を手元に持っており、（スティムソンによる第12条やその他の）修正を受け入れ、原爆使用の日程が決まり次第それを公表する予定だと告げた(14)。自分が修正した第12条がそのまま使われると信じたスティムソンは、おそらく安心したに違いない。しかし、この日の午後から夜の間に、トルーマンのこの決断は決定的に変わっている。おそらく、その変更は、バーンズがトルーマンに、草案の第12条項を削除するよう助言した結果ではないかと推測される。

翌日24日の午前、スティムソンは再びトルーマンと会い、前日夕方にジョージ・ハリソンが電報で知らせてきた原爆使用可能な日程が、8月5日以降となっていることを報告。トルーマンは、この日程にひじょうに満足し、「ポツダム宣言」をつい先ほど蒋介石に送って、共同署名するかどうか打診したところだと述べた。もちろん、これは、英国首相ウィンストン・チャーチルも承諾済みの上でのことある。ところが、トルーマンが送った「ポツダム宣言」の決定版では、スティムソンが前もってトルーマンに手渡していた自分の宣言案の第12条の内容が完全に変えられており、以下のような内容になっていた。「日本国民が自由に表明した意思による平和的傾向の責任ある政府の樹立を求める。この項目並びにすでに記載した条件が達成された場合に占領軍は撤退する」。さらに、第6条では「日本国民を欺いて世界征服に乗り出す過ちを犯させた勢力と影響を永久に除去する」と記されており、日本の降伏を引き出すためには極めて重要と思われた3つの事項、すなわち「裕仁と天皇制の運命」、「原爆という大量破壊兵器の誕生」、「予測されるソ連の参戦」については何も言及されていなかった。スティムソンは、再度、「天皇制維持確約」がないと降伏は難しいという意見を述べたが、「蒋介石に送ってしまったので、もう遅い」というのがトルーマンの返答であった。そこで、スティムソンは、この宣言文で降伏を引き出すことが難しい場合には、トルーマンが外交ルートを通して日本政府に、口頭でもよいから「天皇制維持」の保証を提供すべきだと進言したところ、トルーマンは「私が責任をもつ」と返答している（15）。

この日の午後のポツダム首脳会議の休憩時間に、トルーマンはソ連首相ジョセフ・スターリンに、「原爆」という言葉は避けながらも、「われわれは今や異常なまでに強力な破壊力を持った新兵器を所有している」と告げた。ところがスターリンは全く驚きもせず、「それは喜ばしいことだ、日本に対して有効に使われることを望む」と述べただけであった（16）。実は、マンハッタン計画に参加していたドイツ出身の物理学者クラウス・フックスがスパイとしてソ連に機密情報を流していたので、スターリンはすでにその情報を入手していたのである（1950年になってフックスのスパイ活動が発覚し、彼は逮捕された）。なぜトルーマンは「原爆完成」の情報を、このときスターリンに暗示したのであろうか。おそらくトルーマンは、原爆が完成して使われれば日本の降伏は間違いないので、そのことを知れば、スターリンは対日戦に加わることを諦めるのではないかという希望的観測からそのような言動をとったと考えられる。ところが実際は逆に、原爆完成を知ったスターリンは、対日開戦の日程を早める行動をとったことはその後の歴史が示す通りである。

7月25日、トルーマンは自分の日記に以下のような記述を残している。「攻撃目標は純粋に軍事的なものであり、われわれは警告を発して日本に降伏して人命を救うように要求する。彼らは降伏しないと私は確信しているが、とにかくチャンスだけは与える。ヒットラーやスターリンの徒党が原爆を発見しなかったことは世界にとって確かに良いことだ。（原爆は）これまでの発見で最も恐ろしいものだと思えるが、ひじょうに有効に使うこともできる」（17）（強調：引用者）。明らかに、この記述の内容は2つの点で矛盾しているのである。矛盾の1つは、トルーマンが原爆の「恐ろしい」威力を明確に認識しており、したがって原爆攻撃目標は「純粋に軍事的」なものにとどまらないことを十分に理解していたはずであること。もう1つの矛盾は、「警告を発して日本に降伏」するよう要求すると言いながら、「彼らは降伏しないと確信している」と述べていること。「警告」とは、ポツダム宣言第2条の「米国、大英帝国、中国の優れた陸海空軍は、西欧（戦線）から移動した陸軍と空軍団によって増強され、日本に最後の打撃を加える用意を既に整え……日本軍が壊滅するまで戦う」という表現にとどまっており、すでに述べたように「原爆」についてはー切触れていない。では、「降伏しない」というトルーマンの確信はどこから来るのか。それは、すでに述べたように、草案の第12条から「天皇制維持確約」を削除してしまった「ポツダム宣言」は、日本政府にとっては受け入れがたいものであることを、トルーマンが明確に認識していたからに他ならない。

この日記の記述の中でもう一点興味深いことは、「ヒットラーやスターリンの徒党が原爆を発見し」、それを使うようなら、それは「悪」であるが、自分が使うならば「正義」であるという極めて独善的なトルーマンの「原爆使用認識」である。どのような人間の決断によろうとも、どのような政治目的のために使用しようとも、無差別大量虐殺という行為のそのものが犯罪であり、悪であるという認識が、ここでは完全に欠落していることに我々は注目すべきである。ここには、戦後の「核抑止力」、すなわち、いかに恐ろしい大量破壊兵器であろうとも、敵を威嚇し、自国を守るためには核兵器保有は正当行為であるという、一種の歪曲された「正義論」、矛盾を孕んだ「無差別大量殺戮を前提とする正義論」の萌芽が見られるのである。

以上のような独善的「正義感」に基づき、トルーマンは、受け入れがたい「無条件降伏」を要求する「ポツダム宣言」を意図的に日本政府に突きつけておき、この宣言が発表される7月26日から原爆使用予定日の8月5日までの間に、日本が降伏しないように画策したのである。その上で、8月5日以降、ソ連が参戦予定の8月15日直前までの10日の間に、原爆で日本の都市を壊滅させることで降伏させる、というシナリオだった。すなわち、日本が受け入れそうもない内容の「ポツダム宣言」で、アメリカは日本の降伏引き伸ばしをはかったというのが真相なのである。

(2) 原爆攻撃と「国体護持」をめぐる日米政府の駆け引き

1945年7月27日午前6時半、そのような隠された米国側の意図が込められているとは全く知らなかった日本政府は、そのポツダム宣言をサンフランシスコからのラジオ放送で知る。その内容は、日本国主権の及ぶ領土の限定、平和的経済の再建、戦犯処断、自由と民主主義確立などを目的とするもので、そのために日本国民が自由に表明した意思による平和的傾向の責任ある政府の樹立を達成するまで連合国が日本を占領するというもの。これを無条件で受け入れなければ、日本軍が壊滅するまで連合軍は戦い、その結果、日本国は完全に荒廃するであろうと警告。日本政府はその日に開いた閣議議で、ポツダム宣言に対してはなんらの意思表示も行わないと決定した。(18)

翌日の7月28日、記者会見で鈴木貫太郎首相が、ポツダム宣言は「カイロ宣言の焼き直しだと思っている。これ(ポツダム宣言)は何ら重大な価値あるものとは思わない。ただ黙殺するだけである。われわれは断固戦争完遂に邁進するだけである」(19)と語った。まさに、この反応は、トルーマンやバーンズが期待していたもので、彼らの思惑通りの結果となったのである。

7月25日の段階で、木戸幸一が、本土決戦になった場合には「大本営が捕虜となる」危険性もあり、そのような場合には、皇統2千6百余年の象徴である「三種の神器」が護持できなくなって、結局は皇室も国体も護持できないので、最悪の場合は「難を凌んで和を講ずる」必要があると裕仁に進言していた。7月31日、裕仁は、「ポツダム宣言黙殺」ということで、本土決戦を覚悟したのか、この話題を再び持ち出して、木戸に、「伊勢と熱田の神器は結局自分の身近に御移して御守りするのが一番よいと思ふ。而しこれを何時御移しするかは人心に与ふる影響も考へ、余程慎重を要すると思ふ。……信州の方へ御移することの心組みで考えてはどうかと思ふ」と述べている(20)。つまり、日本国民全員を巻き込む本土決戦という土壇場になった場合も、裕仁にとって最も心配だったのは国民の生命の安全性ではなく、「国体」の象徴である「三種の神器」であり、それを長野県松代の山中に掘られていた地下の大本営に自分とともに移すことを考えることだったのである。すなわち、裕仁にとっては、本土決戦とは、全国民の生命を盾として、「三種の神器」＝「国体」＝「神聖なる玉体としての自己」を守るための「最後の戦い」として考えられていたのである。

日本政府は、ポツダム宣言受諾拒否を行ったが、それでもソ連の仲介による和平工作を諦めきれず、ソ連駐在大使・佐藤尚武の「その可能性なし」というくり返しの報告にもかかわらず、努力を続行せよという訓電を打ち続けるという無駄なあがきを続けた。アメリカ側は8月5日に予定していた最初の原爆攻撃を天候条件がよくないため、天候回復を待って6日に実行。現地テニアン時間午前2：40、Ｂ29爆撃機エノラ・ゲイが発進し、２機の観測用Ｂ29がこれに続いた。日本時間午前8：15、広島上空に達し原爆を投下、史上初の核兵器による無差別大量殺戮が行われたのである。

広島への原爆攻撃から16時間後、ホワイトハウスはトルーマン声明を発表し、その中で「7月26日にポツダムで発布された最後通牒では、(原子爆弾による)完全破壊が日本人の身に降りかからないことになっていたのである。ところが日本の指導者たちはこの最後通牒を即座に拒絶した。もしいまなおわれわれの要求を飲まなければ、これまで地球上で一度も起きたことのないような破壊の雨が空から降るものと思ってもらわなくてはならない」と日本側に警告。「ポツダムで発布された最後通牒で、完全破壊が日本人の身に降りかからないことになっていた」というのは虚言とも言えるごまかしで、前述したように、実際には「降りかかるように画策した結果」であった。

8月6日午後、大本営は「広島に原子爆弾が投下された可能性がある」との結論を出し、夕方には裕仁に「広島市全滅」と報告。翌7日、15:30に大本営は次のような報道発表を行い、「原爆」を「新型爆弾」と発表し、「市全滅」の状態を「相当の被害」とごまかした(21)。

一、昨8月6日広島市は敵B29少数機の攻撃により相当の被害を生じたり
二、敵は右攻撃に新型爆弾を使用せるものの如きも詳細目下調査中なり

それから2日後の8月8日、モスクワ時間午後5:00(日本時間午後11:00)、ソ連は日ソ中立条約を一方的に破棄して、外相ヴャチェスラフ・モロトフが佐藤大使に宣戦布告文を手渡した。日本外務省は、数時間後にモスクワ放送でその情報を初めて知った。翌9日未明、ソ連軍が満州に侵攻して奇襲攻撃を開始。当初、スターリンがトルーマンに述べていた8月15日という対日開戦日程は、広島への原爆攻撃で、1週間くり上げられ、トルーマンが描いていたシナリオを大きく変更させてしまった。

8月9日午前11:00、東京では最高戦争指導会議が開かれた。出席者は、鈴木貫太郎(首相)、東郷

茂徳（外相）、阿南惟幾（陸相）、米内光政（海相）、梅津美治郎（陸軍参謀総長）、豊田副武（海軍軍令部総長）の6名。この会議中に、長崎への原爆攻撃の報告が届いた。トルーマンは、ソ連軍の侵攻が拡大しないうちに日本を降伏に追い込もうと、再び原爆を使うことで追い打ちをかけた。かくして、この会議では、東郷外相が「事態益々切迫して勝利の成算断ち難い今日に於いては直ちに和平に応じる必要があるので速やかにポツダム宣言を受諾することを適当と認める、又条件は日本にとって絶対必要のものにのみ限る」べきだと述べ、「絶対必要条件」として「国体護持」のみを主張。これに対して、阿南、梅津、豊田の3軍人は、「国体護持」のうえに、「占領は東京などを除き小規模とする」、「武装解除は日本が自主的に行う」、「戦争犯罪人処分も自主的に日本が行う」の3条件を加え、4条件とすることを強硬に主張した。しかし、鈴木首相と米内海相はほとんど発言をしなかった。会議は午後1時まで続いたが結論は出なかった（22）。

同日午後2：30からは閣議に移り、夕方5：30から1時間半の休憩をはさんで閣議は夜10時過ぎまで続いた。この閣議でも、降伏条件として1条件のみとするか4条件とするかの激論が続いたが、ここでは米内は、日本軍は「科学戦として、武力戦として、明らかに負けている……ブーゲンビル戦以来サイパン、ルソン、レイテ、硫黄島、沖縄戦皆然り、皆負けている」とこれまでの惨敗連続をはっきりと認め、「会戦では負けているが戦争では負けていない。陸軍と海軍では感覚が違う」などと強弁する阿南を痛烈に批判して、東郷の1条件案を強く支持。これに対し、阿南は「国体護持」のためにこそ他の3条件も必要であって、「手足をもがれてどうして護持できるか」と反論している(23)。したがって、最終目的はいずれにとっても「国体護持」であって、「国体」に対する考え方が違っていたと言える。

阿南をはじめとする陸軍指導者層にとっては、「国体」とは、天皇を大元帥とし統帥権の独立を憲法で保障されている日本帝国陸海軍を当然に含むものであって、天皇制の重要な構成部分である軍事権力を持たない「国体」などはありえなかった。したがって、阿南たちにとっては、「国体」が軍事権力を放棄することは、まさに「手足をもがれる」ことであった。そのうえ、もちろん軍人たちは、「天皇の生命安全確保」と「天皇制維持」のみならず、自分たちの安全確保、すなわち「自己保身」という考えが強くあったことも間違いないであろうし、また、部下たちが動揺して反乱を起こす危険性も恐れていたということもあったであろう。いずれにせよ、ここでも結論は出なかったため、その日の深夜のうちに御前会議を開いて最終決断を行うということになった。

しかし、閣議休憩中に迫水久常内閣書記官長が鈴木首相に「かくなる上は、(天皇による)御聖断をあおぐほか途はないと思います」と進言しており、鈴木も「実は、私は早くからそう思っていて、今朝参内のとき、陛下によくお願いしてあるから、これからそのために必要な措置を考えるように」との指示をすでに与えていたのである(24)。

当日、鈴木は最高戦争指導会議が開かれる1時間ほど前の午前10：10に木戸を訪問しているので、このときにすでに近く「御聖断をあおぐことになるであろう」と木戸を通して裕仁に伝えたのであろう。午後1：00には近衛が来室して木戸と懇談。1時半には鈴木が再び木戸を訪れ、最高戦争指導会議での議論の内容を報告。2：00には武官長が来室して「ソ連国境戦の状況等」を木戸に報告。2：45には高松宮が直接電話をしてきて、「条件附にては連合軍は拒絶と見るの虞れありとの御心配にて……善後策につき御意見」を自分に述べた、と木戸は記している。4：00には、戦時中に東條、小磯両内閣で外相を務めた重光葵が来室して、木戸に「4の条件を出せば決裂は必至なりとの論にて、切に善処方を希望」と述べた。このようにあわただしく人の出入りがある中で、木戸は10：55からほぼ1時間近く、さらに、午後3：10〜3：25、4：35〜5：10、10：50〜10：53と、裕仁にたびたび「御文庫にて拝謁」している。合計2時間近い会見で、近衛、高松宮や重光の「1条件のみ」という進言に基づいて、木戸がかなり詳しく助言を述べ、裕仁と相当深く議論したものと推測できる。その結果として、この9日の夜の11時前の時点で、裕仁は、すでに、軍部を切り捨てて「国体護持」の1条件のみで、他の条件は一切付けずに、降伏を受諾する決断をしていたと推測されるのである(25)。

ここで我々が注目しておくべきことは、この国家危機に直面する裕仁と軍部、ならびに日本政府閣僚たちがあわただしい動きをみせる中で、降伏条件の提案との関連で最も重要視されていたのはソ連軍の動きである。ひじょうに興味深いことは、彼らの当時の言動記録から、広島と長崎の「原爆被害」についての言及がひじょうに少ないということである。

この背景には、ソ連軍が日本本土に侵攻し本土を部分的にではあろうとも占領するような事態になれば、ソ連側が戦後の日本占領政策に対して重大な影響力を持つようになることは確実であるという、強い恐怖感が日本側にあったことは間違いない。とりわけ裕仁自身と皇室メンバーにとっては、1917年のロシア革命期における皇帝ニコライ二世一家の残酷な処刑という事実が、当時、まだ彼らの記憶の中に鮮明に残っていたはずである。こうした最悪の事態はなんとしても避けたいという強烈な自己保身欲でいっぱいだった彼らの意識の中に、広島・長崎の市民が受けた惨事という問題が入り込む可能性は極めて少なかったと推測される。

8月9日、午後11：50、数週間ばかり前に強化工事が終わったばかりの吹上防空室で、最高戦争指導会議を御前会議として開催。ただし、鈴木首相が、枢密院議長である平沼騏一郎を出席させることの許可を裕仁から事前に得ている(26)。これには、1条件案を通させるための多数派工作という意味と、ポツダム宣言受諾を「条約締結」事項と考えるならば、枢密院の諮詢《しじゅん》事項となるので、平沼が御前会議に出席することで、そのための手続きも経たことにして時間を節約しようとの二重の意味があったと思われる。

平沼は、「天皇の国法上の地位を変更するの要求を包含し居らざることの了解の下に」ポツダム宣言を受諾するという東郷案を、「天皇の国家統治の大権を変更するの要求を包含し居らざることの了解の下に」と修正したうえで賛成するという意見を表明(27)。東郷案の「天皇の国法上の地位」とは、おそらく明治憲法で保障されていた天皇の政治的統治権を意味しているものであり、美濃部達吉が提唱した「天皇機関説」、すなわち「統治権は法人たる国家にあり、天皇はその最高機関として、内閣をはじめとする他の機関からの輔弼《ほひつ》を得ながら統治権を行使する」という説に近い意味での天皇制の維持、ということを示唆したものと考えられる。それに対して、平沼の「天皇の国家統治の大権」とは、天皇機関説を否定し、天皇の大権＝神格的権威をそのまま維持する形での天皇制の維持、すなわち上杉慎吉が唱えた天皇神権説に近いものを意味していたものと思われる。平沼の修正案は、アメリカ側にとっては受け入れがたいものであったが、後述するように、最終的にはこの修正案が採択されてアメリカ政府を含む連合諸国政府に送られた。しかし、「国家統治の大権」という表現が含んでいるこうした日本独特の意味合いが、果たしてどこまでアメリカ政府閣僚たちに理解できたかどうかは疑問である。

鈴木首相は自分の意見を述べて採決することを避けたため、議論はこれまで同様に、3名の1条件派と3名の4条件派の対立という平行線が続いた。そこで、鈴木は10日午前2：00になって裕仁の最終決断を求めた。裕仁は、軍部は本土決戦になれば勝つ自信があると言うが、参謀総長の話では防備はほとんどできておらず、自分は心配であると言った後、次のように述べた。「本土決戦に突入したらどうなるのか。……日本民族は皆死んでしまわなければならなくなるのではなかろうかと思う。そうなったらどうしてこの日本という国を子孫に伝えることができるか。自分の任務は祖先から受け継いだこの日本を子孫に伝えることである。……勿論忠勇なる軍隊の武装解除や戦争責任者の処罰等、それらの者はみな忠誠を尽くした人々で、それを思うと実に忍び難いものがある。然し今日はその忍び難きを忍ばねばならぬ時と思う……」(28)(強調：引用者)。こうして、「国体護持」という1条件だけを付けた上でのポツダム宣言受諾ということに決定した。

ここで注意すべきことは、「自分の任務は祖先から受け継いだこの日本を子孫に伝えることである」という裕仁の言葉である。この場合の「子孫」とは日本民族全体の「子孫」ではなく、あくまでも「自分の子孫」、「皇室の子孫」を指している。すなわち、「日本民族」が「皆死んで」しまうと、国体そのものが存立しなくなる。よって「本土決戦は『国体護持』にとって危険であるので、これは避けろ」という論理である。裕仁の思考の中心問題は、かくして、あくまでも「国体護持」、しかもその基本である「皇室護持」であって、「日本民族」一人一人の生命の安全性を確保するために本土決戦のような無謀な作戦は停止せよと主張したのではないのである。裕仁のこのような極めて自己中心的な思考(日本国民は天皇としての自分のために存在するという考え)は、8月15日に彼が発表した「終戦の詔勅」にも明瞭な形で現れているが、これについては後述する。しかし、ここでも、興味深いことには、ポツダム宣言受諾の決定との関連で、裕仁は広島・長崎への原爆攻撃には一言も触れていない。

10日午前3：00閣議を開き、「御前会議」での決定を追認。しかし、この閣議で、阿南陸相が、「天皇大権存続」が受け入れられない場合には戦争を継続という確認をとっている。その後、平沼提案にあった通り、ポツダム宣言を「天皇の国家統治の大権を変更するの要求を包含し居らざることの了解の下に受諾す」という条件の文面を含んだ受諾書を、スイス政府仲介で連合国側に送るため打電した(29)。

日本側のこの「条件付きポツダム宣言受諾」を、米国側はどのように受けとめたのであろうか。スティムソンの8月10日の日記は長文に及んでおり、日本のポツダム宣言「条件付き受諾」をめぐっての米国政府の対応に関する動きがかなり詳しく記録されている。日記はまず、スティムソン自身やグルーが心配した通り、「天皇制維持」という問題が再び蒸し返されることは分かりきっていたにもかかわらず、トルーマンとバーンズがポツダム宣言草案から削除してしまったことへのスティムソン自身の批判で始まっている。この日の朝、トルーマン大統領、バーンズ国務長官、スティムソン陸軍長官、ジェイムズ・フォレスタル海軍長官、ウィリアム・リーヒ陸海軍最高司令官・大統領付参謀長ならびに数人の大統領補佐官たちで、ラジオ放送報道による日本のポツダム宣言「条件付き受諾」に関して、対応策を議論（この時点ではまだ、日本政府からの正式な文書がスイス政府からワシントンには届いていなかった）。バーンズ自身は、日本政府のこの条件を受け入れるべきかどうか、いまだ考えあぐんでいる状態であった(30)。

スティムソンは、以下のような2つの意見を述べた。①アジア太平洋全域に残留している膨大な数の日本軍将兵に即時に武器を捨て戦闘停止の命令を出せるのは天皇だけである。これ以上、硫黄島や沖縄のような激戦で、多くの米軍兵士を死傷させるわけにはいかない。したがって、ここは、天皇をうまく利用することが賢明。②（日本政府への我々の回答が決まるまでは）一応、現在を休戦状態ととらえ、人道的態度をとって日本への空爆を今すぐ停止すること。最初の意見については、おそらく会議出席者の多くが賛成したと思われるが、「空爆即時停止」に関しては、いまだ日本からは正式な降伏声明を受け取ってはおらず、したがって戦争状態にあるということで、ほとんどが反対した(31)。事実、すでに前章でも述べたように、米軍は、8月10日も熊本、宮崎、酒田、11日には久留米、佐賀、松山、13日には長野、松本、上田、大月を空爆した。14日には、秋田、高崎、熊谷、伊勢崎、小田原、岩国などが空爆され、大阪には150機のB29から7百個もの1トン爆弾を落とし、8百名ほどが犠牲になっている。つまり、後述するように、日本が形式的な「無条件降伏」を正式に受諾する14日まで、米軍による焼夷弾や1トン爆弾を使っての空爆は続いたのであり、したがって、その意味でも「原爆が戦争を終わらせた」という一般的な解釈は真実ではない。とにかく、降伏条件については、正式な日本政府からの文書が届いてから再検討するということで、会議を一旦終えることにした。

自分の事務所に戻ったスティムソンは部下たちと様々な協議を行っているが、ソ連軍が満州に侵攻している今、ソ連軍が日本本土に到達する前に日本政府の正式降伏を引き出し、米軍が日本本土に占領軍としてできるだけ早く上陸する必要があるという重要な意見を会議で自分が述べなかったことに気がついた。つまり、正式降伏をできるだけ早急に日本から引き出すためには、日本側の要求を受け入れるべきという自分の意見をソ連軍侵攻との関連で再度強調する必要性を感じ、そこで、バーンズに電話を入れ、そうした意見を伝えた。その際、バーンズが日本政府宛への回答草案を書いたので、それを見せたいと説明。スティムソンは自分の補佐官をバーンズの事務所に送り、その草案を取りに行かせている。草案は5項目から成っていたが、第1項は「降伏の時より天皇及び日本国政府の国家統治の権限は降伏条項の実施の為其の他の必要と認むる措置を執る連合軍司令官の制限の下に置かるるものとす」となっていた。さらに「最終的の日本国の政府の形態は『ポツダム』宣言に遵ひ日本国国民の自由に表明する意思により決定せらるるべきものとす」という文章が第4項として入れられていた。すなわち、形としては日本政府からの要求条件を受け入れるのではなく、連合国から出す条件であるという形式をとり、間接的にではあるが、占領軍の下での「天皇制維持」を約束し、その将来については、日本国民が決めるということにしたわけである。スティムソンも、この案を「ひじょうに賢明で、注意深い文言となっており、日本政府が受け入れるチャンスが大きい」と歓迎している(32)。

同日の何時であるかはスティムソン日記では明記されていないが、おそらく午後であろう。日本政府からの正式な「条件付き受諾書」がスイス政府を介してワシントンに届いた後、再びホワイトハウスで閣議が開かれており、前述のバーンズ回答案がそのまま採用され、英中露から同意を得た後で、日本政府に通知することが決定された(33)。

8月12日午前0:45、サンフランシスコ米軍放送局がラジオ放送として流した「バーンズ回答」の内容を外務省ラジオ室が傍受(正式の回答文を日本政府がスイスの加瀬俊一公使経由で受け取ったのは同日18:00過ぎ)。10:30に東郷外相が鈴木首相を訪問して回答を受諾することを確認した上で、11:00に裕仁に会い、裕仁も「先方の回答の通りでいいと思う」と受諾することを承諾した。ところが、「国体護持」に関する文面がきわめてあいまいで、これでは「国体護持」が本当に可能かどうか分からないという軍首脳部や平沼枢密院議長などの否定的な意見のため、またもや閣議で1条件派と4条件派の間での論争が蒸し返され、裕仁自身もその回答文面に自信がなくなり動揺したのか、「よく研究するように」と態度を変えている。そんな状態で、1日中、紛糾が続いた(34)。

8月13日午前2:10、スウェーデンの岡本季正公使が緊急電報で、「国体護持」約束に関しては英国もソ連も反対で、とくにソ連からは強硬な反対があったが、「天皇の地位を認めざれば日本軍隊を有効に統御するものもなく連合国は之が始末になお犠牲を要求せらるべしとの米側意見が大勢を制して回答文の決定を見たるものにて回答文は妥協の結果なるも米側の外交的勝利たり」というニュースがヨーロッパの新聞で報じられているという報告を送ってきた(35)。すなわち、日本政府から出された条件の受け入れについては、スティムソンの意見が大きく反映したことが理解できる。この報告がすぐさま鈴木首相と木戸にも手渡されているので、裕仁にも伝えられたことは間違いないであろう。おそらく裕仁はこの情報に安堵したに違いない。しかしこの日も、「国体護持」については閣議や最高戦争指導会議が何回も開かれ、議論が続いたため、結論は出ないまま散会となっている(36)。

8月14日になって、ようやく「国体護持」は間違いないと確信しポツダム宣言受諾を決めた裕仁は、御前会議で最終決定を伝えることにしたが、その前に、軍の不満を抑え反乱の危険性を削ぐため、午前10：20、元帥会議を招集し、杉山元（第1総軍司令官）、畑俊六（第2総軍司令官）、永野修身（元軍令部総長）の3名の元帥を呼び出し、「意見聴取」を行った。杉山、永野の両名はあくまでも本土決戦を主張、畑は「受諾決定ならばしかたがないが、交渉で少なくとも10師団は親衛隊として残すよう努力して欲しい」との趣旨の発言を行った。これに対し裕仁は、「皇室の安泰は敵側に於いて確約しあり。天皇を武装解除の為に利用するという敵の言論は放送なれば信ずべからず、……忠良なる軍隊を武装解除し又嘗ての忠臣を罰するが如きは忍び難き処なるも国を救ふ為には致し方なし。武装解除、保障占領等細かきことは何れ休戦条約にて決定さるべきものにして、今より直ちに細かき条件を出すことは却って状況を益々不利に導き成立せざることとなるべし」(37)（強調：引用者）と述べている。

つまり、自分の身の安全をほぼ確信しながら、「国を守るためには、お前たちのような軍人を犠牲にすることはやむをえない」と一方で述べつつ、他方では、「占領政策の細かいことは未だ分からないので、不利益になるような行動はつつしめ」となだめているのである。しかも「無条件降伏」を承諾しようというのに、「休戦条約」などという、ありうるはずもない「条約」があたかもこれから出てくるかのような虚言まで交えてごまかしている。さらに、最後には「心事は明治天皇が三国干渉により遼東半島を還附せられたる時と同様なり。実に忍び難き処なるも深く考えたる末決定したるものなれば之が実行に元帥も協力せよ」と述べ、今は日清戦争の時の自分の祖父・睦仁と同じような「臥薪嘗胆」の気持ちで、いつか敵に報復する機会もあろうから我慢しろと言っている。この「三国干渉」に関する睦仁の気持ちについては、8月9日深夜の御前会議でも裕仁は出席者の前で同じように言及していた。ここには、ほんの数日前に広島・長崎両市で多くの子どもを含む無数の市民を死なせたこと、自分が開戦の最終許可を与えた戦争で310万人の日本国民を死なせ、推定3千万人をはるかに超える数の犠牲者をアジア太平洋で出したことに対する責任意識が完全に欠落している。「国民全ての命は天皇である自分のためにある」と教え育てられてきた人間に、そのような責任感が養われようもないのがまさに「無責任体制の天皇制」の本質的特徴であることを考えれば、少しも驚くべきことではない。

元帥会議でまず軍の長老を押さえ込んでおいて、同日午前10：50から全閣僚、陸軍参謀総長、海軍軍令部総長、枢密院議長と4人の幹事が出席する最後の御前会議を開いた。冒頭で鈴木首相が前日の最高戦争指導会議と閣議での議論の内容を報告。続いて、首相は、ポツダム宣言受諾に反対である陸海軍両総長と阿南陸相に一応意見を述べさせておいて、最後に裕仁の「聖断」を求めた。この御前会議も、9：50から木戸と鈴木が50分かけてすでに打ち合わせた通りの段取りに沿って進められたものと思われる。「聖断」の内容は、基本的に、元帥会議で裕仁が述べたものとほぼ同様の内容である。やはり軍の不満がひじょうに気になっていたようで、再び「陸海軍将兵にはさらに動揺も大であろう。この気持ちをなだめることは相当困難なことであろうが、どうか私の心持ちをよく理解して陸海軍大臣はともに努力し、よく治るようにして貰いたい。必要あらば自分が親しく説き諭してもかまわない」とまで言っている(38)。ここには「国体」を実質上支えてきたのは強大な日本帝国陸海軍であったことへの明確な認識があり、降伏要求受諾にあたって自分が大元帥である日本帝国陸海軍を切って捨てることで、その将兵に背かれたら「国体護持」は全く不可能となるという裕仁の深い危機感がまざまざと現れている。具体的には、裕仁は陸海軍両大臣にクーデター防止対策を命じているのであって、そのために必要なら自分が直接説得してもよいとまでの異常な覚悟を示しているのである。この御前会議は1時間ほどで終わり、かくしてポツダム宣言の受諾が正式に決定されたのである。

以上、「原爆使用」と「天皇制維持」をめぐる日米両国の半年間ほどの複雑な動きをできるだけ簡潔に追跡解明してみた。これによって明らかになることは、すでに1945年2月の段階で敗戦に疑問の余地がない状況になっていたにもかかわらず、裕仁は降伏を延ばし、沖縄戦で無数の沖縄市民と日米両軍将兵の命を犠牲にした。にもかかわらず、「国体護持」、すなわち自分の身の安全確保と天皇制維持の保証を求めて降伏の時期をさらに遅らせたゆえに、広島・長崎での原爆無差別大量殺戮という悲劇を招いた。さらに、8月9日の後もなお「国体護持」の確約を連合国側、とりわけアメリカから得ようとポツダム宣言正式受諾を引き伸ばしたゆえに、8月14日まで断続して米軍が行った日本各地への空爆で多くの市民が犠牲となった。したがって、裕仁ならびに裕仁を最後まで支えた当時の日本軍指導者層と政府首脳部に原爆殺戮（ならびにその後の空爆殺戮）を誘引した重大な責任があったことは否定しがたい。

しかしながら、同時に、ソ連が対日戦を開始する前に原爆を必ず使用できるよう、日本の降伏を遅らせる画策をはかった米国政府、とりわけトルーマン大統領とバーンズ国務長官にも重大な「招爆画策責任」がある。もちろん彼ら2名と、スティムソンをはじめ「マンハッタン計画」に関連したその他の多くの米政府ならびに軍関係者には、核兵器製造・使用での無差別大量虐殺という「人道に対する罪」に対する最も重大な責任があることは言うまでもないことである。

裕仁の「招爆責任」は、しかしながらその原点をたどれば、もともとは1931年9月18日の満州事変を皮切りに始めた中国への不当な侵略戦争と、その継続として1941年12月8日の真珠湾攻撃から始まる無謀な太平洋戦争にまで戦争を拡大してしまった、日本帝国陸海軍大元帥としての「侵略戦争開始・拡大責任」に起因する。

(3) 国体護持、統帥権とポツダム宣言受諾の関連性

以上のようにアジア太平洋戦争における空爆無差別大量殺傷問題を検討してみると、幾つかの際立った特徴が浮かび上がってくる。とりわけその特徴は、戦争最終段階の原爆との関連できわだっている。それは、加害国である米国の政府や軍の指導層にとっても、被害国日本の政府と軍の指導層にとっても、空爆の直接の被害者である人間―米国にとっては敵国の「一般市民」、日本にとっては「自国民」―への視点が決定的といってよいほど欠落していることである。

米国にとって、日本空爆、とりわけ原爆攻撃は、もっぱら、ソ連が日本に対して宣戦布告する前に日本を降伏へと追い込むための有効な手段としてとらえられていた。その最終的目的は、もちろん、ソ連に戦後日本占領政策に介入する権利を与えないためという、パワー・ポリティックスの問題であって、原爆攻撃は軍事戦略上の問題としてすらほとんど考えられてはいなかった。陸軍長官スティムソンが「ヒットラーの残虐行為を上回る悪評を世界中から受けること」を心配したのも、犠牲者となる無数の日本人市民への心配からではなく、米国の国家的信用が打撃を受けることを気にしたからである。「ヒットラーの残虐行為を上回る悪評」を心配しながらも、その行為が由々しい戦争犯罪行為であるということすら彼の頭には浮かんでこなかったようである。スティムソン日記、トルーマン日記、さらにはホワイトハウスでの閣僚会議関連の記録にも、「想定被害者」への配慮や倫理的葛藤を示す

ような言及、あるいは原爆攻撃を当時の国際法との関連で言及しているものは皆無と言ってよい。

同様に、裕仁をはじめ日本政府と日本帝国陸海軍の指導者たちにとっても、すでに詳しく述べたように、「防空体制」の第一義の目的は国民の生命・財産を守ることにあったのではなく、国民支配統制の手段として重要視されていた。広島・長崎への原爆攻撃が戦争終結に向けての裕仁や木戸の動きを急がせたことは確かであろう。しかし、ポツダム宣言受諾に関する議論が急速に高まったのは、1945年8月6日の広島への原爆攻撃の報告が大本営と皇居に届いてからすぐにではなく、8月9日早朝、ソ連軍の満州進攻のニュースが入った直後からである。既に述べたように、8月9日午前11:00から始まった最高戦争指導者会議の最中に、長崎への原爆攻撃があった報告が届いたが、その時も、原爆被害についてはほとんど議題になっていない。8月9日深夜の御前会議と14日の最後の御前会議に出席して、その様子を詳しく記していた内閣書記官長・迫水久常の記録にも、また出席者のうち他の数名が残した記録にも、これらの御前会議で原爆が広島・長崎市民にもたらした深刻な被害について出席者や裕仁が言及したということを述べているものは皆無である。つまり、原爆殺戮は、戦争終結の最終決断のこの時点でも、裕仁のみならず最高戦争指導会議のメンバーの心中にはほとんど入っていなかったということである。

戦時中、裕仁と頻繁に接触していた一人である侍従武官長の蓮沼蕃は、戦後、GHQ歴史課から原爆が裕仁の降伏決定にどのような影響を与えたかという質問を受けて、「原子爆弾がそれほど大きな影響を陛下に与えたとは思われません。尤も陛下は科学者であらせられるから、原子爆弾の威力を熟知して居られたでしょう。併し8月8日、9日頃までには未だ広島の情報は充分解りませんでした。従って陛下にそれほど大きな衝撃を与える迄に到っていなかったと思います」、と述べている(39)。海軍軍令部総長・豊田副武もまた、戦後、「まだ其の一発の原子爆弾で戦争継続をどうするかということを議論する程度には、状況は進んでいなかったのである」と述べて、原爆が「降伏決定」に与えた影響としては、さほど重大なものではなかったと主張している(40)。

驚くべきことに、同じような反応が、原爆で完全に破壊された広島の第2総軍司令部の生き残り幹部にも見られたのである。第2総軍司令部は、爆心地から直線で1、300メートルの地点にあったため、4百数十人いた総司令部員のうち約百名が即死、他もほとんどが重傷を負って半身不随の状態。爆心地から約980メートルという近距離の広島城内に司令部を置いていた、第2総軍指揮下の第59軍は、兵舎にいた3千人ほどの召集兵が一瞬にして全滅している。広島城天守閣は衝撃波と爆風をもろに受けて、吹き飛んだ。これだけの大被害を受けながらも、当時、運良く軽症だった第2軍参謀長・岡崎清三郎中将は、8月9日にソ連参戦の電報を、10日には「ポツダム宣言受諾を交渉中」の電報を大本営から受けて、「じょうだんじゃない」と怒っている。彼は、爆心地からかなり離れた距離の自宅にいて無傷だった第2総軍司令官の畑俊六元帥に会いに行き、「我々はいっぺんアメリカをたたいてから和平の交渉にはいるはずじゃなかったか、陸軍としての決意を結集するため各方面軍に檄を飛ばしたい」と提案。畑はこれを受け入れて、参謀長名で出せと命令。岡崎は、すぐさま、関東軍、南方総軍、台湾軍などに打電し、「全く同意である」という返電が続々きたと、戦後、証言している(41)。

したがって、当時の様々な関係者証言を検証してみると、原爆が日本に降伏をもたらした決定的要因であったとは、決して言えないのである。しかしながら、ポツダム宣言受諾を急がせた間接的な要因として働いたことは確かであろう。当時の海軍大臣・米内光政大将は、戦後、「原子爆弾やソ連の参戦は或る意味で天佑だ」と述べ、それらが起きたために、遅かれ早かれ受け入れなければならなかった「降伏」ができたと述べた(42)。米内にとっては、ソ連参戦と原爆は同レベルの影響力として捉えられていたようであるが、これまで見てきたように、「降伏決定要因」としてはソ連参戦のほうが原爆よりもはるかに重要であることは明らかである。

1946年3~4月にかけて、側近のインタヴューという形で裕仁が述べた『独白録』では、ポツダム宣言受諾を決定した理由を裕仁は次のように述べている(43)。

当時私の決心は第一に、このままでは日本民族は亡びて終ふ、私は赤子を保護することができない。第二には国体護持のことで木戸も同意見であったが、敵が伊勢湾附近に上陸すれば、伊勢熱田両神宮は直ちに敵の制圧下に入り、神器の移動の餘裕はなく、その見込みが立たない、これでは国体護持は難しい、……

原爆攻撃以前に、半年以上にわたって多くの日本全国民が米軍焼夷弾の標的となり、15万人を超える沖縄住民が命を落としているのにもかかわらず、「このままでは……私は赤子を保護できない」という裕仁の言葉は明らかに欺瞞である。さらに広島では8月6日に10万人以上が死傷しているにもかかわらず、そのときも、ポツダム宣言受諾の決断を彼は行わなかった。裕仁が最も心配したのは、「赤子の保護」ではなく、ソ連の参戦による皇室と天皇制存続の危機であったことはほぼ間違いない。最終決断を下したのは、「国体護持」の確保がほぼ確実になったと自分が判断した8月14日であり、しかも、すでに見たように、天皇＝大元帥を頂点に戴く帝国陸海軍を切り捨て、「三種の神器」で象徴される「国体」、すなわち自分と皇室を中心する天皇制だけを救おうとしたのである。ここにすでに、戦争責任の全てを帝国陸海軍指導層に転嫁しようという彼の意図が表れている。

我々がここで注目しなければならないのは、大元帥としての地位を捨てて、「三種の神器」に象徴される「国体」を護持するという裕仁の強い思いである。では「国体」とは具体的に何を意味していたのか。「国体」は、しばしば「万世一系の天皇によって統治される我国の形」というように、漠然とした表現で説明される。実は、「国体」が厳密には何を意味しているのか、その定義とはどのようなものなのかは、当時の日本帝国陸海軍指導者たちにも政治家たちにも分かってはいなかったようである。例えば、海軍軍令部総長であった豊田副武は、戦後、次のように述懐している(44)。

不思議なことに終戦直前にあれ程国体護持、国体護持と云って議論を闘わし乍ら、国体の意義や、之が護持とは何の範囲の条件を包含するのかの問題を取上げたことはなかった。尤も、8月9日深夜から暁前にかけての御前会議で平沼枢相が「天皇の国法上の地位」という原案の用語を批判して国体の本義にふれたけれども、それもそれだけで、更に突込んだ議論は出なかった。

しかし、「国の形」とは、具体的には当時の日本国家を形成する3つの要素、すなわち、政治権力、軍事権力、ならびに象徴的権威が、天皇という一人の「現人神」に統合されている形であると表現できるのではなかろうか。この3要素は全て、17条から成る明治憲法第1章「天皇」に含まれていると考えてよい。そのうち、政治権力は、天皇の国家元首としての統治権を確認する第4条から始まって、第10条までの7条項によって確定されている。軍事権力は、11条から14条によって確定されているが、とりわけ11条「天皇ハ陸海軍ヲ統帥ス」の統帥権、すなわち軍事権力の天皇への集中が重要である。象徴的権威は、第1条から第3条まで、とりわけ第3条の「天皇ハ神聖ニシテ侵スベカラズ」がその根幹であろう。

明治憲法が、政治権力、軍事権力、象徴権力を分離してとらえ、天皇にのみそれら3つが統合されるという形をとった理由は、政治権力と軍事権力を分離し、天皇の象徴的権威の下でのみその2つが互いに独立した形で機能するという、一種の権力分立制を目指したからであった。つまり、そうした権力分立制をとることで、天皇を代行する権力者を排斥し、幕藩体制のような軍事政権が再び出現しないことを目指したわけである。しかし、「軍事権力の政治権力からの分離」は実際には「諸刃の剣」であり、軍事権力は、それが独占する国家暴力で政治権力を無視し、ひいては政治権力を軍事権力に従属させる危険性を最初から孕んでいるものであった。したがって、明治後半から昭和初期にかけて、軍事力が急速に拡大し、陸海軍指導層が軍事権力の政治権力からの分離、すなわち「統帥権独立」を盾に、実際には政府による軍のシビリアン・コントロールを不可能なものとしてしまい、軍事政策については政治家や議会が関与できないような状況を作り出してしまったのも全く不思議ではないのである。その結果、軍事権力が政治権力を押さえ込み支配するという、権力分立制の瓦解を招いてしまった。しかも、1920年代後半からは、天皇裕仁自身がそうした軍の横暴をほとんど抑えようとはしないどころか、逆に軍の、とりわけ陸軍の暴走を黙認あるいは積極的に支持するという形で中国での戦争を拡大し、ひいてはアジア太平洋戦争という総力戦による一大悲劇を産みだしてしまった。

総力戦という大規模戦争に日本は敗れ、敵である連合諸国は日本に対してポツダム宣言で全面降伏を要求した。すなわち、国家体制の全面的で根本的な改革を要求していたのである。それは具体的には、とりわけ「国体」の軍事権力と政治権力の徹底的な解体を意味していることは間違いなかった。それのみか、宣言第6条では「日本国民を欺いて世界征服に乗り出す過ちを犯させた勢力と影響を永久に除去する」と記されていたのであり、この文面をそのまま解釈すれば、憲法上は軍の統帥権を独占していた天皇裕仁の責任が問題にされることも当然のように思われた。このような危機的状況の中で「国体護持」をはかる方法は、「国体」3要素のうち、戦争遂行という点で最も中心的役割を果たした帝国陸海軍の軍事権力を、自分とは完全に切り離し、その責任を全て軍指導者層に押し付けることが必要であった。

戦時中の日本は、陸海両軍を支配下に置く天皇直属の最高統帥機関として大本営を設置していた。裕仁は、この大本営の統帥部、すなわち、参謀本部（大本営陸軍部）および軍令部（大本営海軍部）から、逐次、作戦上奏（天皇に対する作戦事項に関する説明）と戦況上奏（戦況に関する説明）を詳しく受けていた。その上で、重要作戦に関しては、裕仁が大陸命（大本営陸軍命令）や大海令（大本営海軍命令）を発令する允裁（許可）を大本営に与え、その結果、命令が天皇の名で「奏勅命令」として下された。作戦によっては上奏中に裕仁が厳しい質問や要求を行った結果、修正されたものも多々ある。裕仁が戦争遂行に深く関与していたことは、大本営が作成した数多くの上奏書や、裕仁を補弼した陸軍参謀長や海軍軍令部長などとのやりとりの記録を見れば一目瞭然である。したがって、実際には、統帥権は、天皇と陸海両軍指導者層が共同占有していたのである。この点から見ても、裕仁に戦争責任がないなどというのは全くの空言であるが、敗戦を迎えるや否や、「統帥権を乱用した軍指導者層に裕仁は逆らうことができなかった」という神話を作り上げて、彼らに責任転嫁を行った。その責任転嫁の出発点が、「1条件によるポツダム宣言受諾」の決定による、「軍部切り捨て」だったのである。軍指導者たちにとっては、統帥権を共有していた大元帥・裕仁に切り捨てられれば、自分たちが全面的に戦争責任を追求されることは明らかであった。彼らが、敗戦を目前に、「国体」に軍事権力の要素を含めることをあれほどまでにこだわった理由「手足をもがれてどうして（国体）護持ができるか」は、まさにこの点にあった(45)。

ちなみに、統帥権が実際には天皇であり大元帥である裕仁と統帥部の軍指導者層で共同占有されていたからこそ、戦争遂行の最終的責任を、裕仁は軍指導者たちに押し付けることができた。一方、統帥部の軍指導者層は、自分たちが大本営を通して天皇の名前で出した作戦命令の最終責任を、形式上の統帥権独占者である大元帥にまで「棚上げ」することで、うやむやにしてしまうことができた。その大元帥は、憲法第3条「天皇ハ神聖ニシテ侵スベカラズ」によって、実際には、戦争責任を含め、どのような世俗的な責任も追及されることはない。したがって、結局は誰も責任を問われないという、日本独自の軍・政治無責任体制は、実は、「国体」の構造そのものに内在する問題なのである。

ともあれ、裕仁にとっては、大日本帝国陸海軍の統帥権を持つ大元帥としての自分の軍事権力が、実は形式的なものであり、実質的には彼にはなにも決定権がなかったという神話を作り上げて、「国体」から軍事権力を排除してしまうことが、生き延びるためにはどうしても必要だった。この軍事権力も、また軍事権力に支えられた政治権力という要素も、もともと明治維新以前の天皇制には備わっていなかったものである。明治維新以前の天皇制は、それが、数百年という長い期間にわたって、その時々の軍事権力と政治権力にお墨付き=正統性を与える象徴的権威という要素のみで生き延びてきた。象徴的権威は、軍事権力と政治権力を自己と一体化するとき、はじめてその「権威」が軍事・政治面での「直接的権力」を精神的に象徴化するものとして被支配者に作用する。逆に言えば、軍事権力や政治権力は、「象徴的権威」を身におびることで、被支配者に対して支配の「正統性」を示すことができる。明治維新以前は、象徴的権威と軍事・政治権力が分離していたものが、明治憲法下では、この3要素が文字通り複合的に一体となって「国体」を形成していた。しかも、数百年という長い時期に渡って連綿として続いてきた天皇の「象徴的権威」は、明治期になって日本の近代国家を「天皇を父とする家族国家」とみなす「幻想共同体」観念を創造し、且つその観念を全国民に一種の信仰的とも言えるエートスとして浸透させる上で、決定的な役割を果たした。この「幻想国家共同体」を象徴的に具現化している天皇の下では、すべての臣民が平等で、国家社会内部の階級や差別、その他の様々な政治社会問題が何もないかのような幻想をもたらす。ところが、実際には、天皇に体現されている絶対主義的国家価値規範を受け入れない者は、徹底的に差別され抑圧される。

したがって、天皇制が生き延びるためには、「国体」の3要素から既存の軍事・政治権力の2要素を明治以前の状態のように再び排除し、もっぱら象徴的権威という、それ自体では一見「非政治的」で「無害」と映る機能要素の重要性を強調することが必要であった。換言すれば、軍事・政治権力を失っても、象徴的権威という要素を維持することで、天皇制を維持することは不可能ではない。崩壊した軍事・政治権力に取って代わる全く新しい軍事・政治権力に、国家としての「正統性」と「国家共同体観念」―それがどのような幻想であっても―を与えることができる象徴的権威さえ保持し続けることができれば、「国体維持」は可能である。裕仁が、「三種の神器」の安全確保にあれほどまでに執着した理由は、「神器」が、「幻想国家共同体」を創造するこの「国体」の最も重要な要素である象徴的権威―「天皇ハ神聖ニシテ侵スベカラズ」―の強烈な具体的表象とも言えるからであった。

かくして、結果的には、「全面降伏」にもかかわらず、「国体」の「象徴的権威」だけはそのまま温存することで天皇制維持をはかりたいという裕仁と日本政府の意向と、裕仁が「象徴的権威」をそのまま維持することを許し、直接的「権力」を剥がした上でその「権威」を日本占領統治支配のためにできるだけ政治的に利用することを最初から企てていた米国側の思惑が一致した。とりわけソ連の日本占領政策への介入と日本への共産主義思想の浸透を極力避けたいという点では、日米両政府の意向は完全に一致していた。

そのような日米両国にとって、原爆で広島・長崎の20万人以上の市民を無差別大量虐殺した、その「犯罪性」と「責任」を追及されることは、トルーマンの「招爆画策責任」と裕仁の「招爆責任」が暴露されるだけではなく、「国体維持」を許すことで裕仁の戦争責任、ひいては日本の戦争責任を本質的には「棚上げ」にしてしまった日米両国の共同謀議的責任を最終的には問われることにつながる。それだからこそ、明白な戦争犯罪行為である原爆攻撃を「正当化」する努力は、日米両国政府とも、それぞれのやり方で、戦後はもちろんのこと、原爆攻撃直後から始めているのである。

「ポツダム宣言」が発表された7月26日から8月14日の受諾までの半月以上の間、天皇の地位をめぐって日米双方の政府でこのような様々な動きがあったにもかかわらず、日本の国民は自分たちに向けて「ポツダム宣言」が出されていた事実すらほとんど知らず、多くの市民は毎日続く米軍の激しい空爆と食糧難による飢餓状況をいかに生き延びるかに苦悶していたのである。

(4) 日米両国の原爆利用 ― 米国の無差別大量殺戮「正当化」と日本の原爆被害の「終戦利用」

1945年8月6日、広島への原爆攻撃の16時間後、トルーマンはアメリカ国民向け声明をラジオ放送で次のように述べた。

世界は、最初の原爆が軍事基地である広島に投下されたことに注目するであろう。それは、われわれがこの最初の攻撃において、民間人の殺戮をできるだけ避けたかったからである。もし日本が降伏しないならば、……不幸にして、多数の民間人の生命が失われるであろう。原爆を獲得したので、われわれはそれを使用した。われわれは、真珠湾において無警告でわれわれを攻撃した者たち、アメリカの捕虜を餓死させ、殴打し、処刑した者たちに対して、戦争の国際法に従うすべての虚飾をもかなぐり捨てたものたちに対して、原子爆弾を使用した。（強調：引用者）

確かに広島は1873年以来、日本帝国陸軍第5師団の本拠地として重要な軍事的役割を担い、アジア太平洋戦争末期には第2総軍司令部も置かれていた。しかし、原爆によって一瞬にして殺害された推定10万人の大部分は一般市民であり、この市民無差別殺戮であるジェノサイド的犯罪行為を、トルーマンは「民間人殺戮をできるだけ避けるため」というあまりにも皮肉な口実で、正当化した。周知のように、米国では、この原爆攻撃正当化論が戦後ますます誇張され、原爆が使われていなければ戦争は終結していなかったかのような神話が作り上げられ、その神話が今も大多数の米国民の意識の中に深く根をおろしている。原爆攻撃のもう1つの理由として、日本軍が犯した様々な戦争犯罪に対する報復攻撃であったとトルーマンは説明した。もちろん、日本軍が残虐な戦争犯罪をアジア太平洋各地で犯したことは事実であるが、自分が命令した原爆使用自体も、人類史上最も残虐な戦争犯罪の1つ、すなわち「人道に対する罪」であるという自覚が、ここでは完全に欠落している。敵が戦争犯罪を犯したから自分たちも報復措置として、もっと残虐な戦争犯罪を犯すことが許される、という論理そのものが「正当性」を欠いている。

しかしながら、この声明の問題の本質は、上記のような原爆使用正当化の「非論理性」にあるのではない。その本質は、原爆攻撃の真の目的がソ連の対日戦争参加を止めるためという極めて政治的なものであり、しかも「招爆画策」の結果として行われたという事実を隠蔽するために、このような「正当化論」を作り上げ、それを自国民はもちろん、世界中の人々に信じこませたという「神話化」にこそある。すなわち、この米国の「原爆使用正当化論」は非論理的だけではなく、実は虚妄以外のなにものでもないということ、このことこそを我々は問題にすべきなのである。米国政府はアジア太平洋戦争終結以来ずっとこの虚妄の正当化を主張し続けているのであり、その米国の虚妄を、日本政府もまた、後述するように、戦後間もなく、自己目的のために暗黙のうちに持論として政治的に利用するようになったのである。

しかし、米国政府が主張し続けている「戦争を終わらせるために原爆投下は必要であった」という、事実隠蔽のための口実がたとえ正しかったとしても、原爆投下による市民無差別大量虐殺という「犯罪性」そのものが否定されるわけでは決してないことを我々は明確に確認しておく必要がある。原爆使用の是非をめぐる議論は、いつも、それが必要であったかなかったかといった「歴史的状況判断論」

にばかり集中する傾向があるが、そのことによって原爆殺戮に関する議論の本質であるべき「犯罪性」と「責任」の問題が実はぼやかされてしまうということも我々は同時に強く注意しておくべきである。つまり、「状況判断論」で、「犯罪性」の問題がごまかされないようにしなくてはならない。

一方、日本政府は、長崎原爆投下直後の１９４５年8月9日、米国に対する抗議文を、スイス政府を通じて外務大臣東郷茂徳の名において送った。この抗議文の中で日本政府は以下のように述べた。

聊々交戦者は害敵手段の選択につき無制限の権利を有するものに非ざること及び不必要の苦痛を与ふべき兵器、投射物其他の物質を使用すべからざることは戦時国際法の根本原則にして、それぞれ陸戦の法規慣例に関する条約付属書、陸戦の法規慣例に関する規則第22条、及び第23条（ホ）号に明定せらるるところなり。

抗議文はさらに、米国を以下のように厳しく非難している。

米国が今回使用したる本件爆弾は、その性能の無差別かつ惨虐性において従来かかる性能を有するが故に使用を禁止せられをる毒ガスその他の兵器を遥かに凌駕しをれり、米国は国際法および人道の根本原則を無視して、すでに広範囲にわたり帝国の諸都市に対して無差別爆撃を実施し来り多数の老幼婦女子を殺傷し神社仏閣学校病院一般民衆などを倒壊または焼失せしめたり。而していまや新奇にして、かつ従来のいかなる兵器、投射物にも比し得ざる無差別性惨虐性を有する本件爆弾を使用せるは人類文化に対する新たなる罪悪なり。

この抗議文の起案者が国際法を熟知していたであろうことは疑いない。広島・長崎への原爆攻撃のみならず、他の都市への空爆も、国際法（ハーグ条約）違法であるという鋭く厳しい無差別大量殺傷斜弾となっている。中国各地で無差別空爆を行っていた日本が、国際法を持ち出して米国の無差別空爆を批難したこと自体が皮肉であるが、しかし、これが、日本政府が原爆攻撃に関して出した最初で最後の抗議文であった。

この抗議文が出された6日後の8月15日、天皇裕仁は所謂「終戦の詔勅」を発表した。長くなるが全文を下に引用する（なお、後述する解説では、口語訳も付記しておく）。

朕深ク世界ノ大勢ト帝國ノ現状トニ鑑ミ非常ノ措置ヲ以テ時局ヲ収拾セムト欲シ茲ニ忠良ナル爾臣民ニ告ク　朕ハ帝國政府ヲシテ米英支蘇四國ニ對シ其ノ共同宣言ヲ受諾スル旨通告セシメタリ　抑〻帝國臣民ノ康寧ヲ圖リ萬邦共榮ノ樂ヲ偕ニスルハ皇祖皇宗ノ遺範ニシテ朕ノ拳々措カサル所　曩ニ米英二國ニ宣戰セル所以モ亦實ニ帝國ノ自存ト東亞ノ安定トヲ庶幾スルニ出テ

他國ノ主權ヲ排シ領土ヲ侵スカ如キハ固ヨリ朕カ志ニアラス　然ルニ交戰已ニ四歳ヲ閲シ朕カ陸海將兵ノ勇戰朕カ百僚有司ノ勵精朕カ一億衆庶ノ奉公各、最善ヲ盡セルニ拘ラス戰局必スシモ好轉セス世界ノ大勢亦我ニ利アラス　加之敵ハ新ニ殘虐ナル爆彈ヲ使用シテ頻ニ無辜ヲ殺傷シ慘害ノ及フ所眞ニ測ルヘカラサルニ至ル　而モ尚交戰ヲ繼續セムカ終ニ我カ民族ノ滅亡ヲ招來スルノミナラス延テ人類ノ文明ヲモ破却スヘシ　斯ノ如クムハ朕何ヲ以テカ億兆ノ赤子ヲ保シ皇祖皇宗ノ神靈ニ謝セムヤ是レ朕カ帝國政府ヲシテ共同宣言ニ應セシムルニ至レル所以ナリ

朕ハ帝國ト共ニ終始東亞ノ解放ニ協力セル諸盟邦ニ對シ遺憾ノ意ヲ表セサルヲ得ス　帝國臣民ニシテ戰陣ニ死シ職域ニ殉シ非命ニ斃レタル者及其ノ遺族ニ想ヲ致セハ五内爲ニ裂ク　且戰傷ヲ負ヒ災禍ヲ蒙リ家業ヲ失ヒタル者ノ厚生ニ至リテハ朕ノ深ク軫念スル所ナリ　惟フニ今後帝國ノ受クヘキ苦難ハ固ヨリ尋常ニアラス　爾臣民ノ衷情モ朕善ク之ヲ知ル然レトモ朕ハ時運ノ趨ク所堪ヘ難キヲ堪ヘ忍ヒ難キヲ忍ヒ以テ萬世ノ爲ニ太平ヲ開カムト欲ス　朕ハ茲ニ國體ヲ護持シ得テ忠良ナル爾臣民ノ赤誠ニ信倚シ常ニ爾臣民ト共ニ在リ　若シ夫レ情ノ激スル所濫ニ事端ヲ滋クシ或ハ同胞排擠互ニ時局ヲ亂リ爲ニ大道ヲ誤リ信義ヲ世界ニ失フカ如キハ朕最モ之ヲ戒ム　宜シク擧國一家子孫相傳ヘ確ク神州ノ不滅ヲ信シ任重クシテ道遠キヲ念ヒ總力ヲ將來ノ建設ニ傾ケ道義ヲ篤クシ志操ヲ鞏クシ誓テ國體ノ精華ヲ發揚シ世界ノ進運ニ後レサラムコトヲ期スヘシ　爾臣民其レ克ク朕カ意ヲ體セヨ

実際には、発表されたこの「詔勅」は何回も書き直された上での決定版であった。その修正の過程を検分してみると、ひじょうに興味深い事実が判明する。「詔勅」の最初の原案は、敗戦直前の最後の2回の御前会議に出席し、裕仁の発言を詳細に書き留めていた当時の内閣書記官長であった迫水常久が、その発言内容に忠実に沿った形で起草したものである(46)。迫水は、その原案も数回書き直しているようだが、それらの複数の原案には、ポツダム宣言受諾の決定的理由として「残虐ナル爆弾」、すなわち「原爆」を意味する言葉は全く入れられていない。裕仁が御前会議で原爆には全く触れなかったのであるから、迫水が挿入しなかったのも不思議ではない。原案の「第3案」では、ポツダム宣言受諾の理由として、「欧州ニ於テハ反テ戦火ノ終息ヲ見　世界ノ体勢ハ新ナル國際秩序ノ實現ヲ促スノ機運ヲ示セリ　是ノ秋ニ當リ尚交戦ヲ繼續セムカ激烈ナル破壊ト惨酷ナル殺戮トノ究極スル所　単ニ民族生存ノ根據ヲ奪ウ……」と、単にヨーロッパで戦争が終決して国際状況が変化したことと、戦災のひどさを挙げ、日本民族が絶えてしまうことを避けるためであるとしている(47)。

ところが、国立公文書館に所蔵されている幾つもの草案原稿の中には、この「第3案」に、鉛筆で多くの削除や加筆が行われたものが存在するのである。ここに初めて「原爆」への言及が加筆されている。「第3案」の「是ノ秋ニ當リ」と「尚交戦ヲ繼續セムカ」の間に、鉛筆で「敵ハ更ニ人道ヲ無

視シ　新ニ残虐ナル兵器ヲ使用シ」と加筆され、その後に続く文章を削って、「民族ノ滅亡ヲ将来ス」と修正している。さらに、最終案では「人道ヲ無視シ」が削られ、「敵ハ新ニ殘虐ナル爆彈ヲ使用シ慘害ノ及フ所」の「爆彈ヲ使用シ」の後に「テ頻ニ無辜ヲ殺傷シ」という表現が加筆された(48)。

もう1点の興味深い修正は、決定版の「朕ハ茲ニ國體ヲ護持シ得テ忠良ナル爾臣民ノ赤誠ニ信倚シ常ニ爾臣民ト共ニ在リ」という文章である。最終案までの幾つもの草稿では、この文章の「臣民ノ赤誠ニ信倚シ」の後には、必ず「神器ヲ奉ジテ」という言葉、すなわち「三種の神器を捧げて」という意味の表現が入れられていた。ところが、決定版になって初めてこの表現が削られているのである(49)。すなわち、すでに説明したように、「国体護持」と、「国体」の3要素の1つである「象徴的権威」の具体的表象である「三種の神器」は、裕仁の思考の中では不可分で一体のものであると把握されていた。これが最終版になって初めて削られたのはなぜであろうか。

迫水の原案に目を通して修正加筆した人物が、当時の内閣嘱託の漢学者である早稲田大学教授・川田瑞穂と、大東亜省顧問であった陽明学者・安岡正篤の二人であったことが判明している(50)。川田も安岡も、もちろん御前会議には出席していないので、迫水の原案に基づき、それに自分たちの考えを反映させて決定版とした。上記の鉛筆書きは、川田あるいは安岡のものであることはほとんど間違いなかろう。いずれにせよ、裕仁の思考の中では「降伏決定要因」に全く入っていなかった「原爆」を、川田あるいは安岡が「決定的要因」として政治的に利用することを思いつき、この「敵ハ新ニ殘虐ナル爆彈ヲ使用」という表現を加筆したことが、このことから判明するのである。

一方、「神器ヲ奉ジテ」という表現を最後の最後になって削ったのが誰であるのかは明らかでない。裕仁の側近であった木戸あたりの助言による可能性があるかもしれない。しかし、それが誰であろうと、おそらくは、15年という長期にわたる戦争で多大な被害を受け、苦痛と貧窮にあえいでいる「臣民」に裕仁が呼びかける文章で、「臣民」の苦痛よりも「三種の神器を奉じる」ことを優先させている印象を強く与える表現に懸念した結果ではないかと考えられる。

以下、この詔勅の中のいくつかの重要な問題点について、さらに詳細に検討してみよう。

(A)「曩ニ米英二國ニ宣戰セル所以モ亦實ニ帝國ノ自存ト東亞ノ安定トヲ庶幾スルニ出テ他國ノ主權ヲ排シ領土ヲ侵スカ如キハ固ヨリ朕カ志ニアラス」(先に米英2国に対して宣戦した理由も、本来日本の自立と東アジア諸国の安定とを望み願う思いから出たものであり、他国の主権を排除して領土を侵すようなことは、もとから私の望むところではない)

この文章から、裕仁にとっては、戦争の敵国は米英の2国(おそらくはこの2国に加わった豪州、カナダ、オランダなどの「西欧」連合諸国も含むと思われるが）であり、国民党軍や中国共産党軍は全く念頭に置かれていない。すなわち、彼にとって戦争とは、１９４1年12月８日（ハワイ現地時間で12月７日）の真珠湾攻撃から始まる、いわゆる「太平洋戦争」であり、それ以前の、１９３1年9月18日の「満州事変」に始まる中国大陸での様々な戦闘行為と日本軍の残虐行為は、「戦争行為」という概念には入っていない。「戦争行為」とは考えられていないのであるから、「侵略戦争」ではありえないことになる。さらには、当時は欧米諸国の植民地ないしは信託統治領であったフィリピン、インドネシアやシンガポールへの侵攻も、したがって、「他国の主権を排除して領土を侵す」侵略戦争とは考えられていないのである。それゆえ、15年という長い年月の間に戦争の犠牲となったアジア太平洋各地の推定死亡者3千万人という被害者に対する配慮も、当然のことながら、彼の頭の中ではスッポリ抜け落ちているる。それどころか、戦争は「東アジアの安定」をはかるために行った行為であると自己正当化したのである。

(B)「敵ハ新ニ殘虐ナル爆彈ヲ使用シテ頻ニ無辜ヲ殺傷シ慘害ノ及フ所眞ニ測ルヘカラサルニ至ル而モ尚交戰ヲ繼續セムカ終ニ我カ民族ノ滅亡ヲ招來スルノミナラス延テ人類ノ文明ヲモ破却スヘシ斯ノ如クムハ朕何ヲ以テカ億兆ノ赤子ヲ保シ皇祖皇宗ノ神靈ニ謝セムヤ是レ朕カ帝國政府ヲシテ共同宣言ニ應セシムルニ至レル所以ナリ」（敵は新たに残虐な爆弾〈原爆〉を使用して、しきりに無実の人々までをも殺傷しており、惨澹たる被害がどこまで及ぶのか全く予測できないまでに至った。にもかかわらず、まだ戦争を継続するならば、ついには我が民族の滅亡を招くだけでなく、ひいては人類の文明をも破滅しかねないであろう。このようなことでは、私は一体どうやって多くの愛すべき国民を守り、代々の天皇の御霊に謝罪したら良いというのか。これこそが、私が日本国政府に対し共同宣言を受諾するよう下命するに至った理由なのである）

ここで裕仁は、戦争を終わらせなければならなかった（「敗戦」はもちろん「終戦」という言葉すら1回も使っておらず、共同宣言＝ポツダム宣言の受諾という表現のみを使用）その理由を、すでに説明したように川田または安岡の修正加筆案の通り、原爆という恐るべき大量破壊兵器の出現のみに帰した。すなわち、ポツダム宣言受諾の理由を、アメリカの残虐行為のみのせいにしてしまい、「人類の文明」を守るためという崇高な理念に基づいて自分は戦争を終わらせるのだと主張したのである。

前述したように、ポツダム宣言を受理するか否かを議論する1945年8月9日と14日のどちらの御前会議でも、「原爆」については全く議題にならず、裕仁自身もポツダム宣言受諾に「1条件付き」で賛成の意見を述べたときも「原爆」には一言も触れていない。にもかかわらず、この「詔勅」では、降伏の決定的且つ唯一の要因として「原爆」を強調し、8月9日からあれほど熱心に議論された「ソ連の宣戦布告」と「ソ連軍満州侵攻」については全く触れないでいる。すなわち、「国体護持」ということにこだわってポツダム宣言受理を引き延ばし、そのため米国の「招爆画策」に見事にはまってしまい、広島と長崎への原爆攻撃を招いてしまったこと、ポツダム宣言受諾を真剣に検討するようになったのは、ソ連の宣戦布告の直後からであったこと。これらの事実を隠蔽するために、結局は、「原爆」を利用したのである。その意味では、戦後、海軍大臣・米内光政が述懐したのと同じような意味で、原爆は裕仁にとっては「天佑」だったと言えるのである。

全てを「新たな残虐な爆弾」のせいにしてしまうことで、自分が大元帥という最高指導者を務める日本帝国陸海軍が、アジア太平洋各地で、無謀で非人道的な戦闘行為を行うことを自軍の将兵に強制し、犬死にさせ、その結果、それらの日本軍将兵が多くの民間人の命を奪った事実を隠蔽してしまった。すでに幾度も説明したように、アメリカは「原爆を使わなかったならば戦争は長引き、そのため、さらに数百万人という犠牲者が出たはずである」という原爆無差別大量殺戮の虚妄の正当化のための神話を作り上げ、現在も、その神話が大多数のアメリカ人市民の間に深く広く且つ強く浸透している。しかし、実は、裕仁も、「終戦」を正当化するために、「原爆」を政治的に利用する上記のような「被害国神話」を作り上げ、これを国民に信じ込ませたのである。残念ながら、アメリカ市民同様、我々日本人の多くが、この「原爆被害神話」に今も浸されきっているのである。

さらにここで我々が注目しなければならない点は、自国の戦死者やその遺族、戦災被害者に一応同情は示しながらも、裕仁の「謝罪」が、原爆殺戮の被害者を含む「愛すべき国民」にではなく、「代々の天皇の御霊」に向けられていたということである。「愛すべき国民」に対して自分が責任があるなどとは彼が少しも考えていなかったことは、この文章から明らかである。「責任」とは、「赤子」である国民全員が天皇である裕仁に一方的に負う問題であって、天皇が「赤子」に負うものでは決してない、というのが裕仁自身の考えでもあり、同時にそれは、天皇制独自の思想である。キリスト教、回教や仏教など、世界の他の主要な宗教思想では、神や仏が、信仰者である人間に恩寵を与え、恩寵を与えられた人間がその返礼として神や仏を崇め賛美するという互恵関係から成り立っている。ところが、神道に基づく天皇制では、「現人神」は信仰者に恩寵を与えることなく、一方的に「現人神」を崇め賛美することを要求する。同じように、「責任」についても、民衆側が「神」である天皇に対して一方的に負うことをせまられる。この天皇制の極めて特異な思考的特徴 ― 下から上への一方的献身と忠信 ― が、「詔勅」のこの部分にもはっきりと表れている。

(C)「朕ハ帝國ト共ニ終始東亞ノ解放ニ協力セル諸盟邦ニ對シ遺憾ノ意ヲ表セサルヲ得ス」（私は、日本と共に終始東アジア諸国の解放に協力してくれた同盟諸国に対しては遺憾の意を表せざるを得ない）

ここでもまた裕仁は、「今回の戦争はアジアの解放のために行ったものであり、そのために終始協力してくれた同盟諸国に申し訳ない」と欺瞞に満ちた表現を使っている。残虐極まりない行為をアジア太平洋各地で犯した侵略戦争行為と占領支配行為を、「正義の戦争」であったという印象を与えることで隠蔽し、あたかも自発的、積極的に日本に協力した「同盟国」が数多くあったかのような虚偽の発言を堂々と行ったのである。

(D)「朕ハ茲ニ國體ヲ護持シ得テ忠良ナル爾臣民ノ赤誠ニ信倚シ常ニ爾臣民ト共ニ在リ」(私は、ここに国としての形を維持し得れば、忠義で善良なお前たち国民の真心を拠所として、常にお前たち国民と共に過ごすことができる)

「国体」という言葉を、現代語訳として、しばしば「国としての形」と表現することが多いようであるが、この表現が厳密には不十分である。「国体」とは、「国としての形」であると同時に、それは象徴的権威、軍事権力、政治権力が複合的に天皇一人に統合されている「形」を意味するものであることはすでに説明した。それゆえ、「国体」は具体的には「天皇の身体」、あるいは天皇が持つ「三種の神器」を通して、眼に見えるものとして表されていることを意味している。したがって、この文章は、正しくは「私が天皇として自分の身体を護持することができれば、私に忠義を誓い善良な国民であるお前たちの忠誠を拠所に、お前たちと共に生きていける」と述べているのである。ここにおいても、再び、国民に対して自分への忠義、忠誠を一方的に要求しているのである。

(E)「若シ夫レ情ノ激スル所濫ニ事端ヲ滋クシ或ハ同胞排擠互ニ時局ヲ亂リ爲ニ大道ヲ誤リ信義ヲ世界ニ失フカ如キハ朕最モ之ヲ戒ム」(もしだれかが感情の高ぶりからむやみやたらに事件を起こしたり、あるいは仲間を陥れたりして互いに時勢の成り行きを混乱させ、そのために進むべき正しい道を誤って世界の国々から信頼を

失うようなことは、私が最も強く警戒するところである）

15年という長年の間、アジア太平洋各地で「むやみやたらに事件を起こし」、「時勢の成り行きを混乱させ」、その結果、「進むべき正しい道を誤って」侵略戦争を起こし、「世界の国々から信頼を失う」行為を行った日本帝国陸海軍大元帥としての責任を棚上げにして、国民に向けて「自重せよ」などと臆面もなく要求している。

以上見てきたように、この「詔勅」には、侵略戦争の責任、植民地支配の責任、自国の将兵と市民を「犬死に」させた責任、これら一切の責任が不問にされ、原爆にのみ責任を押し付けることで、裕仁は自分の責任も国家責任も完全に無視しているのである。

(F) しかし、裕仁は、「朕ハ時運ノ趨ク所堪ヘ難キヲ堪ヘ忍ヒ難キヲ忍ヒ以テ萬世ノ爲ニ太平ヲ開カムト欲ス」（私は時の巡り合せに逆らわず、堪えがたくまた忍びがたい思いを乗り越えて、未来永劫のために平和な世界を切り開こうと思うのである）と述べて、自分は実は「軍国主義者」などではなく、「平和主義者」なのだということを印象づけようとしている。こうして、一見、本来は自分が平和主義者であると見せかけながら、実は「神州ノ不滅ヲ信シ任重クシテ道遠キヲ念ヒ總力ヲ將來ノ建設ニ傾ケ」（神の国である自国の不滅を確信し、責任は重くかつ復興への道のりは遠いことを覚悟し、総力を将来の建設に傾けよ）と述べているように、敗戦によっても、日本が「神」である自分を国家元首に戴く「神州不滅の国」であることに変わりがないことを再確認している。その再確認の上に、日本社会を徹底的に破壊した自分の責任は棚に上げて、国民に対しては、「お前たちには、神の国の復興に努力する責任がある」と、これまた、一方的に要求しているのである。

小田実が、「『終戦詔勅』には歴史に切れ目を入れる意図はない。それどころか逆に『戦前日本』を強引に『戦後日本』へ結びつけようとする懸命の企てだった」(51)と、その特徴を描写したように、「終戦の詔勅」は、実際には、ポツダム宣言受理という形をとった、戦前と戦後を繋ぐための「新国体維持」宣言であったと言ってよい。すなわち、裕仁は実際には軍事権力、政治権力を持たない、平和主義者であり、「平和の象徴的権威」を具現化している「国体」＝「国家統合のシンボル」なのである、というのがこの「詔勅」の骨子なのである。15年という長きにわたって自国を戦争に駆り出し、多くの自国民を無駄死にさせ、国土を空爆で徹底的に破壊されたことに対し多分の責任があるにもかかわらず、その自己責任については一言も触れず、その上でまだ、「自分は日本という国家を体現する象徴的権威を有しているであり、お前たち国民はそのことを理解して自分に忠誠を誓え」と要求しているのが、この「詔勅」なのである。

(5) 原爆責任隠蔽と矛盾にみち屈折した「戦後日本民主主義」

かくして、日米両国ともが、原爆衝撃効果を政治的に利用し、あたかも原爆という恐ろしい新兵器が戦争終結をもたらす決定的役割を果たしたかのように装ったのである。その結果、米国は、「招爆画策責任」と20万人以上に上る無差別市民大量殺戮の犯罪性と責任を隠蔽し、他方、日本側は、原爆によってもたらされた戦争終結によって、本来あるべき姿である「平和の象徴的権威」としての「国体」を取り戻し、維持していくのだという詭弁を弄することで、裕仁と日本政府の「招爆責任」と戦争責任を基本的にはうやむやにしてしまった。

畢竟《ひっきょう》、日米双方が、それぞれの思惑に沿って、原爆が持つ強大な破壊力、殺傷力の魔力を政治的に利用し、その双方の政治的利用方法を互いに暗黙のうちに受け入れて、「ポツダム宣言受諾」となった、というのが真実なのである。「戦後」という時代は、したがって、「原爆」をめぐっての互いの重大な戦争責任の放棄相互了解を出発点にしていたのであるということを、我々はここで再確認しておく必要がある。

人類最初の核兵器使用という残虐極まりない戦争犯罪に対する批難は、前述したように、１９４５年8月10日に日本政府がたった1回出した抗議声明以外、世界のどの国の政府からも出されなかった。

かくして、米国の虚妄の原爆使用正当化論が、核兵器自体をも「自由と民主主義の勝利」という正義達成目的のために使われた手段であるとみなすことで、正当化してしまった。そのため、核兵器そのものの犯罪性が、その後、厳しく追及されないままになってしまった。のみならず、そのような残虐な手段を使って達成した「自由と民主主義の勝利」とは、いったいどのようなものであったのかという問いもなされないままになってしまった。それが問われなかったため、「正義は力なり」という米国の本来の主張は、核兵器という大量破壊兵器を使ったことによって、実際には「力（=核兵器）は正義なり」とサカサマになっていたことを暴露する機会が失われてしまったと言える。その結果、核兵器使用は「人道に対する罪」であり、核抑止力は「人道に対する罪」を犯す準備・計画を行う犯罪行為=「平和に対する罪」であるという核兵器の本質が、いまだに明確に普遍的な認識となって世界の多くの人たちに共有されていないのである。

一度抗議声明を出した日本政府も、戦後、米国が核兵器使用の犯罪性を隠蔽したまま日本に与えた「自由と民主主義」を歓迎し、受け入れた。しかし、そのような矛盾をはらみ歪んだ「自由と民主主義」の本質を、さらにはその背後に隠された（自他ともに犯した）戦争犯罪の責任問題を、市民の草の根的な広い国民的活動として強く問わないまま、日本国民は受け入れた。幸いにして、日本を2度と米国に歯向かう敵にしたくないという当時の米国の思惑と恒久平和を願う当時の日本国民の強い願いが一致したことから、我々は「戦争の永久放棄」という素晴らしい憲法条項を持つことができた。ところが、次章で詳しく論じるように、その「平和憲法」、「民主憲法」と呼ばれる第1条で、「天皇は日本国の象徴であり日本国民統合の象徴」とされ、通常目に見えにくい形ではあれ、「国体」の重要な要素である天皇の「象徴的権威」＝「幻想国家共同体」創造機能と国家価値規範強制機能がそのまま維持されてしまった。戦後の「自由と民主主義」が最初から内包していたそのような重大な矛盾と欠陥から、帝国主義的、植民地主義的で家父長主義的な、旧態依然とした思想と慣習の温存を許し続けてきたのである。

その結果、「自由と民主主義」というタテマエと、反自由主義的で非民主主義的な日常行動や慣習が奇妙に併存する社会を日本は作り上げてきた。しかも、その「自由と民主主義」は、強大な核軍事力を背景とした米国の支配力と、非民主主義的な天皇の象徴権威という見えにくい民衆支配力、その両方の支配下でのみ許容されるという、これまた奇妙なものである。さらには、原爆の犯罪性が厳しく問われなかったことから、その犯罪の犠牲者である被爆者の戦争被害者としての権利も長年にわたって無視され、74年たった今も多くの被爆者がその権利獲得のために苦しい裁判闘争を余儀なくされている。その一方で、被爆者は政治的には「貴重な原爆被害者」として「聖化」され、米国政府の責任も核抑止力の犯罪性も問わないままで「究極的核廃絶」というスローガンだけを唱え続ける政治家や御用学者に、「核被害のシンボル」として都合良く利用され続けている。このように原爆の犯罪性を不問にしたこと、その結果、放射能汚染被害を甚だしく軽視したことが、無批判で安易な原子力利用の導入・拡大を許し、結局は福島原発大事故を引き起こし、再び数多くの被ばく者を出すことにもなってしまった。その裏では、戦後これまで一貫して原爆以外の空襲被害者が求める戦後補償を政府は黙殺してきたし、今も黙殺し続けている(52)。

さらに、我々自身が被害者となった米国の原爆無差別殺戮犯罪の加害責任を問わないゆえに、我々日本人がアジア太平洋各地の人たちに対して犯した様々な残虐な戦争犯罪の加害責任も厳しく追及しない。我々自身の加害責任を追及しないから、米国が我々に対して犯した重大な「人道に対する罪」の加害性も問わないという、2重に無責任な悪循環をいまなお産み出し続けているのである。

次章では、日米両国の戦争犯罪と戦争責任を隠蔽して創り上げられた戦後の「日本民主主義」が内包する根本的な矛盾を、1946年に発布されたいわゆる「平和憲法」の設置過程とその憲法自体の基本的性格に焦点を当てることで分析してみたい。

第2章脚注

（１）岩松繁俊『戦争責任と核廃絶』（１９９８年、三一書房）。

（２）「招爆論」や「招爆責任」という言葉は全く使っていないが、長谷川毅の著作『暗闘　スターリン、トルーマンと日本降伏』（２００６年、中央公論社）は、原爆使用をめぐる米日両国の動きのみならず、ソ連の動きにも注目し、米日ソの３ヶ国の複雑な政治的動向を多くの資料を活用しながら見事に複合的に分析、原爆使用の責任が米日両国にあったことを明瞭に実証している。

（３）木戸幸一『木戸幸一日記』（東京大学出版会、１９６６年）１２０８〜１２１３頁。

（４）Hiroshima: The Henry Stimson Diary and Papers (part 4) <http://www.doug-long.com/stimson4.htm>

（５）同右、１９４５年５月２９日の記述。

（６）Hiroshima: The Henry Stimson Diary and Papers (part 5) <http://www.doug-long.com/stimson5.htm>１９４５年６月６日の記述。

（７）同右、１９４５年６月６日の記述。

（８）Hiroshima: The Henry Stimson Diary and Papers (part 6) <http://www.doug-long.com/stimson6.htm>１９４５年６月26日の記述。

（９）Hiroshima: The Henry Stimson Diary and Papers (part 7) <http://www.doug-long.com/stimson7.htm>１９４５年７月17日の記述。

（10）Hiroshima: The Henry Stimson Diary and Papers (part 8) <http://www.doug-long.com/stimson8.htm>１９４５年７月21日の記述。

（11）同右、１９４５年７月21日の記述。

（12）同右、１９４５年７月22日の記述。

（13）'Harry Truman Diary, July 18,1945,' Harry S. Truman Presidential Library & Museum Collection.

（14）前掲、Hiroshima: The Henry Stimson Diary and Papers (part 8)
１９４５年7月23日の記述。
（15）同右、１９４５年7月24日の記述。
（16）Harry S. Truman, Year of Decisions (Doubleday and Company, 1955) p. 416.
（17）'Harry Truman Diary, July 25,1945,' Harry S. Truman Presidential Library & Museum Collection.
（18）前掲、『木戸日記』１２２０頁。迫水久常『機関銃下の首相官邸　二・二六事件から終戦まで』（ちくま学芸文庫、２０１１年）２４６〜２４９頁。
（19）前掲、『機関銃下の首相官邸』２５１頁。藤田尚徳『侍従長の回想』（中央公論社、１９８７年）１２４〜１２５頁。
（20）前掲、『木戸日記』１２２１頁。
（21）中国新聞社『年表ヒロシマ』（中国新聞社、１９９５年）16頁。
（22）前掲、『木戸日記』１２２３頁。千本秀樹『天皇制の侵略責任と戦後責任』（青木書店、１９９０年）95〜97頁。
（23）同右、97頁。下村海南『終戦記』（鎌倉文庫、１９４８年）１１８〜１２１頁。
（24）前掲、『機関銃下の首相官邸』２７８〜２７９頁。
（25）前掲、『木戸日記』１２２３頁。
（26）同右、１２２３頁。前掲、『機関銃下の首相官邸』２８０頁。
（27）前掲、『機関銃下の首相官邸』２８９頁。
（28）同右、２８３〜２８７頁。前掲、『木戸日記』１２２３〜１２２４頁。
（29）前掲、『機関銃下の首相官邸』２９１頁。
（30）Hiroshima: The Henry Stimson Diary and Papers (part 10)
<http://www.doug-long.com/stimson10.htm>１９４５年８月10日の記述。
（31）同右。

(32) 同右。
(33) 同右。
(34) 前掲、『木戸日記』1225頁。前掲、『機関銃下の首相官邸』291～300頁。前掲、『天皇制の侵略責任と戦後責任』106～111頁。
(35) 外務省編『終戦史録』（新聞月鑑社、1952年）672頁。
(36) 前掲、『木戸日記』1225頁。前掲、『終戦史録』676頁。
(37) 「侍従武官日記」、防衛庁防衛研修所戦史室『戦史叢書　大本営陸軍部〈10〉』（朝雲新聞社、1975年）所収、505頁。
(38) 下村海南『終戦秘史』（講談社学術文庫、1985年）40頁。前掲、『機関銃下の首相官邸』313～314頁。
(39) 佐藤元英・黒沢文貴編『GHQ歴史課陳述録・終戦史資料』上巻（原書房、2002年）73頁。
(40) 前掲、『暗闘―スターリン、トルーマンと日本降伏』324頁。
(41) 守谷健郎編『昭和史の天皇』第4巻（読売新聞社、1980年）279～281頁。
(42) 高木惣吉『海軍大将米内光政覚書』（光人社、1978年）153～154頁。
(43) 『昭和天皇独白録』（文芸文庫、1995年）148～149頁。
(44) 佐藤元英・黒沢文貴編『GHQ歴史課陳述録・終戦史資料』下巻（原書房、2002年）890頁
(45) 「統帥権」と天皇大権、軍部ファシズム化との関係についての詳細な分析については、大江志乃夫『統帥権』（日本評論社、1983年）を参照。
(46) 前掲、『機関銃下の首相官邸』315～317頁。
(47) 老川祥一『終戦詔勅と日本政治―義命と時運の相克―』（中央公論社、2015年）142～144頁。
(48) 同右、145～147頁。
(49) 同右、147～148頁。
(50) 前掲、『機関銃下の首相官邸』316頁。

（51）小田実『被災の思想　難死の思想』（朝日新聞社、１９９６年）１９１頁。
（52）空襲被害者、とりわけ空襲で親を失い戦争孤児となった多くの人々が、戦後、政府の生活支援もなく苦しい生活を余儀なくされてきた実情については、金田茉莉『東京大空襲と戦争孤児―隠された真実を追って』（影書房、２００２年）、本庄豊『戦争孤児「駅の子」たちの思い』（新日本出版社、２０１６年）などを参照。

第3章

「平和憲法」に埋め込まれた「戦争責任隠蔽」の内在的矛盾

――前文と9条活用への展望に向けて

「不真実は本来的に悪であり、あらゆる平和の破壊者である」

カール・ヤスパース

《扉写真》
1950年、マウント・マッキンリー艦上で、朝鮮戦争（仁川上陸作戦）の指揮を執る
マッカーサーとホイットニー（米国立公文書館所蔵）

はじめに

この章の目的は、1946年に発布された「平和憲法」の第1章（1～8条）と第2章（9条）の間だけではなく、第1章と前文の間にも、法理念的に、また倫理的にいかに決定的な矛盾があり、その矛盾が日本のいわゆる「戦後民主主義」を現在までいかに深く歪めてきた要因の1つであるかを抉り出すことにある。その矛盾分析の鍵となるのは「戦争責任問題」、とりわけ天皇裕仁の戦争責任問題である。さらには、そのような矛盾を踏まえて、我々はその矛盾を乗り越えることができるような市民社会をいかにしたら構築できるか、という展望への方向性を探ることでもある。

そうした議論のためには、まず天皇関連条項である1条から8条と、戦争放棄条項である9条、さらには憲法の非戦と平和理念を唱った前文が設置された政治的背景に関する基本的な知識を共有しておく必要がある。

日本国憲法がしばしば「平和憲法」と称される理由は、憲法条項としては世界的にも稀有な、「戦争放棄」を明確に唱う第2章9条が含まれているからであることは、あらためて述べるまでもない。この9条が、誰の提案により、どのような政治的背景から誰が憲法条項案として強く支持し、実際にどのように修正され、採用されるに至ったのかという経緯については、衆議院憲法調査会事務局が

1964年7月に公表した「憲法調査会報告書」の一部である、780ページにわたる付属文書第2号「憲法制定の経過に関する小委員会報告書」の中で詳細に解説されている。また、このテーマに関しては、すでに多くの学術研究もなされている。研究成果の中で現在の段階で最も信頼のおける論述としては、古関彰一著『「平和国家」日本の再検討』（とくに第1章「平和憲法の成立」）と豊下楢彦著『昭和天皇の日本の戦後〈憲法・安保体制〉にいたる道』（とくに第1章「昭和天皇の〈第一の危機〉天皇制の廃止と戦犯訴追」）の2つが挙げられるであろう。

よって、初めに、「憲法制定過程に関する小委員会報告書」の概要や、2次文献としての古関や豊下の研究書など他の関連資料も参考にしながら、9条が設置された過程をできるだけ簡潔に確認する。さらには、憲法9条に「自衛権」の含みをなんとか残そうと、9条の条項文の表現を変更するために苦心したGHQと日本政府側の動向についても検証する。

これまでは9条を考える上で、我々は9条を憲法前文と分離して議論してきた傾向がひじょうに強い。この章では、9条は常に前文と一体化して議論する必要があり、さらには、「平和的生存権」の確立を考えるとき、9条と前文の根本にある「国家原理の否定」という思想にも注目する必要があることを論じてみたい。この議論の鍵となるのも、再び「戦争責任問題」である。

(1) 天皇裕仁の免罪・免責を目的とした憲法第1章と2章9条の設定

憲法9条の設置を誰が提案したのかについては、これを確認できる決定的な証左となる資料は残っていないが、2つの推定が可能である。その1つは、1946年1月24日、当時の首相、幣原喜重郎が占領軍司令官・マッカーサー元帥を初めて訪問して会談したおり、幣原は「世界中が戦力を持たないという理想論」を語り始め、「戦争を世界中がしなくなる様になるには、戦争を放棄するということ以外にはない」と述べ始めた。マッカーサーがこの言葉に痛く感激して立ち上がり、幣原の手を握って「その通り」だと言い出したとのこと。マッカーサーの異常に積極的な反応に、幣原自身が驚いたという説明である（1）。

もう1つの説明は、1951年2月下旬になって、秘書役の平野三郎が幣原に2時間にわたる「戦争放棄条項等の生まれた事情」について聞き取りを行った際に述べた内容を平野がまとめた記録に基づくものである。この平野記録によると、上記のマッカーサーとの会談で、幣原は単に理想としての非戦論を述べたのではなく、「戦争放棄」と「軍備全廃」の2つの案をマッカーサーにはっきりと「直訴」し、これをマッカーサーが積極的に受け入れたというものである（2）。

憲法改正にはどちらかといえば消極的であった幣原が、「戦争放棄」と「軍備全廃」をマッカーサーに「直訴」したという説には無理があるように思えるのであるが、いずれの説も、幣原自らが書き残した記録ではないので、どちらが真実であるかどうかは分からない。しかしいずれの説が事実であったにせよ、幣原との会談で、マッカーサー自身が「戦争放棄条項」を新憲法のための斬新なアイデアとして取り入れようと考えたことは、否定しがたいように思われる。

天皇裕仁を「戦争犯罪／戦争責任」問題から引き離し、彼をなるべく無傷のままにしながら、「天皇制」を脱政治化しながらも温存、維持していくことが、日本の占領政策を円滑にすすめていくため、とりわけ急速に高揚しつつあった共産主義活動とその思想浸透を押さえ込んでいくためには絶対に必要である、というのが占領軍司令官の考えであり、同時に米国政府の一貫した基本政策でもあった。しかし、このときマッカーサーは、天皇問題で2つの極めて憂慮すべき事態に直面していた。

1つは、この年の5月に開廷される予定となっていた極東国際軍事裁判（いわゆる「東京裁判」）で、オーストラリアが裕仁の訴追を強く要望していたことである（3）。オーストラリアは、太平洋戦争で、日本軍に捕虜となった豪州軍将兵に多くの犠牲者を出した。豪州兵の捕虜数は2万2千名近くで、そのうちの7千4百名以上が捕虜として死亡。その死亡率34・1パーセント（3人に1人という割合）は、日本軍に捕らえられた連合軍将兵捕虜の国別の死亡率（例えば英軍24・8パーセント、米軍32・9パーセント）としては最高であった（4）。そのうえ、日本と同じ太平洋地域に位置するオーストラリアは、日露戦争時代から日本を脅威と感じてきたし、この際、日本軍国主義を徹底的に打ち砕いておくべきであると考えていた。そのためには日本軍戦犯全員をもれなく裁判にかける必要があるし、侵略戦争の決定に裁可を与えた裕仁の起訴は、その中でもとくに象徴的な意味をもつ重要なケースであるという認識であった。すなわち、天皇裕仁が安泰である限り日本人は本質的には変わらないのであり、日本の旧政治社会体制を徹底的に解体するには裕仁を有罪にしなければならない、というのがオーストラリア政府の信念だったのである。こうした政策から、オーストラリアは、上記の幣原・マッカーサー会談の2日前の1月22日に、裕仁の名前を加えた戦犯候補者リストを連合軍戦争犯罪委員会に提出していたのである。実は、オーストラリアは、前年10月にも同じリストを連合軍戦争犯罪委員会に提出し、採択するように迫っていた（5）。

こうした状況に対処する形で、この会談の翌日25日に、マッカーサーは、過去10年間、裕仁が戦争政策を含む政治決定に関与したという証拠はなく、仮に裕仁が訴追されれば日本社会に大混乱を生じさせ、占領軍の大幅増強が必要となり、最小限百万人の兵を無期限に駐留させなければならないような事態も起こりうるとの、かなり大げさな意見書を、ワシントンの参謀総長ドワイト・アイゼンハワーに送っている（6）。

マッカーサーがもう1つ懸念していたのは、前年1945年12月に、米英ソ3国のモスクワ外相会議で、日本占領の最高政策決定機関として、新たに「極東委員会」なるものを設置し、46年2月26日にワシントンで正式発足することが決定されていたことである。この極東委員会の構成国は、米国、英国、ソ連、中国、フランス、オランダ、カナダ、オーストラリア、ニュージーランドの連合諸国の上に、インドとフィリピンを加えた11ヶ国、すなわち、東京裁判の構成国と全く同じであった。これらの構成国の中では、オーストラリアだけではなく、ソ連、ニュージーランド、カナダ、オランダも、裕仁の戦争責任免責や天皇制温存に否定的な考えを持っていた。しかも、同委員会の権限には、戦犯裁判の政策決定や、「憲政機構の根本的変更」、つまり憲法改正案の作成なども含まれていたのである（7）。

したがって、この極東委員会が戦犯裁判政策や憲法改正案作成に関する議論を具体的に開始する前に、裕仁の「不起訴＝免罪・免責」と「新憲法による天皇制維持」の両方を、占領軍司令官としていまだ絶対的な権限を有している自分の手で確定してしまっておくことが、マッカーサーにとっては急務であった。この確定に失敗すれば、天皇制廃止が極東委員会によって要求される可能性はひじょうに高いと、彼が恐れたことは間違いない。そのためには、天皇裕仁が本来は「平和主義者」であるということを強く表明し、同時に、将来その天皇の権限が政治家や軍指導層に政治利用されるような可能性を完全に除去しておく必要があると彼は考えていた。その決定的手段として、連合諸国が驚嘆するに違いない「戦争放棄条項」を新憲法に盛り込むことがひじょうに有効であることを、彼は幣原との会談で突然思いついたのである。これならば、後日、極東委員会も裕仁不起訴と天皇制維持を追認せざるをえないであろうとマッカーサーは思ったのであろう。すなわち、「戦争放棄条項」のアイデアは、幣原との会談で彼が思いついた「裕仁免責と天皇制存続」のための文字通りの名案だったのである。マッカーサーは、幣原の提案というよりは、自分の名案に感激したわけである。

この会談で、マッカーサーが幣原に、天皇制維持の必要上から「戦争放棄条項」を新憲法に盛り込む考えを支持あるいは提案したことは間違いないようである。このことは、翌日の1月25日、幣原が裕仁に拝謁して、前日にマッカーサーと会談し、「天皇制維持の必要、及び戦争放棄等につき談話した旨の上奏を受けられる」との内容が、『昭和天皇実録』に記されていることからも明らかである(8)。

当時、幣原内閣は、松本烝治・国務大臣を委員長とする憲法問題調査委員会(いわゆる「松本委員会」)を設置して、憲法改正のための調査研究を行っていた。この松本委員会は、美濃部達吉、清水澄、野村淳治を顧問に、憲法学者である宮沢俊義(東京帝国大学教授)、河村又介(九州帝国大学教授)、清宮四郎(東北帝国大学教授)や、法制局幹部の入江俊郎、佐藤達夫らを委員として組織されていた。この委員会の意見として、前年の12月8日には、松本が「憲法改正4原則」なるものを衆議院予算委員会ですでに公表していた。その4原則とは下記のようなものであった(9)。

1　天皇が統治権を総攬するという大日本帝国憲法の基本原則は変更しない。
2　議会の権限を拡大することで、天皇大権に関わる事項をある程度制限する。
3　国務大臣の責任を国政全般に及ぼし、国務大臣は議会に対して責任を負う。
4　人民の自由および権利の保護を拡大し、十分な救済の方法を講じる。

すなわち、この4原則は、改正憲法では基本的に明治憲法を継承し、天皇の統治権を存続させながらも、国会と国務大臣の権限を拡大させることで天皇の権限にある程度制限を加え、国民にも自由権を持たせるというもので、実際には明治憲法を少しばかり修正するという方針の確認にすぎなかった。しかも、天皇の統治権と権威に関する憲法第1条から4条には全く変更を加えないという方針であった。ただし、軍の統帥権の独立は認めずに国務大臣の責任とし、戒厳・非常大権は廃止するとした。この4原則に基づき、松本委員会は「憲法改正要綱」（いわゆる「松本試案」）を作成し、1946年1月26日の調査会で他の案とも比較しながらこれを検討。内閣も1月30日から2月4日にかけて臨時閣議を連日開いて検討を続けた。幣原首相や複数の閣僚からは、GHQの意向に配慮して軍隊に関する規定は削除したほうが良いのではないかという意見が出されたが、松本は、将来「国防軍的なものができたときに憲法を改正するのは適当ではない」と主張して受け入れなかった(10)。2月1日には、『毎日新聞』がこうした松本委員会の動きをスクープ報道した（実際には、日本政府側の動きを把握していた占領軍総司令部GHQからのリークによる結果と思われる）。2月7日には松本がこの試案を裕仁に奏上し、翌日8日にGHQに提出。日本政府側としては、GHQの反応を確認した上で、具体的な憲法草案の作成にとりかかろうという計画であった。

ちなみに、裕仁は、2月7日に松本から奏上を受けた「松本試案」に対して否定的な意見であることを、2月12日に木下道雄侍従次長に述べている(11)。これは、幣原からマッカーサーとの会談の内容についてすでに1月25日に報告を受けていた裕仁は、明治憲法第1条〜4条をそのまま残す形での「天皇制維持」という松本試案では、GHQにも他の連合諸国政府にもなかなか受け入れがたいであろうことを予測していたと思われることを暗示している。かといって、裕仁がGHQになんら抵抗しないで、後述するGHQ側の草案、すなわち「マッカーサー草案」を素直に受け入れたわけではない。裕仁ならびに宮内庁官僚たちも、松本委員会同様に、できるだけ明治憲法体制の枠組みを維持しようと考え、GHQ草案が幣原内閣より内示された後も、政府側に具体的に様々な修正要望を伝えていた。また、後述する「天皇の国事行為」に関する規定についても、当初は、裕仁は政治決定権の全くない「国事行為」を「国務」に関する行為と誤解しており、明治憲法第55条の「内閣の輔弼に基づく行為」と同様にとらえていたようである。

ここで明らかなことは、裕仁自身はもちろん幣原内閣の閣僚たちも、自分たちの「戦争責任」については ほとんど真剣には考えていなかったということである。15年にもわたる長期の戦争で自国民のみならずアジア太平洋地域の数千万人という住民の命を犠牲にしたことに対する深い自責の念に基づいて、いかに日本の政治・経済・社会構造と国家理念を抜本的に改革すべきか、ということを寸考すらせず、もっぱら既存の天皇支配体制に対する修正をいかにして最小限にとどめるかという思案ばかりにとらわれていたことが判明する。

裕仁には一切戦争責任がないという政府見解を明示しておく必要があったため、1945年11月15日、幣原内閣は以下のような「戦争責任に関する件」という閣議決定を行っている(12)。

第一、一般通則

(2)天皇陛下に於かせられては飽く迄対米交渉を平和裡に妥協せしめられんことを御軫念あらせられたること。

(3)天皇陛下に於かせられては開戦の決定、作戦計画の遂行等に関しては憲法運用上確立せられ居る慣例に従わせられ、大本営、政府の決定したる事項を却下遊ばされざりしこと。

第二、細則

(1)飽く迄日米交渉の円満妥協結方を政府に御命令あらせられ最後の段階に至るまでこれを御軫念あらせられしこと。

(2)開戦の決定、作戦計画の遂行等に付いては統帥部、政府の決定したるものを憲法上の慣例に従わせられ之を却下遊ばされざりしものなること。

（3）真珠湾攻撃以前に於いて海軍幕僚長より初期作戦の大綱に付きては聞き及ばれたるも実施細目に関しては報告を受け居られざりしこと。

つまり、裕仁はあくまでも平和を希求していたのだが、軍部や政府が決定したことに従わざるをえなかったという神話を幣原内閣は作り上げ、これを公式決定としたのである。しかし、これが神話であったことは、防衛庁防衛研究所戦史部が編纂した膨大な戦史叢書に含まれている多数の記録からも明らかである。とりわけ、統帥部からの上奏に対して与えた「御下問」や「御言葉」を通して、彼が戦争指導・作戦指導に深く関わっていたことは否定しがたい事実であることは明白であるし、1941年12月の対連合国開戦の決定過程では、裕仁が最終的には決定的に重要な役割を積極的に果たしたことは、当時の内大臣・木戸幸一の日記を見てみれば一目瞭然である(13)。ところが、アメリカ側も、占領政策遂行のためにできるだけ天皇を利用する目的で、日本政府が創作したこの神話をそのまま受け入れただけではなく、大いに利用したことは次章で詳しく説明する通りである。

一方、マッカーサーは、憲法改正作業をこのまま日本政府にまかせておくならば、憲法改正案自体もとうてい受け入れられるようなものにはならないし、極東委員会発足の2月26日までに間に合わなくなると焦った。しかも、3月に入ると東京裁判開廷準備が本格的に動き出し、被告人の最終選定も始まる。そこで、彼はGHQで憲法草案を急遽起草することを2月3日になって決定し、憲法改正にとって最も重要な原則としての3原則なるものを作成して、GHQの憲法草案起草責任者に指名した民生局長コートニー・ホイットニー准将に手渡した(14)。これが、「マッカーサー憲法3原則」と呼ばれるものであるが、下記はその全文である。

1 天皇は国家の元首の地位にある。皇位は世襲される。天皇の職務および権能は、憲法に基づき行使され、憲法に表明された国民の基本的意思に応えるものとする。

2 国家の主権的権利の発動たる戦争は、廃止する。日本は、紛争解決のための手段としての戦争、さらに自己の安全を保持するための手段としての戦争をも、放棄する。日本はその防衛と保護を、今や世界を動かしつつある崇高な理想に委ねる。日本が陸海空軍を持つ権能は、将来も与えられることはなく、交戦権が日本軍に与えられることもない。

3 日本の封建制度は廃止される。貴族の権利は、皇族を除き、現在生存する者一代以上には及ばない。華族の地位は、今後どのような国民的または市民的な政治権力を伴うものでもない。予算の型は、イギリスの制度に倣うこと。

このマッカーサー3原則のうちの第2原則が、言うまでもなく日本国憲法の9条のオリジナル版であるが、ここでは自衛目的のための戦争発動の権利すら否定されている。このアイデアが、果たしてマッカーサー自身のものであったのかどうかを確認できるような資料は存在しないようである。マッカーサーが民政局の若手スタッフの意見を求め、スタッフがその応答の中でマッカーサーの原案に加筆したものではなかろうか、というのが筆者の推測である。

マッカーサーの命令の下、ホイットニーは25名の民政局スタッフのうちの21名によって構成される憲法起草チームを2月4日に立ち上げ、極秘裏のうちに上記「3原則」に基づく起草作業を開始した。これらの民政局スタッフは、みな「日本民主化」という理想主義に燃えた、若手のいわゆる「ニュー・ディーラー」と呼ばれる進歩的な知識人たちであった。弁護士の資格を有する者が多数いたが、憲法学を専攻した者は皆無であったため、日本の主要な各政党や民間団体が作成していた憲法草案や世界各国の憲法を参考に、それらを比較検討しながらの起草作業が昼夜を徹して行われた。とりわけ、天皇制を象徴的なものとして残しつつ、国民主権の原則と直接民主主義的な諸制度を採用するという「憲法研究会（メンバーは高野岩三郎、室伏高信、森戸辰男、岩渕辰雄など）」の草案が、憲法第1章の作成のための参考として重要視されたと言われている（ちなみに、後の日本国憲法9条につながるような「戦争放棄」の提案は、各政党や民間団体が作成した草案には全く見られなかった）。2月10日には、92条からなる草案がマッカーサーに提出された。マッカーサーが一部修正の指示を出した上でこの草案が了承され、2月12日に最終草案（いわゆる「マッカーサー草案」）が完成された。

翌日2月13日には、2月8日に日本政府側がGHQに提出した松本試案に対するGHQ側からの回答を受けるということで、松本委員長の他に吉田茂外相、白州次郎終戦連絡中央事務局参与が、ホイットニーをはじめとする民政局スタッフとの会議に出席した。ホイットニーは、開口一番、日本側の案は全く受け入れられるような内容ではないので、こちらで草案を作成したと述べ、「マッカーサー草案」を提示。同時に、裕仁を戦犯容疑で取り調べるべきだという強い要求が他国からあり、この圧力がますます強くなっているが、マッカーサー元帥は天皇を守ろうという固い決意であるとホイットニーは伝えた。そのうえで、「マッカーサー草案」が受け入れられるならば、裕仁の安泰は確保されるとも主張。すなわち、憲法第1章と2章9条（「マッカーサー草案」では、第1章は7条から成っており、したがって現在の9条は8条となっていた）は、「裕仁訴追」を避けるために、最初から政治的に組み合わされた1セットとして考案されたものであるということが、ここでアメリカ側から明らかにされたわけである。日本側にこの「マッカーサー草案」を受け入れさせるために、このときホイットニーは、冗談半分ではあるが、松本、吉田、白州がこの草案に目を通している間に、「我々は原子力陽光（atomic sunshine）の日光浴をしてきた」と述べて、「こちらには原爆という強力な兵器がある」ということを誇示することで間接的に日本側に圧力をかけたのである。ホイットニーとしては冗談半分だったかもしれないが、日本側にとっては恫喝まがいの表現として受け取られたのであろう(15)。

ところが日本政府側はそれでも「マッカーサー草案」受け入れには消極的で、2月18日には、GH

Qに松本が準備した「憲法改正案説明補充」を提出して再考を求めた（その理由の1つには、上述したような裕仁の「マッカーサー草案」に対する不満があったと思われる）。しかしホイットニーはこれを即刻拒否して、48時間以内に内閣が「マッカーサー草案」の受け入れを決定するように迫った。21日、幣原が再びマッカーサーと会見し、マッカーサーの意向を再確認した上で、結局、22日の閣議で「マッカーサー草案」に基づいて日本政府案を作成することを決定した。幣原との2回目のこの会談で、マッカーサーは、裕仁免罪・免責に対しては「南（オーストラリア、ニュージーランド）と北（ソ連）からの反対がある」（国名は引用者による付加）と述べ、東京裁判での裕仁訴追を避け天皇制を存続させるためには、「天皇象徴制」と「戦争放棄条項」を含むGHQ案を受け入れるより他に手段はないということをあらためて強調したようである。かくして、GHQからの強い督促の下、2月26日から開始されたGHQ案に基づく日本政府案作成は急ピッチで進められ、草案完成は、当初予定されていた3月11日を大幅に繰り上げる3月2日となった(16)。

この「3月2日案」をめぐって、さらに日本政府とGHQ側との間で交渉が行われ、最終的に作成された「憲法改正草案要綱」が3月6日に公表された。同時に、裕仁が「勅語」を発表して、「進ンデ戦争ヲ放棄シ……人格ノ基本的権利ヲ尊重スルノ主義ニ則リ憲法ニ根本的ノ改正ヲ加ヘ以テ国家再建ノ礎ヲ定メム……」と述べた。しかし、この「勅語」原稿を準備したのはGHQと日本政府法制局であり、これによって、裕仁が平和と人権を尊重するこの新憲法の制定を積極的に望んでいるのだということを表明させるためにGHQが画策したものであった。裕仁自身は、勅語発表の前夜に、「事ここに至った以上、自分としては特別の意見はない。内閣の考え通りとりはかられたい」と幣原たちに述べていることからも推察できるように、GHQ案に基づく憲法改正案を積極的に評価したのではなく、一種のあきらめの境地でこれを受け入れていたものと考えられる(17)。

上述したように、まさにこの時期、東京裁判開廷準備作業が始まっており、3月2日には各国検事・検事補によって構成される執行委員会が立ち上げられ、4日にはこの執行委員会の最初の会議が開かれ、11日からは具体的に被告人選定作業が開始される予定となっていた。したがって、マッカーサー自身も3月6日には、日本政府作成の「憲法改正草案要綱」をワシントンの極東委員会に送ると同時に、「余は今日、余が全面的に承認した新しき且つ啓蒙的なる憲法を日本国民に提示せんとする天皇並びに日本政府の決定について声明し得る事に深き満足を表明するものである」というメッセージを発表して、裕仁が全面的且つ積極的に新憲法案を支持しているかのごとくの印象を与えることで「裕仁免罪・免責」に努力したのであった(18)。

裕仁自身もまた、訴追を避けるために様々な行動をそれ以前にもとっていたが、そうした対策の1つとして、3月18日から4月8日にかけて合計5回、8時間あまりを使って、「15年戦争」における様々な出来事にコメントする形で、自分には戦争責任がないという弁明を松平慶民・宮内大臣や木下侍従次長ら数人の前で行い、その内容を寺崎英成・御用掛に筆記させていたことは周知のところである（いわゆる『昭和天皇独白録』）。この「独白録」は、裕仁が万が一、東京裁判で審問される場合を想定して、訴追回避の準備として作成されたものであり、史実とはかなり異なっていることはあらためて説明するまでもない(19)。

以上が、「平和憲法」作成の歴史的背景の概要である。しばしば、日本国憲法は米国からの「おしつけ憲法」であったという主張が改憲派によってなされるが、以上のような憲法作成の歴史過程を踏まえるならば、事実は「裕仁／天皇制救出憲法」と称すべきものであった。したがって、日本国憲法は「おしつけられた」結果の「妥協の産物」などではなく、本質的には「日米合作」と称すべきものであった。しかも、憲法草案の基礎となった「マッカーサー草案」には、当時の大半の日本人の想いを反映する幣原の「不戦」の願いや、在野の「憲法研究会」作成による「憲法草案要綱」に含まれていた民主主義的思想が強く反映されており、それらはまた、明らかに最終的には新憲法にも色濃く反映されたからである。この新憲法案は帝国議会の衆議院、貴族院の両院で圧倒的な大多数で可決されており（衆議院では賛成421票、反対8票）、大多数の国民の支持を受けたことも事実である。

にもかかわらず、重大な問題は、憲法第1章1条〜8条と2章9条が、裕仁の「戦争犯罪と戦争責任」を帳消しにするために設定されたという、この厳然たる事実である。一国の憲法が、その国家の元首の個人的な「戦争犯罪・責任の免罪・免責」を意図して制定されたこと。憲法第1章で規定された国家元首の、本来は問われるべき戦争犯罪責任を、第2章9条の平和条項で隠蔽してしまったこと。このような形で制定された国家憲法は、人類史上、また各国現行憲法の中でも、日本国憲法以外に世界のどこにもないのではなかろうか。そのことと、その憲法が70年以上にわたって「民主憲法」と解釈され、その「国民主権」国家の「民主主義」政治体制の根幹とみなされてきたこととの関係を、我々はどう考えたらよいのであろうか。つまり、筆者が問いたいのは、「絶対的権力を保持していた国家元首の戦争犯罪・責任の免罪・免責の上に制定された民主憲法が、果たしてどこまで真に民主主義的であるのか?」ということである。

憲法設定にあたっての第1章1条~8条と2章9条この決定的矛盾は、裕仁個人が戦争責任を自覚していなかったのみならず、「確固たる平和主義、民主主義を打ち立てるためには、侵略戦争に対する深い反省、すなわち戦争責任の徹底的追及が不可欠である」という強い自覚が、当時の保守政権指導者たちはもちろん、政治家全般の間で十分に共有されていなかったこととも、もちろん深く関係している。さらには、憲法9条設置を強く要求したGHQも、その設置の重要な目的を裕仁と天皇制の戦争責任の無効化においていた。したがって、こうした日米両方の「戦争責任追及」への甘さが、憲法設定、とりわけ9条設定の過程で、9条に「戦力行使」の可能性をなんとか残そうという画策を生み出してしまったのも不思議ではない。以下、その過程を簡潔にたどってみよう。

(2) 戦争責任意識の希薄性がもたらした憲法9条「非戦・非武装」の抜け道

上述したように、憲法9条が、「マッカーサー憲法3原則」の第2原則をできるだけ忠実に反映しようとする形で書かれたことは誰の目にも明らかなところである。しかし、2つを並べて比較してみると、微妙な違いがあることに気がつく。

マッカーサー第2原則

国家の主権的権利の発動たる戦争は、廃止する。日本は、紛争解決のための手段としての戦争、**さらに自己の安全を保持するための手段としての戦争をも**、放棄する。日本はその防衛と保護を、今や世界を動かしつつある崇高な理想に委ねる。日本が陸海空軍を持つ権能は、将来も与えられることはなく、交戦権が日本軍に与えられることもない。

憲法9条

1 日本国民は、正義と秩序を基調とする国際平和を誠実に希求し、国権の発動たる戦争と、武力による威嚇又は武力の行使は、**国際紛争を解決する手段としては**、永久にこれを放棄する。

2 前項の目的を達するため、陸海空軍その他の戦力は、これを保持しない。国の交戦権は、これを認めない。（強調：引用者）

マッカーサー第2原則では、「自己の安全を保持するための手段」、すなわち「自衛目的」のための戦争を含むあらゆる戦争行為を違憲行為とみなすことが明文化されていた。ところが憲法9条の最終版では、この「自己の安全を保持するための手段としての戦争をも、放棄する」という言葉が削除され、「国際紛争を解決する手段としては、永久にこれを放棄する」という表現に変えられた。さらに憲法9条ではマッカーサー第2原則が2項目に分けられ、第2項の冒頭に「前項の目的を達するため」という言葉が付加されている。すなわち、「国際紛争を解決する手段としての戦争目的では、軍隊は保有しないし、戦争も行わない」という内容になっている。いったいなぜこのような修正が、誰によって行われたのであろうか。

上述した「マッカーサー草案」の作成に従事したGHQ民政局スタッフ・チームの統率に実際に当たったのは、民政局長ホイットニーの部下、チャールズ・ケーディス行政課長、マイケル・ラウエル法規課長、アルフレッド・ハッシーの3人であった。占領政策研究者として著名な竹前栄治が1984年に行ったケーディスへの個人インタヴューの中で、ケーディスは「自己の安全を保持するための戦争」を「マッカーサー草案」作成段階で削除したのは彼自身であったことを認めている。その理由については、法律的な観点からというよりは、自衛権や自衛戦争の放棄は非現実的であると考えたからであると彼は述べ、自衛戦の具体的な可能性としてソ連軍による北海道への侵略を挙げている。しかしながら、このような重要な削除は、ケーディスが提案したにせよ、最終的にはホイットニーやマッカーサーの同意なしには決定できなかったものと想像できる。ケーディスの理由説明に対し、竹前が、当時の国会で憲法9条が議論されたとき、吉田茂首相は「満州事変を含む、従来の侵略戦争は大抵、自衛の名において戦われたから、憲法9条は自衛戦争の放棄をも含む」という内容の答弁をしたことを指摘。これに応えて、ケーディスは、当時は自分もまた吉田の説明を引用して公的には吉田の解釈を支持したが、それは当時の「大きな圧力」（その詳細については後述）のゆえに本心を表明できなかったからであると告白している(20)。ということは、GHQ側の隠された意図に基づいて「自己の安全を保持するための戦争」という表現を削除したにもかかわらず、9条の文面だけから見れば、「自衛のための戦争」をも否定していると解釈するのが自然であると見なすべきなのである。

「マッカーサー草案」に基づいて1946年3月2日に日本政府側が作成した草案では、憲法9条は「戦争ヲ国権ノ発動ト認メ武力ノ威嚇又ハ行使ヲ他国トノ間ノ争議ノ解決ノ具トスルコトハ永久ニ之ヲ廃止ス。陸海軍其ノ他ノ戦力ノ保持及国ノ交戦権ハ之ヲ認メズ」となっていた。3月7日、日本政府の憲法改正草案要綱が日本全国の各新聞で発表されたが、ほとんどの新聞社説や各政党ならびに識者の意見は草案要綱を歓迎・支持するものであり、反対したのは共産党と一部の急進派だけであった。保守党である自由党や進歩党すら、憲法草案の内容が自分たちが作成した草案とは著しく異なっていたにもかかわらず、賛成を強く表明した。全体的に新聞の論調は、これで天皇制問題は解決済みと見なし、戦争と軍事力の放棄についても圧倒的な支持が表明され、自衛のための戦争遂行と軍備保有が許されるのかどうかという問題はほとんど全く取り上げられなかった。すなわち、GHQの意向にもかかわらず、これまた当時の日本国民のほとんどが憲法9条案の内容を、「自衛目的を含むいかなる形での戦争行為も軍事力保持も許されない」と理解したものと想像できる。ケーディスが述べた「大きな圧力」とは、9条を無条件での戦争の全面的放棄と捉えた、この圧倒的多数の日本国民の意識を指していたものと思われる。

ちなみに、この日本政府草案が発表された直後に毎日新聞が（沖縄を除く）全国の2千名の「有識階級」を対象に行った世論調査では、「戦争放棄の条項を必要とする」の支持者が70パーセントであり、そのうちの8割が9条案に「修正の必要なし」と答えており、自衛権留保規定を挿入すべきであるなどの修正を支持したのは2割を切った(21)。戦争をもっぱら自分の直接体験という観点から捉え、「国家の権利」などという高度な政治問題として深く考えたこともなかった一般市民の間では、おそらく9条案に無条件で賛成する割合はもっと高かったものと思われる。

だからと言って、敗戦直後の日本国民の大多数が、自分たちが遂行した侵略戦争に対する痛切な反省に裏付けられた確固とした平和理念に基づく強い反戦意識を抱いていたとは言えず、むしろそれは「2度と戦争であのような辛い目にはあいたくないし、戦争には巻き込まれたくない」という、もっぱら被害者意識に立った厭戦気分と称すべき大衆意識であったことは間違いないであろう。すでにこの時点で、戦争責任を強く意識した上での自発的な反戦・平和構築活動に対する積極性が見られないことを懸念して、森戸辰男は、憲法改正草案要綱発表の5日後の3月12日の朝日新聞の評論で次のように警告を促している。憲法9条を「過去の軍国主義的罪悪に対する懺悔と言ったもの」として理解すべきこと、すなわち「改正憲法の光輝ある条章として誇るよりも、敗戦国家としてその軍国主義的罪悪に加えられている刑杖として受け取るべき」であり、「昨日までの軍国国家が憲法の改正によって、直ちに光栄ある平和国家に早変わりできるというような安易な考え方に陥ってはならない」と(22)。すなわち、国民的規模での戦争責任の深い内面化なしに、9条を憲法条項として設置しただけで直ちに日本が平和国家に生まれ変わるなどということはありえないと喝破したのである。にもかかわらず、敗戦直後の全国的に見られた強烈な被害者意識＝厭戦気分が、憲法9条を無条件で全面的に受け入れ且つ支持する国民的基盤となっていたことは明白な事実であった。

4月17日の段階で口語体に変えられた憲法改正草案は、6月8日の枢密院での可決を経て、6月20日に衆議院に提出された。6月28日には芦田均（自由党）を委員長とする帝国憲法改正委員会が設置され、7月1日から審議を開始して7月23日に一応の質疑を終えたあと、修正案を協議するための小委員会が設けられた。7月25日から8月20日まで10数回行われたこの小委員会での協議では、12ヶ所にわたる修正が提案されたが、その1つが9条であった。その結果、9条第1項に「日本国民は、正義と秩序を基調とする国際平和を誠実に希求し」を冠し、「他国トノ間ノ争議ノ解決ノ具トスル」を

「国際紛争を解決する手段としては、」という表現に変えた上で、第2項に「前項の目的を達するため、」を加えたのである。「日本国民は、正義と秩序を基調とする国際平和を誠実に希求し」という表現が加えられたのは、「原案のままでは日本がやむを得ず戦争を抛棄するような感じを与え、自主性に乏しい」という批判からであった。この批判は、後述する憲法前文の内容とのバランスを考えて出てきたものと思われる(23)。

他の修正提案を行ったのは芦田自身であったが、彼はその理由を、「第2項の冒頭に『前項の目的を達するため』という辞句を挿入することにより、原案では無条件に戦力を保有しないとあったものが、一定の条件の下に武力を持たないことになる。日本は無条件に武力を捨てるのではない」、「従って戦力を保持しないというのは絶対にではなく、侵略戦争の場合に限る趣旨である」と説明した。つまり、「国際紛争を解決する手段としての戦争」の中に「自衛のための戦争」は入らないという意味を含ませたと、芦田をはじめ、芦田の修正提案に賛成した大多数の憲法改正小委員会の委員たちは考えたわけである。ケーディスも、即刻、芦田のこの修正案をなんのためらいもなく了承した。興味深いことには、「マッカーサー草案」のうちの「自衛戦争の放棄」に関するという表現を削除した文章に基づく日本政府（松本委員会）の9条案を読んだ芦田もまた、「原案では無条件に戦力を保有しないとあった」と述べていることから、ＧＨＱ側の意図を全く理解していなかったことが分かる(24)。

「軍事力使用による自衛権までをも放棄すべきではない」、あるいは「9条規定の『交戦権』には自衛権による戦争は入らない」と言う意見が、枢密院でも衆議院、貴族院の審議でも出されたことは事実である。芦田の9条修正提案が衆議院でも貴族院でも賛成多数で可決されたこともまた、否定しがたい事実である。にもかかわらず、吉田内閣の当時の日本政府の公式見解は、「戦争抛棄に関する規定は、直接には自衛権を否定していないが、一切の軍備と国の交戦権を認めていないので、結果において自衛権の発動として、本格的な戦争はできないことになる」というものであった。この公式見解に基づいて、前述したように、吉田自身も、「第9条2項に於いて一切の軍備と国の交戦権を認めない結果、自衛権の発動としての戦争も、又交戦権も抛棄したものであります。従来近年の戦争は多く自衛権の名に於いて戦われたのであります。満州事変然り、大東亜戦争又然りであります」（強調：引用者）と、国会で答弁した(25)。一方では芦田の修正説明を国会審議で聞き、小委員会の修正提案を受け入れておきながら、他方、国会答弁では「日本は自衛権の発動としての交戦権も軍事力保有も抛棄した」という内容の意見を、吉田は首相としてははっきりと述べるという全く矛盾した対応を堂々と見せた。しかし、国会答弁の内容が彼の本心でなかったことは、GHQに対して10万人の陸軍創設構想を、その答弁の10ヶ月後に、すなわち1946年11月3日の憲法施行の1ヶ月も前に行っていることからも明白である(26)。つまり、憲法9条の絶対平和主義をあくまでも尊重し守ろうという気概は、吉田をはじめ政府閣僚や保守政党議員には、憲法草案作成の段階からなかったと言ってよいのである。

かくして、アメリカ側も日本側も、9条の文面に小細工を加え、なんとか「自衛権発動による戦争遂行の国家権利を否定したものではない」という意味合いを暗に含ませようと苦心した。ところが、そのような政治的背景を知らずに9条の条文を素直に理解しようとした国民の大多数にとっては、「戦争」は、それがどのような理由から始められようと、国際紛争によって起きるものであるし、「交戦権」とは、いかなる理由によるものであろうと、国家が戦争を行う権利のことを指していると理解するのがごく自然なことであった。すでに述べたように、「戦争には2度と巻き込まれたくない」という強烈な厭戦気分が日本国民の圧倒的多数の間で共有されていた戦後直後のこの時期に、新憲法で「自衛のための交戦権」を明文化し、将来再び戦争が起きる可能性を示唆することは、国民の間に強い反政府運動を巻き起こす要因を政府の側から提供することを意味していたであろう。裕仁の戦犯訴追を避け、天皇制を維持するために早急に新憲法を発布したいＧＨＱと日本政府にとっては、そのような事態はなんとしても避けなければならなかった。それがケーディスが述べた「大きな圧力」だったのであり、そのような「圧力」にＧＨＱも吉田内閣もその時点で抗することは避け、表向きは「自衛のための交戦権も軍事力保有も新憲法では認められない」という説明に終始したわけである。

しかもそれは、将来、政治的状況が変われば、解釈を都合よく変えるための事前工作を、日米両国が暗黙のうちに共同で行った結果だったのである。かくして、誰の目にも明らかな、無条件での非戦・非武装主義という条項内容を持つ9条案にもかかわらず、その9条案が裕仁の免罪・免責と相殺される形で設定され、しかも戦争責任の真摯な内面化を全く欠落させた政治家たちによって、恣意的に且つ彼らの真意を隠蔽する形で「修正」された。したがって、国民が政府に対してこの条項内容をあくまでも遵守するように要求することを常に続けていかない限り、骨抜きにされる危険性を9条は最初から抱えていたのである。

憲法9条が無条件で戦争放棄を唱っているという解釈は、当時の代表的な憲法学者にとっても同じであったことは全く不思議ではない。例えば、幣原内閣下での憲法問題調査委員会（いわゆる「松本委員会」）の顧問を務めた美濃部達吉は、1947年に出版した自著『新憲法概論』で、「何れの国の国法と雖も、侵略的の戦争は之を行わない旨を規定して居るとしても、自衛的の戦争の権利をまでも抛棄する旨を規定して居る例は、全く之を見ない」と述べ、9条が明らかに自衛目的の交戦権を否定しているという前提に立って議論を行っている。「松本委員会」で委員を務めた宮沢俊義も、やはり1947年に出版した『あたらしい憲法のはなし』の中で、「新憲法は侵略戦争ばかりでなく、どんな戦争でも戦争というものを全部否認している。いわゆる自衛戦争 ― すなわち、外国から攻められたときに自分の国を守るためにはじめる戦争 ― も、やってはいけないというのである。徹底した無抵抗主義である」と、美濃部と同じ解釈であることを表明している(27)。同じく1947年出版の著書『戦争の放棄』の中で、後に第3代最高裁判所長官を務めた国際法学者・横田喜三郎が、「交戦権否定」に注目して行った以下のような説明は、最も簡明で適切であるように思われる(28)。

この交戦権に関して、非常に重要なことは、いかなる条件も制限も加えられていないということである。……いかなる目的とか、いかなる手段としてとかいうことを全くいっていない。したがって、あらゆる場合において、交戦権を認めない意味だということになる。つまり全面的に戦争する権利を認めないのである。単に国際紛争を解決する手段としてばかりではない。ほかのいかなる場合にも、絶対に戦争する権利を認めないのである。

極めて皮肉なのは、森戸辰男が主張したように、日本国民が自分たちの「軍国主義的罪悪」、すなわち戦争責任を深く認識し内面化した時、はじめて実質的な力を発揮するはずの「非戦・非武装の誓い」である9条が、実は、同じ憲法で「日本国と日本国民統合の象徴」とされた天皇裕仁の重大な戦争犯罪・責任の免罪・免責との相殺という形で設定されたという、この驚くべき事実である。このことの決定的に重要な意味を、我々はもう一度深く考えてみるべきである。

(3)「戦争責任」の自覚に基づく憲法前文と9条の一体的相互関連性

9条の理念が、歴史的にも理論的にも、15年という長期にわたる日本人の戦争体験と戦争責任の深い認識を基盤としていなければならないことは、9条の条項内容だけからでは明晰ではない。9条の絶対的な非戦・非武装主義は、憲法前文で展開されている憲法原理思想の1つである「平和主義」と密接に絡み合っているのであり、したがって、9条は前文と常にセットで議論されなくてはならない。とりわけ、前文の第1段落の「政府の行為によって再び戦争の惨禍が起ることのないように決意し」という文章と、以下の第2、第3段落部分が重要である。

日本国民は、恒久の平和を念願し、人間相互の関係を支配する崇高な理想を深く自覚するのであって、平和を愛する諸国民の公正と信義に信頼して、われらの安全と生存を保持しようと決意した。われらは、平和を維持し、専制と隷従、圧迫と偏狭を地上から永遠に除去しようと努めている国際社会において、名誉ある地位を占めたいと思う。われらは、全世界の国民が、ひとしく恐怖と欠乏から免かれ、平和のうちに生存する権利を有することを確認する。

われらは、いずれの国家も、自国のことのみに専念して他国を無視してはならないのであって、政治道徳の法則は、普遍的なものであり、この法則に従うことは、自国の主権を維持し、他国と対等関係に立とうとする各国の責務であると信ずる。

日本は天皇制軍国主義の下で、アジア太平洋全域で、文字通り「専制と隷従、圧迫と偏狭」を作り出してきた国家であった。これを深く反省し、その責任を痛感し内面化することによって、国家＝政府が再び戦争を起こすことを国民がさせないという決意をここで確認している。その上で、人間相互の平和的関係を構築する上で国際社会に大きく貢献し、そのことで名誉ある地位を占めたいと主張しているのである。さらには、全世界のあらゆる人々（日本語の前文では「国民」となっているが、英語の原文はpeople「人々」である）が平和的生存権を有していることも確認している。つまり、この前文では、日本人が自分たちの政府に戦争を再び起こすことを許さず、世界のあらゆる人間が平和を享受する権利を持っているという認識に立って、国際社会で平和的な人間関係を創り出していくことに積極的に貢献していきたいと主張しているのである。ここには、平和とは人権の問題、生存権の問題であり、地球的・普遍的正義論の問題であり、国際協調主義の問題であることが唱われている。

その意味では、一国の憲法前文でありながら、普遍的、世界的な平和社会構築への展望を展開しているという点で極めて特異な前文と言えよう。この点に注目して、小田実は、この前文を「世界平和宣言」であると主張した。第二次大戦後には、戦時中のホロコーストなどの大量虐殺と人権弾圧の反省から、「世界人権宣言」や「国際人権規約」が作られた。しかしながら、「正義の戦争」という旗を掲げて大量の市民を無差別殺戮（その典型が原爆殺戮）した戦勝国が主導して創設した国連では、「世界平和宣言」を作れるはずがなかった。ところが、日本国憲法の前文には、「世界平和宣言」と呼べる普遍的正義論が含まれている、というのが小田の主張である(29)。憲法学者・樋口陽一も、この前文で取り上げられている「平和的生存権」に触れ、「平和のうちに生存する権利は、いわば、21世紀的人権を日本国憲法が先どりしようとしたものとして、位置づけることができる」と述べ、その先駆性を強調している(30)。

憲法前文がこのような普遍原理を含んでいるのは、実は全く不思議ではないのである。作成に当たったGHQ民政局の若手のスタッフたちが参考にしたのは、「専制と従属、圧迫と偏狭を排除」する努力の重要性を唱ったテヘラン宣言(1943年)や、「恐怖と欠乏から免れ、その生命を全うすることを保障するような平和」の確立の希望を表明した大西洋憲章(1941年)、さらには「人民の人民による人民のための政治」という民主主義の根本的原理に触れるリンカーンのゲティスバーグ演説(1863年)や、「全世界の人々の意見を真摯に尊重する」ことを唱った米国独立宣言(1776年)などであったからである。

確かに、平和を日本一国の問題として考えている限り、平和を実際に構築することなどはとうていできない。ここで主張されているのは、これまた樋口陽一が指摘するように、「きわめて積極的な、国際社会へのはたらきかけのなかで追求されてゆくべき平和主義」(31)ということ、すなわち、ヨハン・ガルトゥングの言う「積極的平和主義」のことである。すなわち、憲法前文では、我々の平和構築への恒常的で積極的な努力が求められているのであり、丸山真男も、我々が「努力する主体」となってこそこの前文で求められている平和が確保されると、1965年の段階で述べている(32)。ガルトゥングの概念を再び応用して換言するならば、ここで我々に要求されているのは、「構造的暴力」に対し「積極的平和主義」で立ち向かうことである(33)。その意味で、憲法前文は単なる思想表明、希望表明ではない。それは、我々に要求されている責任の自覚、侵略戦争で無数の自他諸国民を殺傷した国の市民としての責任自覚と、それに基づく平和構築努力への決意の確認なのである。

さらに、「積極的平和主義」とは、「構造的暴力」に平和的手段で立ち向かうだけではなく、「直接的暴力の否定」、とりわけ「戦争の否定」であり「非暴力平和主義」を世界的規模で推進することでもある。この理念を成文化したものこそが、まさに「絶対的な非戦・非武装」の9条の条項なのである。憲法9条が前文と常にセットで議論されなくてはならないと先に述べたのは、このように9条と前文が密接に絡み合って一体化しているからに他ならないからである。9条と前文は、一体となって、「あらゆる戦争の非合法化」に向けての展望をすら内包しているとも言える。したがって、憲法9条と憲法前文を分離させるならば、平和構築に向けてのこうした複合的アプローチの見取り図と展望が失われてしまう。

ところが、日本政府は、憲法草案作成の段階で、一時、前文を丸ごと削除してしまったことがあった。前述したように、「マッカーサー草案」に基づいて1946年3月2日にGHQに提出した日本政府の草案(いわゆる「3月2日案」)では、いまだ明治憲法に基づく国体護持に固執していた政府は、松本らの判断で、「マッカーサー草案」に付けられていた憲法前文を全て削除してしまっていたのである

(34)。この事実は、松本や幣原、吉田をはじめとする当時の政治家たちが、いかに憲法9条が持つ重要性を憲法前文との関連で理解することに不能であったかを明らかに示している。くり返し述べるが、憲法前文と9条の重要性を認識するためには日本の戦争責任の深い内面化が必要であるから、それは、まさに彼らの戦争責任自覚不能に原因していることを示している。

GHQ側は日本政府に強く迫って前文を復活させただけではなく、国会で否定的に修正される可能性も恐れて、前文の文章を平易に書き直すことは許したが、国民主権主義と平和主義の原理を尊重するその文章内容については修正を一切禁止するという強硬な態度を示した(35)。GHQ側のこの強硬姿勢は、おそらく、平和主義の原理のみならず、前文第1段落で強調している「人類普遍の原理」である国民主権主義の尊重が、天皇制軍国主義を徹底的に解体し日本を民主主義的な平和国家に変貌させたという印象を、日本国内、国外の両方にアピールするためには絶対に必要であると考えていたからだと思われる。

しかしながら、その憲法の第1章にはまず「天皇」についての条項が8条にわたって置かれているにもかかわらず、前文では、戦前・戦中には「直接的暴力」装置の帝国陸海軍の大元帥で、反民主主義的な天皇制軍国主義の象徴的存在であった天皇の地位が、国民主権主義と平和主義の人類普遍原理という観点から見て、どのように変革されたのか、あるいは、「民主化された天皇制」が前文で強調されている国民主権主義と平和主義の普遍原理とどのように関連しているのかについては一切触れられていない。憲法第3章10条から40条にわたる「国民の権利及び義務」は、前文で強調されている国民主権原理を具体的に条文化したものであり、憲法第2章9条が平和主義原理を具現化したものであることは誰の目にも明らかなことである。ところが、順列として最優先されている第1章1〜8条の「天皇」に関する「原理」説明は、前文のどこにも書かれていない。第2章、3章の諸条項を裏打ちしている根本原理については秀逸した理念が展開されているにもかかわらず、第1章については一言も説明がない。これは、本来、形式としてまことにおかしなことなのであるが、このことを指摘する憲法学者の議論に筆者は出会ったことがない。

すでに見たように、この憲法前文で唱われているのは、「人類普遍の原理」としての「国民主権」、全世界の人々が持つ「平和的生存権」、「普遍的な政治道徳の法則」としての「国際協調」というように、全てが、我々が日本人という国民性を超越して、人間として思考し行動するための規範としての普遍原理の理念について述べたものである。あらためて言うまでもないことであるが、「天皇制」は、戦前・戦中は国民主権を否定し、国内外の無数の人々の「平和的生存権」を甚だしく侵害し、国際協調を破壊してきたことから、前文で唱われている「普遍原理の理念」のすさまじい破壊者であった。その天皇制の最高権力者である天皇裕仁の責任をうやむやにした上で、天皇制を存続させる規定である憲法第1条の原理を前文で書くなどということは、あまりにも矛盾しており不条理であったため、不可能だったのである。かくして、天皇裕仁が犯した戦争犯罪の免罪・免責の憲法への影響は、9条だけではなく、憲法前文にも、「書かれていない」という見えにくい形ではあるが、実は表れているのである。

(4) 「主権国家」観念を超える「国家悪」論——大熊信行と小田実

憲法前文と第1章が内包する矛盾は、普遍原理である「平和的生存権」と憲法第1章1条の「日本国ならびに日本国民統合の象徴としての天皇」の間にも、これまた極めて見えにくい状態ではあるが、存在する。なぜなら、「平和的生存権」には国民性という限定はなく、いかなる国の人間であろうと、いかなる民族・人種の人間であろうと、誰もが先天的に有している権利であるのに対して、1条規定の天皇は日本国という単一国家と日本人という単一民族だけを限定的に象徴している存在であるからだ。つまり、ここでの矛盾は、「普遍原理＝国家性否定」と「国家原理＝国家性規定」という、根本的に相反する、解き難い矛盾である。

すでに述べたように、憲法前文の「平和的生存権」を具体的に保障する憲法条項は、明らかに9条である。9条も実は、本質的には国家性規定という国家原理、すなわち「国家権力」を、否定する思想を内包しているのである。国家原理を否定する思想は、9条2項の最後の条文「陸海軍その他の戦力は、これを保持しない。国の交戦権は、これを認めない」の中に含まれている。なぜなら、「国家」

は軍事力を保持し且つ「交戦権」を持ってはじめて「国家」としてその存在を他国から認められるという考えが、第二次世界大戦終結まで絶対的且つ支配的であったし、日本が1946年公布の自国の憲法で「交戦権否定」を表明したあと、現在も世界ではこの考えが圧倒的に支配的である。国際連合も、基本的には武力と交戦権を保持した諸国家の連合という形をとっており、ただ侵略戦争を禁止しているだけである。したがって、逆説的に言えば、「交戦権」を持たない武力組織は「国家」ではない、つまり「テロ組織」と見なされるわけである。その最も典型的な例は、イスラエルとパレスチナの関係であろう。イスラエルがパレスチナを断固として国家として承認しない理由は、パレスチナが独立国家として世界に承認されれば「交戦権」を有するため、その軍事力をイスラエルはもはや「テロ」扱いできなくなるという重大な問題が発生するからである。つまり、パレスチナが国家になれば、イスラエルとパレスチナの間の武力紛争は「戦争」となり、国連が介入することになるため、イスラエルはこれまでのように任意にパレスチナに武力攻撃ができなくなる。同じように、過激派イスラム・テロ集団が「IS（イスラーム）国家」と自称した理由は、「国家」を名乗ることによって交戦権保有を主張し、その武力活動を正当化することにあった。

したがって、国家憲法で「交戦権」を否定しているということは、上記のような考えに照らすと、自国の憲法で、自国が国家組織ではないことを本質的には唱っているという摩訶不思議な憲法なのである。しかしながら、憲法9条のきっかけを作った幣原喜重郎も、それを全面的に支持し具体化した占領軍最高司令官マッカーサーも、さらには9条草案を実際に作成したGHQ民政局スタッフたちも、おそらく、「交戦権否定」に「国家否定」の思想が内在しているなどとは、当初は考えなかったのであろう。ところが、ケーディス行政課長のようなGHQ民政局の管理職にあった者や、草案を議論した当時の国会議員の中には、9条で「自衛権」まで失うことは認められないという信念を持っている者たちがおり、なんとか9条の文言にその考えを残そうと苦心惨憺したわけである。このことは、本人たちははっきり気がついていなかったと考えられるが、実は、9条で「自衛権」を失うことは、「国家」を否定する可能性があるということを無意識ながら感じ取っていたことを示唆している。憲法で「平和主義」を唱えている国家は世界中に多数あるし、軍隊を保持していない国家や侵略戦争を禁止している国家も多数ある。しかし、「交戦権」を憲法で否定している国は唯一日本だけである。

大多数の国民も、9条の条項が国家否定性を内包しているなどとは考えもしなかったであろう。にもかかわらず、このような斬新な憲法条項が大多数の国民から支持された大きな理由の1つは、自分たち自身が無差別空爆殺傷の生き残り被害者（米軍無差別爆撃による日本人の推定死傷者数は102万人、うち56万人が死亡者）であり、とりわけ広島・長崎の原爆無差別大量殺戮という体験を強いられた我々は、今後は、核兵器の使用はもちろん、通常爆撃での無差別大量虐殺を許す国家の「交戦権」そのものを否定しなければ、人類存続そのものが危険であると考えたからにほかならない。

しかし、広島・長崎を含む都市無差別空爆体験を踏まえて設置が支持された日本国憲法9条に、国家否定の思想の内在化を鋭く感知した人がこれまでにいたことは確かである。そのような国家否定思想の内在性をいち早く察知した数少ない知識人の一人は、経済学者の大熊信行であった。大熊は1957年に出版した『国家悪　戦争責任は誰のものか』（当書の半分は1946～48年に雑誌で発表済み）の第1章で、次のように疑問を発した（36）。

> みずから交戦権を放棄した国家。これはいったい国家であるのだろうか。これまでの国家概念からすると、これはもはや国家ではなさそうである。われわれはいわば、国家ならざる国家のなかに生きようとしているのではあるまいか。この驚愕にあまる現実の事態が、もしわれわれ日本人の精神的な内面からの裏づけを欠いているとするならば、その結果はどういうことになるか。もしもこの新憲法の規定が、よそからの借りものであったり、そとからの押しつけであったり、たといそうでないとしても、そうであるかのように、われわれ日本人の精神から遊離したままの規定にとどまるとしたならば、それはどういうことになるのだろうか。
>
> 戦争の放棄。言葉は簡単だが、その意味するところは、個人個人の生活のしんそこまで通らねばならぬものだ。（強調：引用者）

かくして、大熊は、9条は単に国家という存在を否定しているだけではなく、国家存在否定のために、「精神的な内面からの裏づけ」、すなわち「戦争責任」という問題を徹底的に問いつめることを要求しているのだと説く。なぜなら、「戦争責任」を論理的に追及していくことで、「国家の本質」とは何かという問題に必然的に突き当たらざるをえないからだと言う。自分たちの「戦争責任」追及をしないまま、すなわち責任の精神的な内面化をしないまま憲法9条だけを持っても、いったいどうなるのかと、上述した森戸辰男と同じ懸念を、大熊は国家性と戦争責任問題との関連性の視点から表明したのである。残念ながら、大熊や森戸が懸念するような状況は、すでに1950年に自衛隊の前身である警察予備隊が創設され、1951年のサンフランシスコ平和条約・日米安全保障条約が調印されてから以降、ますます深まっていったことは改めて説明するまでもないであろう。

では、国家とは何か。大熊はこの問いに対して、国家とは「戦争をわざとする」権力組織であると定義づけ、それ故に、「戦争のなかにこそ国家の本質が残りなく露出してくる」のだと主張した。本質を突いてはいるが、いまだ概念的に未熟であったこの国家論を、大熊は1958年の論考「国家対人間の基本問題 わが『国家悪』における一つの実践的帰結」の中で、さらに論理化している。そこでは、国家を人間における支配・非支配の政治関係を現実に枠づけている機構と見なし、国家主権とは、「武力を独占し、外に向かって戦争を遂行する権利であり、内に向かって国民ひとり残らずに忠誠服従義務を強制する権利」であると定義づけた。その典型的な例として米国の核兵器をとりあげ、「なぜ、第1、第2の原爆投下によるジェノサイドが、広島・長崎で遂行されたのか。国家主権がそれを命じたからだ。なぜその後やむときなく、原水爆の製造・貯蔵・実験が進行しているのか。国家主権がそれを欲し、それを命じてやむときがないからだ」と、国家主権と武力独占の一体性を説明した(37)。

1963年発表の論考「この制度をまず破壊せよ―国家・戦争そして人間―」の中では、大熊は、「あらゆる国家は暴力のうえに基礎づけられる」というトロツキーの言葉を引用してマックス・ウェーバーが解説した国家と暴力の一体的な関係にならい、国家を次のように定義づけている。いわく、「近代国家を社会学的に定義するには、国家またはそれに準ずる政治団体に特有な、物理的暴力性という特殊な手段の独占者として、これをとらえなければならない。……今日における国家とは、特定の地域の内部において、正当な物理的暴力性の独占を要求し、それを果たしている人間共同体である。つまり国家こそが、暴力性の権利の唯一の源泉とみなされているということ。……国家というものが、平時、戦時をとわず、暴力の機構であることを、指しているのである」(38)

すなわち、全体主義国家であれ民主主義国家であれ、国家だけが軍隊・警察という暴力組織を持ち、人間に対して生殺与奪の権を握っているわけであるが、なにゆえに国家のみに、また、どのような正当性が国家にはあってそのようなことが許されるのかという根本的な批判、換言すれば「国家」という存在を暴力機構として本質的に「悪」と見なすという思想の上に憲法9条は成り立っているというわけである。したがって、大熊は「平和憲法をささえるためには、新しい国家論が必要である」と主張し、さらにそれを押し進めて「国家主権を否定し、『国家理性』を否定することによって、『国家』そのものを骨ぬきにしてしまうこと。それが、核時代の人類に課せられた最大の課題である……国家は滅びなければならない」(39)という結論に達している。

フランス文学者・平井啓之もまた、憲法9条に国家否定性を見た数少ない知識人の一人であった。彼は、次のように、明晰にそれを説明している。

核時代にどうしても必要なことは、国家論というものを逆転させることだ、と確信しています。つまり、再軍備論・軍備拡張論の基盤にあるのは、軍備なき国家は存在しない、という過去の経験に立った、それなりに歴史的な根拠をもつ国家論です。しかし20世紀の後半の国家論、ことに日本を今後生かしめる国家論は、むしろ軍備廃絶に向かわぬかぎり、国の存続は根本的に成立たぬ、という平和を前提としないかぎり成立たぬ国家論ではないでしょうか。軍備をもたぬ国家でなければ生きられない。こういうところに腰をすえる根拠は、……日本のまきこまれる戦争は、核の破壊力の無限増殖を呼びこむ可能性なしにはありえない、という事実認識です。こういう事実認識を見すえて失わぬかぎり、憲法第9条を中心にする日本憲法の現実性は全面的によみがえるはずです。……

あの憲法9条が国家の否定の根本性をつきつけている点にぼくは特別の評価をもっています。(40)(強調：引用者)

このように、国家の「交戦権」を否定することで「非武装・絶対平和主義」を唱える9条第2項が、「国家＝戦争のための組織」の原理を否定し、「国家の否定の根本性をつきつけている」からこそ、無政府主義者であった被爆詩人・栗原貞子が憲法9条擁護にあれほどまでに熱心であったわけが納得できるのである。

日本を「非国家的国家といったもの」にできないか(41)と、『世直しの倫理と論理』で論じた市民運動家であり作家であった小田実も、9条が持つ国家否定性を常に考えていた空襲体験者であった。「平和の倫理と論理」も、国家原理の否定を基礎にして彼が議論を展開した論考であるが、そこでは国家原理に抗する原理としての普遍原理の活用の重要性を下記のように強調している(42)。

戦争の理念が国家の強制原理としてあるとき、それに対決し、抗する道は、より高次の人類の普遍原理に依拠することだろう。国家が自己の理念達成のため、また、その自己保存のため、人を殺せ、と命ずるとき、私たちは、いかなる理由においても人間には人間を殺す権利はない、という普遍原理によってそれを拒否することができる。国家が戦えと命ずるとき、いかなる理由においても戦争は罪悪であるという理由で、その命令に抗することができる。

しかも、小田もまた大熊と同じように、国家原理を戦争責任と切り離せないものとして捉え、次のように述べた。「国家原理の裏にあるのは加害者体験だろう。戦争をまともに問題にすることをぬきにして平和が考えられないように、加害者体験をぬきにして被害者体験を話すことはできないし、ひいては平和そのものを語ることはできない」(43)。9条が否定する国家原理の裏には、常に加害者体験があるのは当然であろう。なぜなら、大熊が指摘したように、武力を独占し、戦争を遂行し、他国の人間を殺傷するという加害行為を行うのは国家であるからだ。国家が他国の人間の殺傷を国民に強要する戦争を行うことで、同時に、自国の人間にも殺傷される被害をもたらす。したがって、自国の人間の戦争被害だけを問題にし、自国の人間の戦没者の慰霊だけをいくらくり返しても、平和にはつながらないのも自明のことである。自国の人間に犠牲者を出させないためには、自国が他国の人間の殺傷を国民に強要する戦争を止めさせ、そして強要された戦争であるにもかかわらずしばしば国民が自ら加担してしまうような戦争を止めさせるより他に手立てはないのである。極めて簡単明瞭な論理である。

それゆえ、明仁は天皇現役時代に国内外に出かけ、日本人戦没者の慰霊を行い、日本人（あるいは日本人と結婚した外国人の伴侶や子どもたち）の戦争被害生存者だけを慰める旅をくり返したが、それは日本人被害者をある意味で「特権化」するだけであって、国家が独占する暴力性への抗力には少しもならなかったのである。明仁の「慰霊の旅」については次章で詳しく論じるが、小田実が指摘したように、そうした被害者体験の特権化が、「そのまま国家（原理）の被害者体験（国家もまた、その原理が完遂されなかったという「被害」をもつ）に転移することで、個人の被害者体験と国家（原理）のそれとを同一視させる、というよりは、個人の被害者体験を国家（原理）のそれの一部とみなさせる」(44)という現象につながるのである。つまり、加害者体験の自覚を欠いた、被害者意識だけを強調する明仁の「慰霊の旅」は、国家もまた、明仁の父親である裕仁同様に、「ただあわれな歴史の被害者だという感情的帰結」をもたらしただけであった。

したがって、虚妄の単一大和民族観念の象徴である天皇の、夫婦そろっての日本人戦没者慰霊は、国民の中に感傷的な（戦争被害）ナショナリズムを高揚させることで、結局は、気がつかないうちに、他国、他民族を差別することを助長することにつながったのである。道徳とは、本来は自己の責任を人間として深く自覚したものであるのに対し、ここではその真にあるべき責任感が見掛けだけのもので実際には完全に欠落しているため、容易に暴力的な他者排除行為（例えばヘイト・スピーチ）という道徳崩壊を助長する危険性を、実は、「おやさしい天皇夫婦」は内包しているのである。明仁夫婦賛美の奥に秘められていたこの危うさに、我々は目覚める必要がある。

憲法9条を持つ日本も、現実には自衛隊という暴力機構を独占する国家組織であることは明らかである。したがって、日本国の象徴である天皇も、実際には、暴力機構としての国家の象徴であって、「平和の象徴」などではありえないのである。天皇に「平和の象徴」であることを期待すること自体が妄想なのである。もしも憲法が改悪され、自衛隊が軍隊へと変貌するようになれば、天皇の国事行為の中に間違いなく「国防軍閲兵式」も入ってくるであろう。そこまで「日本国の象徴」が「国家暴力機構」の象徴という表現をいまだとっていないのは、9条が抑止力として働いているからに他ならない。9条というタガが外されたならば、象徴天皇も国防軍の象徴として祭り上げられることは避けられない。なぜなら、そもそも9条が設定された理由の1つが、憲法第1章「天皇」、戦争責任を逃れた天皇と天皇制に規制をかけることであったからである。そのことを忘れてはならない。まさに、加藤周一が、敗戦の翌年、憲法が公布された１９４６年に著した「天皇制を論ず」への追記として１９７９年に書いた文章の中で警告しているように、「もし反軍国主義の国民感情が後退し、天皇の神格化または神秘化と、その法的権限の拡大が実現されるならば、しかるべき国際情勢のもとで、天皇制は日本を再び好戦的にするために役立つだろう」(45)。

かくして、憲法9条に内在する「普遍原理＝国家性・国家暴力否定」と、憲法第1章を根底から規定づけている「国家原理＝軍事暴力機構の独占」には、解き難い決定的な矛盾があることは明らかなのである。この矛盾は、再度強調しておくが、「平和憲法」が、「平和に対する罪」を犯した裕仁の免罪・免責を帳消しにするために設定されたという、度し難い矛盾に起因していることは明らかなのである。では、この矛盾を、我々はいかにしたら解決できるのであろうか？

(5) 市民の「抵抗権」としての9条活用と民主精神確立に向けて

矛盾解決のための最も手っ取り早い方法は、大熊が述べたように、国家を骨抜きにし、消滅させてしまうことである。日本という国家を消滅させることはほとんど不可能であるが、しかし、たとえ日本一国だけを消滅させたとしても、根本的な解決にならないことは明らかで、世界中のあらゆる国家という存在が消滅しないかぎり、地球包括的で永続的な平和は構築できない。第二次大戦後、一時期、諸国家連邦制の世界政府を設置して世界国家を創設することで、諸国家組織を消滅させようという運動が盛んになり、今もこの運動はほそぼそながら続いてはいるようである。しかし、現実的に、ほとんど不可能な構想である。

したがって、国家組織の中で日々生活することを余儀なくさせられている我々にとって可能なことは、国家が独占している物理的暴力を使用することに普遍原理で抵抗し、国家原理をできるだけ弱めていくという（小田実の表現を借りれば、国家を「非国家的国家」にする）形での、国家原理に対する抵抗運動を持続していくことしかない。しかし、言うまでもなく「抵抗」は「反逆」ではない。「反逆」は権力奪取を目的とする反権力闘争であり、権力を奪取したところで国家原理は弱まりもしないし、ましてや消滅などしない。それに対し、「抵抗」は国家権力の否定であって権力奪取を目指すようなものではない。ところが、「平和憲法」、とりわけ9条が大半の日本市民の「平和思想」の最も重要な支えとなっているにもかかわらず、9条が国家原理＝軍事力独占・使用に対する「抵抗」のカナメ、国家権力・国家暴力機構に抗する重要な「抵抗権」の1つ、とりわけ「平和的生存権」の侵害に対する「抵抗権」を含むものとは十分に捉えられていないのではなかろうか。

大熊信行もこの点を指摘して、次のように述べている。「非戦主義または平和主義というのは、たんに戦争に反対だというだけの、単純な道徳論にとどまるものではなく、まず制度としての戦争一般に対する客観的な認識があって、みずからその深い認識のうえに立って、しかも制度そのものに抵抗するのだ、という自覚と決意によって、ささえられたものでなければならない。それはみずから国法に背く覚悟を、内に宿していなければならない」(46)（強調：引用者）。

「抵抗」という言葉は使わなかったが、小田実もまた、我々の「国家と個人の対決の不足」、「国家原理に対して、普遍原理を徹底的に追及して行く努力の不足」を厳しく指摘した。小田がそうした努力の1つとして生前にしばしば唱えていたのが、現在は個人レベルでしか考えられていない「良心的兵役拒否」を、日本という国家組織にまで応用して、日本を「良心的軍事拒否国家」にしようという市民運動であった。兵役拒否、参戦拒否は、国家原理に抵抗する、個人レベルでの意識の高い国家権力拒否活動である。この活動を国家レベルにまで高めようという思考は、まさに国家原理に対する強力な市民抵抗運動となるはずである。例えば、2000年に小田が『ひとりでもやる、ひとりでもやめる「良心的軍事拒否国家」日本・市民の選択』で提案した運動の1つは、政府に「災害援護庁」を設置させ、地震や津波などの災害対策や被害者支援などの任務を割り当てるために、自衛隊の一部を武装解除させた上で、この「災害援護庁」に移動させることを要求するというアイデアである(47)。大規模自然災害がひじょうに多くなった現在、この提案は、我々の努力次第で実現可能であり、国家原理を弱体化させる極めて有効な抵抗運動となりうる。

こうしたアイデアは、9条の「抵抗」精神に徹するならば当然に出てくる発想であり、憲法を改正するならば、「日本国民ならびに日本国家には、地球上のいかなる武力紛争、いかなる戦争に参加することをも拒否する義務ならびに権利がある」というような内容の条項を付け加えるという市民運動も展開すべきであろう。それだけではない。「良心的軍事拒否国家」は、国家原理に抵抗するための手段として、国内だけの活動に止まらず、世界の様々な場所で人道支援を含む平和構築関連活動を通して、世界の市民社会に奉仕するという普遍原理行動という形をとらねばならない。世界各地で武力紛争が起こり、厖大な数の市民を殺傷し難民化させている今こそ、9条の「抵抗」精神に沿った海外での活動が必要とされていることは誰の目にも明らかなところである。

しかし、この「抵抗」運動は、国家悪を自己とはなんら関係のないものとして、ただ他人事のように追い払えばできるというものでもない。なぜなら、国家は個人を超えて存在するものではないからだ。国家悪は、国家原理に服従し忠誠心を持つことで、国家を支持する「国民」としての諸個人が存在するからこそ成り立っている。国家は、国家原理に服従することを国民に様々な方法で迫る。したがって、この圧力に抵抗するために私たちに必要なのは、我々個人は国家を超えた存在、すなわち普遍原理にのみ忠誠心を持つ一人の「人間」であるという強い認識である。「殺すことにも、殺されることにも正義はない」という普遍原理にあくまでも依拠し、この原理に反するいかなる原理にも抵抗する、という強い信念を持つ個人の集まりが、この抵抗運動を支える基礎である。それは実際には容易なことではない、いやひじょうに困難な運動である。にもかかわらず、それをすすめていかなければどうにもならないような状況にまで、今や日本も世界も追い込まれている。

したがって、戦争責任問題、武力紛争、戦争問題を考える場合に忘れてはならないのは、根本的には、ハンナ・アレントが述べたように、「われわれは何らかのかたちで、人間によって犯されたあらゆる犯罪に責任を負わなければならない」(48)という認識である。例えば、日本軍将兵が犯した残虐行為は、「日本人として恥ずかしい、許せない」というのではなく、「人間として恥ずかしく、許せない」という認識、この普遍的で人道主義的な認識の上に立って日本国政府に責任をとることを強く迫っていくことが必要である。現在、日韓政府間で問題になっているいわゆる「慰安婦問題」も、日本政府が、こうした「人類の普遍原理」を無視して、あくまでも国家原理で処理しようと躍起になっているから、いつまでたっても解決できないのである。韓国の評論家の金鐘哲は、この「慰安婦問題」を「人類の普遍原理」に立ち、以下のように述べて問題の核心を突いている(49)。

> 「慰安婦問題」というのは国家権力が何の罪もない女性たちを強制的かつ組織的に動員し、戦場の「性奴隷」とし、その女性たちの一度だけの生涯を徹底的に踏みにじった、極端な反人倫的蛮行に関わる問題である。したがってこれは被害当事者だけではなく、この世を人間として生きていくためにも必ず解決していかねばならぬ、我々皆の問題だといっても良い。人間らしく生きるための共同体が成立するには物理的な土台だけでは不十分なのだ。それより根本的なのは共同体の道徳的・倫理的土台である。……これは日韓の間の単なる外交問題でもなければ、謂わば国益に関わる問題でもない。これは韓国人、中国人、日本人を問わず人間らしく生きることが如何なるものであるかについて思考する能力を持つ全ての人間の共通の関心事でなければならない。(強調:引用者)

しかし、これまた小田実が警告したように、市民に、国益のために他者を殺し、自分も殺されることを強制する国家原理は、自己正当化のために、人道的普遍原理を空洞化させ、空洞化した普遍原理を形式的に掲げるという、似非普遍主義の利用を常に行う。それは、例えば日本の場合で言えば、「聖戦」

や「アジア民族解放の戦い」というスローガンであったし、アメリカが常に使う似非普遍主義は「自由主義擁護」、「民主主義防衛」や「ファシズム打倒」である。その上で、空洞化した普遍原理に個人体験を媒介させることで（例えば、「神風特攻パイロットは家族、愛する人、故郷を守るために出撃した」という形で）個人体験が内包する国家批判力を去勢し、国家原理の中に取り込んでしまう。これが、戦争を正当化し且つその責任を回避するために国家が使う常套手段である。

2016年5月27日、バラク・オバマが米国大統領として初めて広島を訪問したのも、まさにこの常套手段から1歩もはみ出していない、国家原理貫徹のためのパフォーマンスであった。この問題については第5章で詳しく検証するが、オバマは、原爆無差別大量虐殺という米国が犯した犯罪にとって決定的に重要な2つの問題、すなわち「罪」と「責任」を、「人類」全体の問題としてしまうことで、米国の重大な「罪」と「責任」を完全に拒否した。その上で、再び「平和を守るため」という似非普遍主義を使って、日米軍事同盟の重要性を強調し、核保有という国家原理には一切手を触れなかった。

こうした常套手段を打ち破り、国家原理に対抗していくためには、これまた小田実が生前くり返し述べていたように、我々日本人の個人的体験〈原爆、焼夷弾空襲、沖縄戦などの被害体験と、南京虐殺、マレー虐殺、軍性奴隷制など日本軍残虐行為の加害体験の両方〉を普遍原理〈憲法9条の絶対平和主義〉に直接還元させ、その還元運動を国家原理と対抗させることで国家原理を拒否するという実践活動を展開していくことが必要なのである。

すなわち、日本国家がその独占する軍事暴力機構を使って行った武力行為や戦争によって他国民・他民族と自国民の両方にもたらしたあらゆる被害を、「人間として許せない」という憲法前文の人道主義的普遍原理と、「殺すことも殺されることも許さない」という9条の絶対平和の普遍原理に基づいて、日本の国家原理を徹底的に批判すること。したがって、その批判の対象行為は、アジア太平洋戦争期にのみ限定されるものではない。周知のように、日本は、日清・日露戦争期から朝鮮半島、台湾で様々な住民殺戮や略奪を行い、植民地支配の過程でも多くの残虐行為や深刻な人権侵害を犯した。これらを含む全てのケースに関して、日本政府が人道主義的普遍原理に基づいて、外国人、日本人を問わず、あらゆる戦争被害者、暴力被害者に謝罪し補償を行うことを要求する運動を我々市民が展開し続け、強めていくこと。同時に、米国が日本人に対して犯した原爆・焼夷弾無差別殺戮を、そして朝鮮やベトナムで、さらには今も世界各地で行っている無差別爆撃殺傷を、同じく普遍原理で批判し、謝罪を要求して行かなければならない。さらには、そのような残虐行為を行う国家原理行為を、日本、米国をはじめどこの国にも許さないという普遍的抵抗運動を常に持続し推進していくことも、日本国憲法前文と9条は我々に要求しているのである。

前述したように、憲法9条を支持してきた日本国民の精神的基盤は、主として「2度と戦争の被害者にはなりたくない」という個人的体験にあった。これも消極的な形ではあるが、確かに「平和主義」であった。ところが、この平和主義は「憲法9条を保持していれば我々は安全」であるという「護憲主義」である。1946年の「平和憲法」公布以来のこれまでの日本の平和運動は、主としてこの「護憲主義」を中心とするものであったように思われる。前文と9条を積極的に活用する「活憲主義」と呼ばれる運動には、砂川事件（1957年）、恵庭事件（1962年）、長沼ナイキ事件（1969年）、百里基地訴訟（1982年）、自衛隊イラク派兵差止訴訟（2004年）といった裁判訴訟運動が挙げられるが、残念ながらその数は少ないものであった。一般的には、「9条さえ維持していればなんとかなる」という平和主義であったため、政府によって、9条の文言はそのままに、次々と中身が骨抜きにされてきてしまったと言えるのではなかろうか。したがって、戦争体験者の数が激減している今、この「護憲主義」もまた急速にその力を失いつつあるのも決して不思議ではない。この「護憲主義」の根本的な問題も、結局は「戦争被害者には2度となりたくない」という被害者意識の上に立ってきたがゆえに、被害と加害の双方と向き合い、普遍原理に基づいて、どちらも許さない、どちらも発生させないという強い意志と、そのための実践運動の原点として憲法前文と9条を活用する、「活憲主義」とはならなかったことである。それゆえ、日本の「平和教育」もまた、被害者意識に立って「過去をくり返すな」というスローガンだけの、自分たちの日常生活とは乖離した「歴史のお勉強」に終わってしまってきたと言える。

「戦争責任」を、前文と9条の精神に基づいて「活憲主義」で徹底的に問題にしようとするならば、当然に我々は、日本政府に対して、アジア太平洋戦争中に日本軍が犯したあらゆる戦争犯罪に対する加害責任を全面的に認め、その責任をとることを厳しく要求し続けると同時に、アメリカが日本市民に対して犯した原爆・焼夷弾無差別殺傷に対する米国への責任追求の努力も徹底して行わなければならない。それが、当然、現在の反戦運動と核兵器廃絶運動にもつながってくるはずである。「被害者」にはなりたくないという、もっぱら被害者意識に依拠する護憲主義では、「加害」という問題意識がすっぽりと抜け落ちてしまう。その結果、自国がアジア太平洋の人々に対して犯した加害行為だけではなく、米国が自分たちに対して犯した加害行為すらも、「護憲運動」の視野には入ってこないという空虚な状況に陥ってしまった。したがって、被爆という被害の実相については詳しく語るのに、米国の原爆無差別殺戮に対する加害責任をほとんど追及しないという、「加害者を認識しない被害者意識」という不思議な状態が、被爆者のみならず多くの日本人の一般的な意識となっている。これも、結局は、自分たちの被害だけを問題にする国家原理にとらわれ、普遍原理を追求しないことが明らかにその原因である。

日本国憲法前文と9条が要求していることは、実は決して難しいことではないと筆者は考える。根本的には、それは、いかなる地域の、いかなる民族の、いかなる時代の戦争被害者であろうと、その一人一人の痛み、苦痛を、被害者の立場に立って自分が想像してみることで心情的に追体験し、自分自身の痛みとして深く内面化すること。その他者の痛みの自己内在化によって、いかなる暴力をも否定し、いかなる暴力にも抵抗すること。一言で表現するならば、「積極的な普遍的人道主義」である。

最後にもう一度強調しておくが、憲法9条は、1条で「日本国と日本国民統合の象徴」とされた天皇裕仁の重大な戦争犯罪・責任の免罪・免責との相殺という形で設定された。すなわち、裕仁が大元帥として統率した日本帝国陸海軍が、国民の支持を得て、15年間にわたって、アジア太平洋全域の人々に対して犯した様々な残虐行為の責任を、ごく一部の軍人・政治家に負わせて、基本的にはうやむやにし、それを帳消しにする形で設定された。その9条を理念的に補強する形で憲法前文も設置された。したがって、前文と9条の崇高な理念にもかかわらず、天皇裕仁と日本国民全体の戦争責任問題を隠蔽する形で作られた「民主憲法」には、日本市民に民主精神を確立させるという点で、大きな欠陥を内包することになってしまったのも決して不思議ではない。その欠陥とは、民主主義確立のために必要不可欠な普遍的人道主義、絶対平和主義、すなわち憲法前文と9条の精神を、徹底して拒否する国家原理であり、その日本独自の国家原理を象徴しているのが他ならぬ「日本国と日本国民統合の象徴」である天皇である。

同時に、平和憲法草案を作り、それを下地に日本政府に新憲法作成をやらせておきながら、世界の政治状況が変わるや、憲法公布後間もなく、アメリカの国家原理で日本に自衛隊を作らせ、安保条約

＝軍事同盟条約を押し付けることで、日本に違憲行為を堂々とやらせたアメリカ。そして今も、核兵器を中心にした強大な軍事力を見せつけ、世界各地を「パックス・アメリカーナ」というゴリ押しの暴力的な国家原理で支配しようと続けるが、実際には失敗の連続で、そのためますます「殺すな、殺されるな」という普遍原理を空洞化させる殺戮活動をいたるところで拡大しているのがアメリカであるということも、憲法を考えるときには決して忘れてはならないことである。

普遍原理と国家原理の間のこのような深い矛盾を抱えた特異な憲法を持つ日本国家に暮らす我々市民が、その国家原理に抵抗していくには、憲法前文と9条が持つ普遍的人道主義と絶対平和主義を市民運動でフルに活用していくより他には道はないと筆者は考える。すでに述べたように、それはひじょうに困難な道である。しかし、今や、この道を選ばずに、日本という国家原理のみならず米国の国家原理にも服従する道を選び続けるならば、日本市民の「平和的生存権」そのものが侵される状況がすぐそこまで迫って来ているのである。

したがって、そのためには、小田実が提唱したような「良心的軍事拒否国家」創設運動のような、普遍的人道主義と絶対平和主義を具体的な形で推進し、真の平和主義思想とその実践活動を日本社会のみならず海外においても浸透させていけるような様々な市民抵抗運動の手段を我々自身が考案し、実践していく必要がある。そのような抵抗運動を展開することが、まさに日本市民として戦争責任をとる行為となるのであり、同時に自分たちの民主精神を確立させていくために欠かせない社会運動プロセスであると筆者は考える。

第3章脚注

（1）憲法調査会「憲法制定過程に関する小委員会報告書」、『憲法制定過程に関する小委員会第47会議録』326頁。

（2）笠原十九司「憲法9条は誰が発案したのか」、『世界』909号（2018年6月）41〜57頁。幣原が憲法改正に消去的であったことは「憲法制定過程に関する小委員会報告書」にも明記されている。ちなみに幣原内閣は明治憲法における刑法第74条と76条、すなわち天皇と皇族に対する不敬罪はなお有効で厳存していると言明する一方、天皇や天皇家に対する国民の尊崇の念を保持しようと執拗に画策していた。幣原は天皇制を維持することへの強い執着があり、この点でも憲法改正には消極的であった。

（3）日暮吉延『東京裁判』（講談社現代新書、2008年）65〜66頁。

（4）Yuki Tanaka, Hidden Horrors: Japanese War Crimes in World War II（Second edition, Rowman & Littlefield, 2017）pp.2〜3.

(5) 前掲、『東京裁判』67頁。
(6) 粟屋憲太郎・NHK取材班『東京裁判への道』(日本放送出版協会、1994年) 128頁。
(7) 豊下楢彦『昭和天皇の戦後日本〈憲法・安保体制〉にいたる道』(岩波書店、2015年) 17~18頁。
(8) 同右、15頁。
(9) 衆議院憲法調査会事務局『憲法制定過程に関する小委員会報告書の概要』14~16頁。
(10) 同右、17頁。
(11) 前掲、『昭和天皇の戦後日本〈憲法・安保体制〉にいたる道』16頁。
(12) 横島公司「昭和天皇の不起訴をめぐる一背景」、田中利幸、ティム・マコーマック、ゲリー・シンプソン編『再論 東京裁判 何を裁き、何を裁かなかったのか』(大月書店、2013年) 第5章、125~126頁。
(13) 天皇裕仁の戦争作戦計画に関する関与については山田朗『昭和天皇の戦争指導』(昭和出版、1990年) ならびに『昭和天皇の戦争』(岩波書店、2017年) を参照。1941年12月の対連合国開戦の決定過程で、裕仁が最終的には決定的に重要な役割を積極的に果たしたことに関しては、『木戸幸一日記・下巻』(東京大学出版会、1966年) とくに1941年10月半ばから12月8日までの日記内容を参照。
(14) 前掲、『憲法制定過程に関する小委員会報告書の概要』30頁。
(15) 同右、37頁。チャールズ・ケーディス、竹前栄治(聞き手)「憲法改正」、鶴見俊輔・中川六平編『天皇百話　下の巻』(ちくま文庫、1989年) 250頁。
(16) 前掲、『憲法制定過程に関する小委員会報告書の概要』44~45頁。古関彰一『「平和国家」日本の再検討』(岩波現代文庫、2013年) 10~11頁。前掲、『昭和天皇の戦後日本〈憲法・安保体制〉にいたる道』16~20頁。
(17) 前掲、『「平和国家」日本の再検討』17~18頁。
(18) 前掲、『昭和天皇の戦後日本〈憲法・安保体制〉にいたる道』20頁。
(19) 『昭和天皇独白録』(文芸春秋、1995年)。

(20)前掲、「憲法改正」246頁。
(21)前掲、『憲法制定過程に関する小委員会報告書の概要』47頁。
(22)同右、45頁。
(23)同右、51、57、62~63頁。
(24)同右、64頁。前掲、「憲法改正」247頁。
(25)村川一郎編『帝国憲法改正案議事録』(図書刊行会、1986年)72頁。
(26)前掲、『「平和国家」日本の再検討』37、49~51頁。
(27)美濃部達吉『新憲法概論』(有斐閣、1947年)35頁。宮沢俊義『あたらしい憲法の話』(朝日新聞社、1947年)62頁。
(28)横田喜三郎『戦争の放棄』(国立書院、1947年)12~13頁。
(29)小田実『中流の復興』(日本放送協会、2007年)13~14頁
(30)樋口陽一ほか『注釈 日本国憲法 上巻』(青林書院、1984年)40頁。
(31)同右、39頁。
(32)丸山真男「憲法九条をめぐる若干の考察」、『世界』(岩波書店、1965年)6月号。
(33)ガルトゥングの「積極的平和主義」の概念については、ヨハン・ガルトゥング『構造的暴力と平和』(中央大学出版部、1991年)を参照。
(34)前掲、『憲法制定過程に関する小委員会報告書の概要』8、14頁。衆議院憲法調査会事務局『日本国制定過程における各種草案の要点』6頁。
(35)前掲、『憲法制定過程に関する小委員会報告書の概要』14頁。
(36)1957年刊行の大熊信行『国家悪 戦争責任は誰のものか』は、1969年に増補版『国家悪 人類に未来はあるか』として出版され、さらにその改訂版が1981年に再出版された。引用文は、1981年版の新装版である『国家悪 人類に未来はあるか』(論創社、2011年)14~15頁。この第1章は、日本国憲法が発布された翌年の1947年に書かれている。

(37) 大熊信行『日本の虚妄—戦後民主主義批判　増補版』(論創社、2009年)22頁。
(38) 同右、119頁。
(39) 同右、169頁。
(40) 平井啓之『ある戦後　わだつみ大学教師の四十年 -』(筑摩書房、1983年)254~255頁。
(41) 小田実『世直しの倫理と論理(上)』(岩波新書、1972年)51頁。
(42) 小田実『難死の思想』(岩波現代文庫、2008年)58頁。
(43) 同右、71頁。
(44) 同右、93頁。
(45) 加藤周一『言葉と戦車を見すえて』(ちくま学芸文庫、2009年)25頁。
(46) 前掲、『日本の虚妄　戦後民主主義批判 増補版』117頁。ちなみに、筆者は、奥崎謙三の天皇裕仁に向けてのパチンコ玉発射事件にーその暴力行為という手段には全く賛成しないがーまさにこの意味での「みずから国法に背く覚悟」を見るのである。天皇裕仁に代表される国家が犯した戦争犯罪の責任を徹底的に追及した奥崎の行動は、文字通り国家原理に対する身をもっての「抵抗」であったと筆者は考える。残念なのは、それが個人の孤立した活動、しかもしばしば暴力を伴うという矛盾に満ちた活動に終わってしまったことだ。奥崎の反天皇制運動の詳細については次章で詳しく論じる。
(47) 小田実『ひとりでもやる、ひとりでもやめる「良心的軍事拒否国家」日本・市民の選択』(講談社『小田実全集 評論 第24巻』kindle版 2013年)。
(48) Hanna Arendt 'Organized Guilt and Universal Response,' in Essays in Understanding 1930-1954 (Schocken, 2011) p.154.
(49) 金鐘哲「『少女像』があるべきところ」、『ハンギョレ新聞』コラム、2018年1月5日。

第４章

象徴天皇の隠された政治的影響力と「天皇人間化」を目指した闘い

「天皇家の歴史には、天皇が人民に対して人間的責任を引受けさせられた例はない。……しかも今度の未曾有の破局に際してさえ、この責任不在の一点を守り得たことによって、天皇の神性はいつの時代にもまさって徹底せしめられた、と見ることも可能である。……天皇家の側に人間不在としての神の歴史を見るならば、その反対の側には人民の不在があった、ということだ」

平井啓之

《扉写真》
破壊された広島を戦後初めて訪れた天皇裕仁。大歓迎する広島市民（1947年12月7日）

はじめに

1945年8月15日、アジア太平洋戦争における日本の「全面降伏」にもかかわらず、少なくとも「国体」の「象徴権威」――「天皇ハ神聖ニシテ侵スベカラズ」――だけはそのまま温存することで天皇制維持をはかりたいという天皇裕仁ならびに日本政府の意向と、天皇が「象徴権威」をそのまま維持することを許し、直接的「権力」を剥がした上でその「権威」を日本占領統治支配のためにできるだけ政治的に利用することを最初から企てていた米国側の思惑が一致し、「平和憲法」が作られた。1946年1月1日のいわゆる「人間宣言」にもかかわらず、新憲法の第1章「天皇」で規定された天皇の国事行為には「人間性」や「責任感覚」という要素は皆無であり、その意味で天皇は「人間」になることに失敗した。

さらに、一見、全く政治性を持たないように見える「象徴」には、実は天皇を自分たちの「象徴」としたはずの国民が、逆に天皇によって「象徴化」され、「象徴権威」によって見えない（ソフトな）形で政治的支配を受けるという状況を作りだした。

この章では、「平和憲法」で、どのように天皇が国家と国民統合の「象徴」とされ、その「象徴権威」がGHQと日本政府によってどのように政治的に利用されたのか、その結果、どのように「一億総被害意識」が創出されたのかについて検討する。さらに、天皇の「象徴権威」活動による戦争責任隠蔽が、実は天皇明仁の「慰霊の旅」によっても継続されていたことを明らかにする。

最後に、天皇裕仁の「象徴権威」に、天皇の「戦争責任」を徹底的に追及することで抵抗し、天皇の神性を剥がし、「人間化」しようと闘った占領期の労働運動家、京都大学同学会（全学学生自治会）の学生たちや、ニューギニア戦の生き残り兵・奥崎謙三の活動に光を当てる。そのことで、国家権力や司法の側が、廃棄したはずの「天皇不敬罪」を、天皇を人間化しようと試みた市民に事実上適用していたことを暴露する。

(1)「国体」観念を継承する憲法第1章 ― 宗教的権威と非人間的「象徴」

裕仁が戦争政策決定に全く関与しなかったなどというのは、裕仁自身と戦後の日本政府、GHQ（ひいては米国政府）が共同で創作した神話であることは、アジア太平洋戦争史を真摯に研究する者たちにとってはあまりにも明白なところである。例えば、山田朗は、陸海統帥部が行った多くの上奏に対して裕仁が発した「御下問」や「御言葉」を詳細に分析し、15年戦争の様々な重要な時点で、裕仁が戦争指導・作戦指導で実際にどれほど具体的に関与したのかを明晰に分析した（1）。また、日本帝国陸海軍大元帥として侵略戦争開始を裁可したのが裕仁であることは否定しようのない事実であり、その点では、いかなる理由で裁可したにせよ（例えば、東条英機らの主戦論を抑え込むことが自分にはできなかったという裕仁自身の口実がたとえ真実であったとしても）、その重大な最終責任は裕仁個人にあることも言うまでもない。また、１９４１年12月の真珠湾攻撃を含む連合諸国に対する開戦の最終決定では、裕仁が積極的に関与したことが当時の内大臣・木戸幸一の日記から一目瞭然である⑵。

ところが、１９４５年9月27日、裕仁はマッカーサーとの初めての会見で、「自分は戦争を防止したいと思っていた」ということを述べた。これに対し、マッカーサーが「それが本当とするならば、なぜその希望を実行に移すことができなかったのか」と尋ねたところ、裕仁は次のように答えたという。「わたしの国民はわたしが非常に好きである。わたしを好いているからこそ、もしわたしが戦争に反対したり、平和の努力をやったりしたならば、国民はわたしを精神病院か何かにいれて、戦争が終わるまで、そこに押しこめておいたにちがいない。また、国民がわたしを愛していなかったならば、彼らは簡単にわたしの首をちょんぎったでしょう」⑶。この発言が真実であったとするならば、国家元首が国民に自分の戦争責任をなすりつける、卑劣で非道極まりない言動である。と同時に、裕仁は、国民が彼をひじょうに慕っているのだと強調し、天皇なしでの日本占領が難しいものになるであろうことをほのめかして自己保身に努めたわけである。

キリスト教では、神の御子キリストが全ての人間の罪を背負って十字架に磔にされることによって人間に赦しと祝福を与え、人間はそのような慈悲深い神を賛美するという「神と人間の互換的な交流関係」となっている。これに対し、日本古来の神道では、神は単に「清浄」の極みとしての存在であり、そのような聖なる神を汚す行為を行う人間には罰を与えるが、人間が犯す非道な罪を贖いその責任を負う行為には一切関知しない。神道の「神」は「責任」には一切関知しない。したがって、神道では、神への賛美は、人間が「清浄性＝神」を一方的に崇めるという形をとり、相互関係という形はとらない。戦前・戦中に「現人神」として存在した天皇裕仁の上記のような言葉は、神道が人間に要求する「神への一方通行的関係」を暗示しているようにも思える。「神」としての自分には罪や責任はなく、間違いを犯すのは常に「私を好きな国民」なのであり、庶民は神聖な彼を汚濁する危険性があるのである。幼少の頃から「国民は神聖な天皇のために存在する」という教育を受けてきた天皇自身が、このような思考を持っていたことは当然のことであって、別段、驚くべきことではない。

しかしながら、天皇制イデオロギーは神道宗教のみに依拠しているものではなく、明治時代になってから、それまで日本人（とりわけ庶民）の意識の中にはほとんどなかった民族国家観念を急遽植えつけるために、「天皇は父であり全ての国民はその赤子」であるとする家父長制的天皇制イデオロギーを基礎にする「家族国家」という幻想国家観が創り上げられた。神道宗教とは直接には無関係の、この近代の家父長制的天皇制イデオロギーは、「父の子に対する慈愛」を構成要素の1つとしていたが、実際には「父性」のみならず「母性」という要素も含んでいた（4）。なぜなら「慈愛」は本来母性的なものであるからだ。ここには、キリスト教の「神の慈悲」あるいは「聖母マリアの慈愛」と似た要素が見られるのであるが、しかし家父長制的天皇制イデオロギーの「慈愛」は、キリスト教の「罪の赦し」と深く関連したような「慈悲」とは全く異なっている。家父長制的天皇制イデオロギーでは、「赤子」が示す「父（母）への忠誠」という親子従属関係を正当化し強調するための、どちらかと言えば、副次的要因として「慈愛」が利用されているのである。重要なのは、あくまでも「常に正しい父（母）」への「忠誠心」のほうである。（天皇の「慈愛」と「象徴権威」については、さらに詳しく後述する）

ちなみに天皇制イデオロギーの家父長制的要素は、戦後も憲法1条で規定されている「象徴」にしっかりと根をおろしている。憲法14条が、「すべての国民は、法の下に平等であって、人種、信条、性別、社会的身分または門地により、政治的、経済的または社会的関係において、差別されない」と明言しているが、天皇の「象徴」の地位は、皇室典範第1条「皇位は、皇統に属する男系の男子が、これを継承する」という規定によって、女性を明らかに差別している。近代民主主義国家といわれる世界の国々の中で、憲法（24条第2項）で男女の「本質的平等」を唱っておきながら、その憲法に明らかに違反する差別行為を「日本国の象徴」である天皇とその家族に堂々と行わせているような摩訶不思議な国は、日本以外にはないのではなかろうか。そして、そのことを政治家たちだけではなく、憲法学者もメディアも国民の大多数もたいして矛盾とも思わないような国である日本。それを考えると、性差別が日本社会の様々な場所ではびこっている現状に、本当は驚くべきではないのであろう。換言すれば、天皇が象徴する性差別と、国民の多くが矛盾と思わない性差別とは、互いに照らし合っている鏡映だと言える（5）。

そのような反民主主義的で性差別的性格をもった天皇を戦犯裁判にかけずに救い、新しい「民主主義社会」で天皇制を維持するために作られたのが憲法第1章の1条から8条である。「主権が国民に在することを宣言する」と前文で唱われている憲法でありながら、その第1章は「天皇」に関する規定で始まっており、実際にはこの章では国民が無視されているという実に奇妙な形となっている。その1条は「天皇は、日本国の象徴であり日本国民統合の象徴であってこの地位は、主権の存する日本国民の総意に基く」となっている。ところが、天皇の「地位」について我々国民の「総意」がいままで問われたことは一度もない。確かに、3条から7条では、天皇には、大日本帝国憲法（いわゆる「明治憲法」）で規定されていたような統治権はもちろんのこと、いかなる政治権限も認められてはいない。

しかしながら、問題は「国民統合の象徴」という表現である。この「象徴」は、もともとは、戦前・戦中の「国体」観念を構成する3つの重要な要素の1つであったと筆者は考えている。前章で見たように、戦前・戦中、「国体＝国の形」は、政治権力、軍事権力、象徴権威の3つの要素が「天皇＝現人神」に統合されている形になっていた。この3要素は全て、17条から成る明治憲法第1章「天皇」に含まれていたと考えてよい。そのうち、政治権力は、天皇の国家元首としての統治権を確認する4条から始まって10条までの、7条項によって確定されている。軍事権力は、11条から14条によって確定されているが、とりわけ11条「天皇ハ陸海軍ヲ統帥ス」の統帥権、すなわち軍事権力の天皇への集中が重要である。象徴権威は、1条から3条まで、とりわけ3条の「天皇ハ神聖ニシテ侵スベカラズ」がその根幹であろう。

前章でも詳しく述べておいたように、裕仁は、戦争責任を逃れるために、この3要素のうち、政治権力と軍事権力の掌握は実は形式的なものであり、実際には政治家や軍人指導層が利用していたのであって、彼自身にはなんら実質的な決定権がなかったという神話を敗戦直前から作り始めた。すなわち、天皇制が生き延びるためには、「国体」の3要素から既存の軍事・政治権力の2要素を排除して責任を逃れ、もっぱら象徴権威という、それ自体では一見「非政治的」で「無害」と映る機能要素の重要性を強調することが必要であった。換言すれば、軍事・政治権力を失っても、象徴権威という要素を維持することで、天皇制を維持することは不可能ではない。崩壊した軍事・政治権力に取って代わる全く新しい軍事・政治権力に、国家としての「正統性」と「国家共同体観念」――それがどのような幻想であっても――を与えることができる象徴権威さえ保持し続けることができれば、「国体維持」は可能である。敗戦直前、裕仁が、「三種の神器」の安全確保に異常なまでに執着した理由は、「神器」が、「幻想国家共同体」を創造するこの「国体」の最も重要な要素である象徴権威――「天皇ハ神聖ニシテ侵スベカラズ」――の強烈な具体的表象とも言えるからであった。

かくして、結果的には、「全面降伏」にもかかわらず、少なくとも「国体」の「象徴権威」だけはそのまま温存することで天皇制維持をはかりたいという裕仁ならびに日本政府の意向と、裕仁が「象徴権威」をそのまま維持することを許し、直接的「権力」を剥がした上でその「権威」を日本占領統治支配のためにできるだけ政治的に利用することを最初から企てていた米国側の思惑が一致した。とりわけソ連の日本占領政策への介入と日本への共産主義思想の浸透を極力避けたいという点と、そのためには天皇制を徹底的に利用するという点では、日米両政府の意向は完全に一致していたのである。こうした日米両国の意向を反映しているのが、まさに1条、「天皇は、日本国の象徴であり日本国民統合の象徴であってこの地位は、主権の存する日本国民の総意に基く」なのである。

現行憲法の規定によれば、「象徴」は、厳密には非宗教的なものでなくてはならない。ところが、実際には、この「象徴」は、具体的には、いまも神道宗教に基づく「三種の神器」を保持する「神」である「天皇」によって代表されている。しかも、「象徴」の葬儀である「大喪儀」や新しい「象徴」の即位式である「大嘗祭」など、国民の巨額にのぼる税金を使って宮内庁が執り行う重要な皇室関連儀式はほとんどが神道に基づいて行われているということからも、違憲行為そのものである。「象徴」は、威厳のある、具体的な形で見える形になっているからこそ「象徴」なのであって、単なる「言葉」や「観念」としてのみ存在するものではない。かくして、今も根本的には神道イデオロギーによって支えられている様々な儀式 ― 剣璽等承継の儀、賢所大前の儀、大嘗祭、大喪儀のみならず、毎年行われる天皇による田植え、稲刈り、春季皇霊祭、春季神殿祭、秋季皇霊祭、秋季神殿祭、新嘗祭などの宮中祭祀 ― が天皇を「象徴」たらしめている。さらには、天皇だけではなく皇室一家の様々なメンバーによる伊勢神宮参拝、皇室メンバーの女性の出雲神社神官との結婚などが、「天皇」の超世俗的な「清浄的象徴性」という宗教的要素を常に補強する機能を果たしている。

戦前・戦中の「国家神道」は、言うまでもなく、皇室祭儀を中心とするものであり、皇室祭儀なしでは国家神道は成り立たなかった。敗戦後に国家神道は廃止されたが、皇室祭儀はそのまま維持され、すでに述べたように今も「国民統合の象徴」＝天皇が様々な神道行事を執り行う。その意味で、「国家神道」は法的には廃止されたが、天皇の宗教的な力＝権威を国民に知らしめると言う意味では、今も厳然として存続しているのである。換言するならば、戦時下においては、国家神道は強制＝憲兵や特高で武装した形をとっていたものが、戦後は武装していないソフトな形態の「国家神道」となったため、「権威」と裏腹になっている「権力」が顕在化していないだけなのである。

このように、憲法を本質的にはないがしろにする形で、実際には神道イデオロギーによって支えられている「日本国民統合の象徴」である天皇は、大部分の国民には、無意識にではあれ、どことなく「神聖なる存在」として受け入れられている。なぜなら、その神道イデオロギーは、戦前・戦中のようにもろに政治権力と一体となった支配イデオロギーという形はとらず、ソフトな表象（とくにメディア情報を通して）という形で、気がつかないうちに国民の意識内に常に浸透し続けているからである。したがって、本質的には、憲法1条は、明治憲法3条「天皇ハ神聖ニシテ侵スベカラズ」を明らかに継承しているのであり、「神聖な天皇」の下に、日本国民が統合されているという「幻想家族国家共同体」観念を、主として大衆の無意識のレベルで、今も作り出していることは否定しがたい。

ちなみに、被治者である国民が治者＝君主に対して抱く神秘的で精神的な性質への信頼が君主制成立の重要な心理的要素であることは、天皇制に限ったことではなく、君主制一般に共通してみられる現象である。古代、中世、近世を通じて、世界のどの王朝にとっても、その権威を裏付ける、すなわち被治者が君主の威厳＝権威を受け入れるような心理的な理由づけとなる、宗教的カリスマ性や血統の正統性といったことがひじょうに重要であった。ところが今や、国民が現存する君主（例えば英国のエリザベス女王）に「神秘的な宗教的要素」を見たり、あるいは君主自身がそのような宗教的秘儀を司るという国はほとんどない。その点で、日本は極めて特殊なケースなのである。

神道宗教の神秘性に関連して言うならば、1946年1月1日に、「新日本建設に関する詔勅」なるものが発表され、天皇が「現人神」であることを裕仁自身が否定したことになっている。このことによって、この詔勅は「人間宣言」と一般には呼ばれている。しかしながら、この詔勅を読んでみると、次のような文章が含まれていることに気がつく。「朕ト爾等国民トノ間ノ紐帯ハ、終始相互ノ信頼ト敬愛トニ依リテ結バレ、単ナル神話ト伝説トニ依リテ生ゼルモノニ非ズ（自分と国民の間の関係は、常に相互の信頼と敬愛によって結ばれており、それは単に神話と伝説によるものではない）」この詔勅発表2日前の12月29日に木下侍従長が日記に書き残した文章によると、裕仁は自分が神であることを否定はするが、「神の子孫」であることはこの文章でいまだ認めているのであり、裕仁自身も木下の意見に同意であると述べたとのこと。ジョン・ダワーはこれを捉えて、裕仁は「天から途中まで降りてきただけ」と絶妙な表現で描写した(6)。

しかも、この詔勅の真の目的は、「人間宣言」ではなく（実際には詔勅の中で「人間宣言」という言葉は一度も使われていない）、明治天皇の「五箇条の御誓文」の存在を強調することで、日本には天皇制と矛盾しない「民主主義」という思想が実は明治時代からあったのであり、そのことが「五箇条の御誓文」に現れているのだという主張をしたかったのである。「五箇条の御誓文」が「民主主義思想」であるなどというのはまさに虚妄であるが、当時急激に高揚しつつあった民主化要求が天皇制廃止要求にまで繋がっていくのではないかと恐れた裕仁や日本政府は、この詔勅で天皇と国民の間は「常に信頼と敬愛」によって強く結ばれているのだという、「幻想家族国家共同体」観念の浸透強化に努めたわけである。元日の新聞各紙も、この詔勅が「天皇と国民の紐帯」を再確認するものであることを強調するばかりで、「人間宣言」については全く触れていないのが実情であった。

憲法第1章1条で、天皇が権力を持たない単なる「象徴」になったことで、天皇と天皇制が「人間化」したなどとは決して言えない。憲法6条、7条で規定されているように、「象徴」として天皇の機能は、内閣総理大臣、国務大臣や最高裁判所の裁判官の任命、国会召集、法律・政令・条約の公布などの「国事行為」であるが、天皇はこれらをあくまでも機械的、儀式的に執り行うのみで、これらの決定に関して私心を表明することはできないし、ましてや拒否するなどということは絶対にできない。この点で、3つの権利（大臣から相談を受ける権利、大臣を激励する権利、大臣に警告する権利）を君主が持つ、英国型立憲君主制とは決定的に違っている(7)。しかも、自分が「任命」した人間がどのような間違いを犯そうと、「発布」した法律・政令などが国民にとっていかに不都合なものであろうと、あるいは違憲の疑いがあろうと、その「責任」は全くとらないという、はなはだしく奇妙な状態に置かれているのが「象徴天皇」なのである。その意味で、天皇の「あらゆる世俗的責任からの自由」、すなわち「無責任」は、明らかに明治憲法3条「天皇ハ神聖ニシテ侵スベカラズ」を継承している。

つまり、天皇が行うこれらの国事行為には「人間性」や「責任感覚」という要素は皆無なのである。ジョン・ダワーがいみじくも描写したごとく、「象徴」としての天皇は、「天から途中まで降りてきた」段階で宙吊り状態となり、神でも人間でもない、神と人間の中間的な存在であることを強いられ続けるのである。憲法第3章「国民の権利及び義務」で全ての国民に保障されているはずの「自由」や「基本的人権」が、その国民を代表する「国民統合の象徴」である個人としての人間には与えられておらず、退位する自由すら許されていないという摩訶不思議な憲法なのが、日本国憲法なのである。いったい何のために、人間性を奪われたこのような「象徴」によって「国事行為」が行われなければならないのであろうか。

(2)「象徴権威」の政治的役割──その歴史的背景

それは、「象徴権威」には、「国民を統合づける」ような「国家権威」という機能──具体的な形として目には見えにくいソフトな表象形態をとる国民支配、という点で極めて優れた機能──があるからに他ならない。憲法1条の「天皇は、日本国の象徴であり日本国民統合の象徴であって、この地位は、主権の存する日本国民の総意に基く」という文言は、「国民の側が天皇個人を自分たちの象徴として規定づけている」という表現になっている。つまり、国民の側に天皇の地位を規定するイニシアティブがあるかのような印象を与えている。しかしながら、実際には国民のほうが「象徴」によって支配されているのだという実情を、武藤一羊は以下のように鋭利に指摘する。

象徴されるもの（国民）は象徴するもの（天皇）を自己の象徴として受け入れ、象徴として保持し、守る義務が生じることになる。象徴するものはこうして一巡して象徴されるものを支配する。ただしこの関係は総意を表現する手続きに媒介されないので、あいまいで、国民の方は別に象徴さ

> れることを頼んだ覚えはないかもしれない。……
>
> 　こうして確立された象徴天皇は、被象徴国民にその「権威」への承認を社会的に要求する強制力として存在している。この強制力は行政的ではなくて、社会的であり、主として同調圧力として働く。それが内面化されると強制の側面は隠され、人びとの皇室への「敬愛」へと転化するだろう。多くの災害被災者が、訪れた天皇夫妻に慰めの言葉をかけられて、涙を流して歓喜する姿は、天皇の権威がいかに広く、社会的に内面化されているかを示している。この権威とは象徴する力である。日本国憲法第1条から発するこの天皇の力は、そこに働く社会的強制力に着目すれば、ひとつの権力である。それは、政治権力とは別種の回路を伝わって形成される別種の権力、すなわち象徴権力と呼ばれるのがふさわしいであろう（8）。（強調：引用者）

　天皇の「象徴権威」（武藤一羊の用語では「象徴権力」）が作り出す「同調圧力」と「敬愛」の関係は、実は戦後になってはじめて見られるようになった現象ではない。すでに述べたように、「象徴権威」は明治以来の「国体」観念構造の重要な3要素の1つであった。したがって、「象徴権威」の活用は、戦前の天皇と皇室の活動にもすでに見られたところである。ただし、戦後、新憲法の下でその活用が顕著となり、とりわけ明仁が天皇に即位してからその傾向はさらに強まったことは明らかである。その「権威」活用は、戦没者を慰霊し遺族に「慈愛」を示し、地震、火山噴火、台風などの自然災害の被災者や難病患者を励まし、彼らに「寄り添い、国民と苦楽を共にする姿勢」という、もっぱらソフトな形態をとるようになった。しかし、「平成時代」ほど頻繁で強烈な形ではないにせよ、戦前にも同じ傾向はすでに見られたのであり、実際には戦後の形態は戦前からの継承、拡大強化に他ならなかった。

例えば、明治時代、富国強兵・殖産興業に邁進する政府にとっては、「福祉政策」という考えは皆無であり、したがって慈善・救済活動は主として宗教団体、とりわけキリスト教組織によって行われていたが、天皇や皇室メンバーの下賜金による「御慈悲」の慈善救済活動も、数少ないながら行われた。例えば、慈善目的で建てられた有志共立東京病院（1882年開院）に、1887年になって皇后（昭憲皇太后）が2万円を下賜し、皇后自身がその病院の総裁となり、病院は「東京慈恵病院」と改称されている。その後も皇后と英照皇太后は、毎年600円を下賜し続けた。西南戦争の際には、敵味方の区別なく負傷者を救護する目的で「博愛社」という組織が設置されたが、宮内省はこの博愛社に1000円を下賜し、事実かどうかは分からないが、負傷者のために皇后と皇太后が女官たちと一緒にガーゼを作って下賜したという話が広められた。この博愛社も1887年に「日本赤十字社」に改称され、皇后から毎年300円の下賜が行われた。1911年には、明治天皇・睦仁が「済生勅語」なるものを発して、当時としては破格の150万円という多額の下付金で恩寵財団済生会が設置されたが、これは幸徳秋水の「大逆事件」への対応策という意味を含んでいたと言われている(9)。

1910年代から20年代、いわゆる大正デモクラシー期になると、国民の天皇・皇室に対する敬意や忠誠心を損ねるような事態に政府は次々に直面する。例えば、国民誰もが知っていた大正天皇嘉仁の精神障害、1912年の美濃部達吉による「天皇機関説」の提唱、1917年のロシア革命によるロシア帝政崩壊（皇帝ニコライ2世一家の処刑）、1918年のシベリア出兵とそれに起因する米騒動と貧富の格差拡大、1920年に始まった恐慌、頻発する労働争議と日本最初のメーデー集会、1923年9月の関東大震災によって発生した大量の生活困窮問題、同年12月に起きた難波大助による摂政・裕仁襲撃事件などがあげられる。

こうした状況の中で、政府は社会主義・共産主義思想と運動の拡大を抑圧するため、1925年に治安維持法を導入するなど、暴力的手段による社会監視を強化していった。しかし、このような強行対策だけでは皇室ならびに皇室を戴く政府を守ることはできず、皇室の「恩寵」、すなわち「象徴権威」を利用する必要があることを、当時の政治指導者たちは痛感していたようである。例えば、1920年9月、時の首相・原敬は、「先帝（＝明治天皇睦仁）の御時代とは全く異たる今日、統帥権云々を振廻すのは皇室の前途にとり危険なり。政府は皇室に累の及ばざる様に全責任の衝に当たるは即ち憲政の趣旨にて、又皇室の御為と思ふ。皇室は政事に直接御関係なく、慈善恩賞等の府たる事とならば安泰なり」と日記に記している(10)。「皇室は政事に直接御関係なく、慈善恩賞等の府たる事とならば安泰なり」とは、まさに戦後の皇室のあり方を先取りしているような表現である。ここで原が考えていたのは、単に皇室安泰ということではなく、皇室安泰によって「政府の安泰」をはかるということであったことは言うまでもない。翌年1921年3月〜9月の皇太子・裕仁のヨーロッパ外遊の重要な目的の1つが、英皇室の対民衆福祉事業＝慈善活動を学ぶことであったことも、当時、内務省に勤務していた牧野虎次の回顧録『針の穴から』で明らかにされている(11)。

当時の、そうした皇室の「慈恵救済」活動で「恩寵」を強調する形での、「象徴権威」の誇示拡大の重要な政策の1つが、1930年頃から始まった「救癩《らい》事業」であった。「救癩」が選ばれたのは、ハンセン病問題を放置する国家を、当時、欧米社会では「文明国家」とみなさないという風潮があったからである。遅れてやってきた近代国家の日本としては、欧米諸国並みに「救癩事業」に努力している姿勢をとってみせることが必要だったのである。

1926年12月に大正天皇嘉仁が死去した後、皇太后となった貞明皇后（節子）を、この「救癩事業」の「象徴」として政府は利用し始めた(12)。天皇ではなく皇后がこの事業の「象徴」として使われたのは、奈良時代の光明皇后がハンセン病患者の背中を流し、膿を吸い取ったという伝説にあやかるという意味からであったと言われている。すでに論じたように、「慈悲」、「慈愛」は本来は母性的なものであり、家父長制的天皇制であっても、「慈恵救済」活動では、天皇よりも皇后のほうがそうした活動のための「象徴的存在」として適していたことは明らかである。

1930年、貞明皇后が、24万8千円の「御手許金」を下賜し、そのうちの20万円が「癩予防協会」設立基金のために、4万8千円が日本国内ならびに朝鮮・台湾の合計10ヶ所の私立療養所への補助などのために配賦された。1933年には満州癩予防協会、台湾癩予防協会が設立されたが、これらの協会にも貞明皇后から「下賜金」が与えられた。

しかしながら、こうした「癩予防協会」の設置は、実際には内務省がお膳立てしたものであり、「癩予防協会」は、患者の人権を甚だしく侵害する政府の絶対隔離政策と民族浄化政策を推進するための政府補助機関としての役割を担っていたのであった(13)。とりわけアジア太平洋戦争中は、ハンセン病患者たちは徹底的な隔離差別の下で苦しい生活を余儀なくされただけではなく、南西太平洋のナウル島の病院に隔離されていた39名のハンセン病患者のように、日本軍の食糧不足からの「口減らし」という理由で、全員が虐殺されてしまったケースすらある(14)。

1951年に貞明皇后は死去するが、その際にも彼女の「救癩事業への献身」が盛んに強調され、集められた「御遺金」を基金として、「癩予防協会」に代わる新しい「救癩団体」である「藤楓協会」が、高松宮宣仁を総裁として1952年に設置された。

その一方で、政府は1953年に「らい予防法」なる新法を公布し、相変わらず厳しい隔離政策を維持し、患者の人権を侵害して差別し続けた(15)。つまり、差別を隠蔽するための有効な手段として皇室の「慈愛」が使われたのである。したがって、皇室による「慈恵救済」活動は、ハンセン病患者の政府に対する不満・反発を和らげるための計画的なものであったことは明らかである。明仁・美智子夫妻も、皇太子同妃時代から2019年4月の退位まで、患者慰問のために全国14ヶ所のハンセン病療養所を訪問しているが、2005年、厚生労働省の第三者機関である「ハンセン病問題検証会議」がまとめた報告書では、「患者は皇室の権威を借りて排除された事実も指摘しなければならない」と、皇室の「象徴権威」が、ハンセン病患者の差別的支配のために明らかに政治利用されていた事実を厳しく指摘している(16)。しかしながら、明仁が皇室を代表して、ハンセン病患者個人や団体に謝罪したという話は全く聞かない。こうした皇室「慈恵救済」活動の実態にもかかわらず、戦前・戦中・戦後、一貫して「慈恵救済」は、「国体」概念の要素「象徴権威」を目に見える形で実体化するための手段としておおいに利用されてきたし、今も利用され続けているのである(17)。

(3)戦後「象徴権威」の活用 ―天皇に見る「加害と被害の逆転」と「一億総被害意識」の創出

敗戦直後、天皇制存続の危機、すなわち「国体」の危機に直面した折にも、まさにその危機回避のための有効な手段の1つとして「慈恵救済」が使われている。1945年8月には、裕仁と皇后・香淳の名前で軍人遺族、傷痍軍人らに金一封が下賜され、10月には、恩賜財団戦災援護会が設置されて引揚者に一時金が支給されている。さらには、同時期、小規模ながら巡回診療活動も皇室の慈善活動として宮内省管轄の下に始められた(18)。

1946年2月から開始された裕仁の全国「巡幸」も、実は、裕仁や宮内官僚の目から見れば、戦災で貧困にあえぐ国民に裕仁が「慰めと激励の言葉」をかけることで「天皇の慈愛」を見せる、広い意味での「恩寵行為」と認識されていた(沖縄を除くこの全国「巡幸」は、1946年2月から51年11月まで行われ、北海道だけは津軽海峡に設置された機雷が残留していたことから、安全が確保された後の1954年8月まで延期された。ただし、1948年の1年間は東京裁判判決に備えることに時間が費やされ、全く行われなかった)。

裕仁の「巡幸」を強く支持したGHQ民間情報教育局のケネス・ダイク局長は、裕仁がとくに国民の食糧問題・農業問題に注意を払うようにとの意見を出している(19)。詳しくは後述するが、同年5月19日、宮城前広場で25万人の群衆が集まって行われた食糧メーデーでは、参加者の中の共産党員の一人、松島松太郎が「詔勅 ヒロヒト曰く 国体はゴジされたぞ 朕はタラフク食ってるぞ ナンジ人民飢えて死ね ギョメイギョジ」と書いたプラカードを掲げたことが大問題となったが、この事件は食糧危機が当時いかに深刻な問題であったかを示している。メーデー参加者が「食糧危機」を天皇と直結させるような「国体危機」に直面していた裕仁が、危機打開の手段として使えるものは「象徴権威」の活用しかなく、その「象徴権威」の要素のなかでも、とりわけ「慈愛」をできる限り強調することであった。

上述したように、戦前・戦中は、皇室「慈愛」の象徴的活動は主として皇后、皇太后や女性の皇室メンバーに依拠しており、天皇は、どちらかと言えば「家父長」的な厳格な存在であり、帝国陸海軍大元帥という威厳のある権力保持者＝父としてのイメージが国民に提示される傾向が強かった。にもかかわらず、「大御心（おおみこころ＝天皇の心）は母心」というような表現もしばしば使われたように、「赤子」に対して「母性的なやさしさ」を兼ね備えている存在としても国民には知らしめられていた。戦後は、天皇の性格としてはそれまでは副次的性格であったこの「母性的なやさしさ」がにわかに強調されるようになり、皇后ではなく天皇がその「慈愛」の主体として、突然「おやさしい」存在として公的場所に現れるようになった。

こうして、「おやさしい」裕仁は、天皇制存続をかけて、戦災者激励、戦災復興状況視察、引き揚げ者援護状況視察に焦点を当てる形で全国各地を巡り、大衆に「慰めと激励の言葉」をかけ続けたのである。「慰めと激励」とは言っても、「食糧は足りているか」、「家族は無事だったか」といった類のごく形式的な、単調で無感情な言葉にすぎなかったが、新聞報道は「天皇の御高格を身近に拝し、其の厚き御仁愛を親しく直々に感受」（『静岡新聞』１９４６年６月19日）とか、「陛下のどちらかといえば女性的なやさしい態度こそ実に、平和国家日本の象徴」（『東奥日報』１９４７年８月29日）という表現で、その「慈愛」深さと「平和的性格」を強調した。そしてその「慈愛」は、1946年元日の「人間宣言」で裕仁が主張した、天皇と国民が「信頼ト敬愛トニ依リテ結バレ」ていることの証としてもおおいに宣伝されたわけである。

「慈愛」に裏付けられた「象徴権威」は、しかしながら、「巡幸」でその「象徴権威」が高まれば高まるほど、戦災を引き起こしたことに最も責任のある人物の一人であり、まさに「象徴権威」の保持者本人である天皇裕仁の「罪と責任」を見えなくしてしまうという、隠蔽作用が働いた。しかも「象徴権威」は、そのような隠蔽作用だけではなく、皮肉なことには、その「戦争加害者・責任者」を逆に「被害者」の「象徴」としてまつりあげてしまうという劇的な「逆転幻想効果」をも働かせたのである。なぜなら、論理的には、「慈愛」を施す「神聖な」主体である「象徴的人物」が、残虐な戦争犯罪を犯す加害者ではありえないからである。「おやさしい」性格であるからこそ、彼は軍人や政治権力者に利用された「戦争被害者」だということになる。「慈愛」は、本来「癒しの心」であり、それはもっぱら被害者向けであって、加害者にはそぐわない。戦争で肉体的にも精神的にも傷ついた多くの国民が渇望していたのは、食糧だけではなく、まさに「癒し」を与えてくれる「おやさしい権威者」であった。かくして、皮肉なことには、戦争を引き起こし、その結果、肉体的・精神的傷害を自分たちに与えただけではなく、その上に食糧難を産み出したことにも重大な責任を持つ人間を、「癒し」の「象徴」と見なすという大逆転の幻想に国民の多くがとりつかれてしまったのである。

敗戦直後には、東久邇宮内閣が「一億総懺悔」を唱え、戦争で敗けたことを全国民が天皇裕仁に懺悔する必要があると主張した。ところが、それから半年後の1946年2月から始まった「巡幸」では、「戦争被害の象徴」である「おやさしい」裕仁が、「敗戦に責任のある国民」に直接会って言葉をかけることで、彼らの「天皇に対する責任」が赦された。よって、「一億総懺悔」はすぐに忘れさられ、自己と天皇を戦争被害者として一体化する「一億総被害者」意識へと変転していったのもなんら不思議なことではなかったのである。言うまでもなく、「一億総被害者」意識は、日本という国そのものが戦争被害国であったという「戦争国家被害幻想」を作り出し、それゆえ自分たちの加害責任を問わないという「一億総無責任」へと即刻直結したのである。この現象こそ、天皇の「象徴権威」がいかに強く国民を規定づける――武藤一羊の表現では「象徴されるものを支配する」――かを、みごとに表明している典型的な具体例である。このプロセスを、加納実紀代は以下のように簡潔に描写している。

天皇巡幸は、……民衆に対する〈許し〉の旅でもあった。天皇さまに拝謁を許されたからには、彼らの戦争責任（敗戦責任）は、消滅したのである。天皇の戦争責任免罪のための巡幸は、民衆にも免罪を与えたといえる。あとは、一切の戦争責任はちょうど進行中の東京裁判法廷に立つ軍人、重臣たちにまかせればよい。天皇と民衆は、ともに被害者として手をとり合い慰め合い……この「無責任」の君臣一体！(20)

この一億総被害者意識は、国内で最も戦争被害が大きかった広島への裕仁の訪問で絶頂に達した。1947年12月7日、広島は、前章で見たように、「広島・長崎の犠牲の基にこそ平和が築かれた」という「被害者による原爆正当化」を国家被害のシンボルとすることで国家原理の中に取り込み、「戦争国家被害幻想」を作り出した張本人である裕仁の訪問を受けた。その日、天皇を迎え、爆心地の市民広場に約5万人の市民が集まったとのこと。この時の状況を中国新聞は、次のように報道している。

「5万人の国歌大合唱が感激と興奮のルツボからとどろき渡る。陛下も感激を顔に表され、ともに君が代を口ずさまれた。涙……涙……感極まって興奮の涙が会場を包んだ」。感激にむせぶ群衆に向かって裕仁は、「犠牲を無駄にすることなく平和日本を建設して世界平和に貢献しなければならない」と、あたかも他人ごとのような言葉を発した。このとき、裕仁が被爆者の健康について楠瀬常猪広島知事に質問したのに対し、知事は「人体の健康はまったく心配なく、植物が学問的にいえば多少の影響を残している程度で決してご心配はいらない」（強調：引用者）(21)と述べている。裕仁の東京大空襲被害状況視察にあたって被害者の屍体がきれいに片付けられ、裕仁の目には触れられないようにしたのと同様に、広島でも再び被害の実相は裕仁には伝えられず、被害者の本当の姿は「国家の象徴」＝天皇の前からは消滅させられたのである。こうして、原爆ならびに焼夷弾無差別大量殺戮に対する責任を部分的に負っていた日本陸海軍大元帥＝天皇である裕仁に、責任の自覚を被害者の側から促すことすらなかったというのが実態であった。

この無責任な「平和主義者」は、1975年10月31日、アメリカ訪問の旅を終えた記者会見で、記者の質問に答えて次のように述べた。

中村康二（ザ・タイムズ）：天皇陛下のホワイトハウスにおける「私が深く悲しみとするあの不幸な戦争」というご発言がございましたが、このことは、陛下が、開戦を含めて、戦争そのものに対して責任を感じておられるという意味と解してよろしゅうございますか。また陛下は、いわゆる戦争責任について、どのようにお考えになっておられますか、おうかがいいたします。

裕仁：そういう言葉のアヤについては、私はそういう文学方面はあまり研究もしていないので、よくわかりませんから、そういう問題についてはお答えができかねます。

秋信利彦（中国放送）：天皇陛下におうかがいいたします。陛下は昭和22年12月7日、原子爆弾で焼け野原になった広島市に行幸され、「広島市の受けた災禍に対しては同情にたえない。われわれはこの犠牲をムダにすることなく、平和日本を建設して世界平和に貢献しなければならない」と述べられ、以後昭和26年、46年とつごう3度広島にお越しになり、広島市民に親しくお見舞の言葉をかけておられるわけですが、戦争終結にあたって、原子爆弾投下の事実を、陛下はどうお受け止めになりましたのでしょうか、おうかがいいたしたいと思います。

裕仁：原子爆弾が投下されたことに対しては遺憾には思ってますが、こういう戦争中であることですから、どうも、広島市民に対しては気の毒であるが、やむを得ないことと私は思っています（22）

（強調：引用者）。

栗原貞子が怒りをもって書き綴ったように、このように、裕仁や広島市長、県知事による原爆被害の政治利用の陰で、「占領軍も民主主義勢力も行政も一貫して被爆者を抹消し闇のうちに封じこめてしまったのである。どこにも救いのない被爆者は疎開先の農村や郊外の町で『原爆の流れ者』『きたない』と疎外され、遅発性の原爆症で髪が脱け、吐血し下血して血まみれの病床で原爆を呪って死んで行った。医師は未知の兵器による未知の病気を診断することが出来ず、死亡診断書にも、『血を吐いて死んだのだから肺結核だろう』と推定の病名を書き、原爆症は闇から闇へ葬られた」(23)。

かくして、天皇の「象徴権威」は、家父長制的イデオロギーを基盤とする「恩寵」、「慈愛」という要素をフルに活用することで、敗戦後の「民主主義体制」下での占領軍＝米国による日本国民支配を、ひいては保守政権の日本政府による国民支配を支えることに大きく貢献した。したがって、政治体制は変わっても、天皇の「象徴権威」の威力という点では、「国体」は本質的には敗戦後もそのまま継続されたことは明らかである。このことは、第一次吉田茂内閣で、憲法担当の国務相に就任した法学者・金森徳次郎も明確に主張したところであった。金森は、新憲法による主権の国民所在規定から、法的には「国体」は変わったことを認めた。しかし、君主制は法的側面からのみ規定することはできず、国民感情に基礎を置く社会現象の側面から考えることも必要で、「あこがれの中心としての天皇」、すなわち「日本国民の精神結合の中心たる天皇が存在する」という意味では「国体」は不変であると、憲法担当国務相の彼は堂々と主張したのである。

こうした金森の「国体」観念説明に対して、GHQのチャールズ・ケーディス民政局次長が、憲法草案作成段階で説明されていた意味とは異なっているのではないかという懸念を表明したことがある。これに対して金森は、「国体」とは国家の根本的性格（fundamental character of state）を意味するのであって、基本的政治機構を指すのではないのであり、「天皇中心の根本的政治機構」は新憲法で完全に変更されている、という説明でお茶を濁している（24）。

敗戦で政治的権能を失った裕仁にとって、天皇である自分が「国家元首性」を確保するためには、法的には、新憲法で継続を許された「象徴権威」をできる限り活用し、「天皇への敬意、憧れ、追憶」といった国民感情を利用していくより他に途はなかった。しかし、長年にわたって政治権力と軍事権力の頂点に立ってきた裕仁にとっては、戦前・戦中の「国体」観念からの突然の思考転換はひじょうに困難であった。そのため、新憲法施行後も、首相や外相など主要閣僚からの「内奏」をしばしば要求し、安全保障問題や外交方針に関しては自分の意見もはっきりと伝えたことはよく知られているところである。首相や閣僚も、裕仁のこうした言動を違憲行為であると諌めることはなかった。裕仁は、占領期には、沖縄米軍駐留や安保問題で、直接マッカーサーに自分の意見を伝えるという違憲行為を堂々と犯したことも周知のところである(25)。

マッカーサーは、戦艦ミズリー号上で行われた日本降伏調印式の1周年記念日に当たる1946年9月2日に声明を発表したが、その声明文の中で、敗戦と米軍占領によって日本には「精神革命」が起きたと主張し、次のように述べた。「それは2千年の歴史、伝統、伝説のうえに築かれた生活の理論と実践とを、ほとんど一夜にしてめちゃめちゃにするものであった。日本国民のなかに生じたこの精神の革命は、目のまえの目的を達成するための付け焼刃ではない。それは世界の社会史上に比類なき激変である」(26)。しかし、現実にはそれは、これまで見てきたように、すぐに剥がれ落ちる「付け焼刃」以外の何物でもなかった。

(4)「象徴権威」の現代的活用――あらゆる政治社会問題を隠蔽する幻想効果と戦争責任のさらなる隠蔽

一方、青少年期にアメリカ流「民主主義」と「日本国憲法遵守」を教えこまれた明仁が天皇の座に就いた時、自分に課せられた天皇の役割として、憲法規定上の「日本国民統合の象徴」であることをいかに果たしていくかが重要であった。皇室をこれからも安泰に継続させていくためには、それが最も重要なことだと彼は考えた。ところが、憲法で規定されている「象徴」としての行為は、厳密には憲法3条から7条で定められている国事行為以外にはあるはずがないのである。にもかかわらず、本来は国事行為ではない様々な「象徴権威」活動が、敗戦後も引き続き「事実上の国事行為」として公認状態で行われてきたので、これをフルに活用することが「象徴天皇」の任務であると明仁が考えたことはほぼ間違いない。そうした「象徴権威」活動の中でも、最も国民の信頼を確保できる活動は、「国民に寄り添い、国民と苦楽を共にする姿勢」＝「慈愛表現」活動であることは、それまでの天皇・皇室活動ですでに証明済みであった。そこで彼は、妻と一緒にこの「慈愛表現」活動 ― 戦没者を慰霊し遺族を慰め、地震、火山噴火、台風などの自然災害の被災者や難病患者を励ます等々 ― にとりわけ力を入れてきたわけである。

明仁本人は、おそらく、長年にわたるこうした活動で天皇と皇室への国民の信頼を強め、かつ広めたと自負しているはずである。しかし、本人の思いとは別に、「象徴権威」は国民支配という面で極めて強力な機能を果たしてきたし、これからもその機能を果たし続けるであろう。その国民支配は、天皇の「象徴権威」が、あらゆる政治社会問題に関して、その原因や責任所在を国民の目には見えなくしてしまうことで、実際には隠蔽してしまうという形をとる。隠蔽することによって、国民が正確に現状を分析し、批判し、社会改革への展望を持つ可能性を削いでしまい、結局は現状をそのまま受け入れさせるという状態をもたらす。このような状況を作り出す天皇の「象徴権威」機能は、政権を掌握している者たちにとっては極めて都合が良い。なぜなら被治者である国民は、実際には治者＝権力掌握者が国民を支配していることに気がつかないからである。しかも、「象徴権威」を活用して現状隠蔽という役割を果たす ― そのような役割を天皇自身が自己認識しているか否かは問題ではない ―「おやさしい」天皇を批判することは、常に「社会的同調圧力」によって排除されてしまうのである。

具体的な例で、「象徴権威」が持つ社会問題隠蔽機能と社会的同調圧力機能がどのように今も作用しているのかを検証してみよう。以下は、東京新聞が報じた、明仁・美智子夫妻が２０１２年10月に福島県川内村を訪問した折の状況である。

屋根上から高圧水で民家を洗浄する除染作業を視察したときには、風が吹いて霧状の水が降り掛かったが、両陛下は気にするそぶりも見せず「線量はどれぐらいですか」「それなら大丈夫ですね」と熱心に質問を重ねた。

当時50世帯が住んでいた仮設住宅では、目線を相手の高さに合わせ、一人一人に「お体の加減はいかがですか」などと言葉をかけた。働き手は村外の避難先にそのまま残り、戻った住民の多くは高齢者。遠藤さんは「感激して涙を流す人もいた。両陛下の来訪後、村民の間で『自分たちのことは自分たちでやろう』という雰囲気が生まれた」と話す。(27)

天皇・皇后が、福島原発での大事故での放射能汚染で最も深刻な影響を受けた地域の１つである川内村を、放射能除染作業が行われている最中に訪れ、住民に放射能線量について質問し、「それなら大丈夫ですね」と応える。住民は、彼らの健康状態を心配する天皇・皇后のやさしい言葉と、彼らの高さに（二人が雲上から降りてきたかのごとくに！）合わせる目線に感激して涙を流す。二人が去ったあと、住民たちは、天皇・皇后にこれだけ「慈愛」を受けたのであるから、仮設住宅での苦しい生活に苦情を述べるのではなく、問題はできるだけ自分たちで解決するように努力していこうと発奮する。こうして原発事故の原因と事故を引き起こした東京電力の責任、さらには「日本の原発は絶対安全」という原発安全神話で国民を騙し、がむしゃらに原発を推進してきた原発関連企業と日本政府の責任、被害者はもっぱら農漁民や労働者であり加害者は経済的に裕福な電力会社の重役や政治家という貧富の差、階級制の問題などが、明仁・美智子が福島に出現したことだけでうやむやにされてしまう。のみならず、被害者の間に「自分たちのことは自分たちでやろう」という自己責任感だけが強まる。かくして、加害者と被害者の峻別は忘れ去られ、「問題解決には全員が努力すべき」という「幻想の共同性」（カール・マルクスが『ドイツ・イデオロギー』で論じた近代国民国家支配の重要な手法の1つ）が創り上げられてしまうのである。このことに何の疑問も呈せず、5年たって再び明仁賛美を記事にするメディア。もしもこの「おやさしい天皇・皇后陛下のお気持ち」を批判するような人間がいるならば、「とんでもない非国民」と非難されるであろうから、天皇・皇后批判は他人の前では誰もしなくなる、という状況が創り出されていく。

ちなみに、宮内庁は東日本大震災発生当時、単に明仁夫妻による被災者慰問だけではなく、臨時の神道儀式による災害対応を真剣に考えていたと、朝日新聞は以下のように報じている。実際にはそのような儀式は行われなかったようであるが、このことは、宮内庁職員たちにとっては、今もなお神道イデオロギーが「象徴権威」を正当化するいかに重要な要素であるかを示しているし、このような儀式が明らかに違憲行為であるという認識すらないことの証である。

天皇陛下は昨年8月にビデオで発表された「お言葉」で、「天皇の務め」は「何よりもまず国民の安寧と幸せを祈ること」と述べた。この「祈る」儀式が、新嘗祭など毎年20件以上ある宮中祭祀だ。東日本大震災の発生当時、「国家の大事を神に奉告する（奉り告げる）臨時の祭祀を行うべきではないか」という話題が、祭祀を担う「掌典職」内で語られた。(28)

明仁は妻同伴で、日本国内のみならず沖縄をはじめ太平洋の島々にまで足をのばし、「戦没者の霊を慰める」という「慰霊の旅」も続けてきたことは周知のところである。例えば、2015年4月には、パラオ島とペリリュー島への「慰霊の旅」に出かけ、これをメディアが盛に報道。戦没者に対する明仁の真摯な態度と慈悲深さが絶賛された。パラオに向けて旅発つ直前に明仁が発表したメッセージの中には、次のような言葉が含まれている。

本年は戦後70年に当たります。先の戦争では、太平洋の各地においても激しい戦闘が行われ、数知れぬ人命が失われました。祖国を守るべく戦地に赴き、帰らぬ身となった人々のことが深く偲ばれます。……

終戦の前年には、これらの地域で激しい戦闘が行われ、幾つもの島で日本軍が玉砕しました。この度訪れるペリリュー島もその1つで、この戦いにおいて日本軍は約1万人、米軍は約1，700人の戦死者を出しています。太平洋に浮かぶ美しい島々で、このような悲しい歴史があったことを、私どもは決して忘れてはならないと思います」(29)（強調：引用者　なお、米軍戦死者約1，700名という数字は実際の死亡者数より600名以上少ない）。

ペリリュー島では、1944年9月15日から11月25日まで74日間にわたって文字通りの死闘が続いたわけであるが、最終的に「玉砕」を余儀なくされた日本軍側の戦死者は1万695名（このうち約3千名は朝鮮人労務者）、米軍の捕虜となった者202名、戦闘が終結した後も洞窟を転々と移動して生き延びた者が34名。これらの生き残り兵が米軍に投降したのは、なんと敗戦から2年半以上過ぎた1947年4月21日のことであった。食糧・武器弾薬の補給が全くなく、ゲリラ戦法に依存するよりほかなかった日本軍に対して、米軍側がこの戦闘に投入した将兵数は4万7，561名。戦車117両、火砲729門など重装備の米軍であったが2，336名の死者と8，450名以上の負傷者を出した。幸いにして島民は全員が戦闘開始前に強制退避させられていたため、現地住民には死傷者は一人もいなかった。この戦闘中、天皇裕仁は日本軍を鼓舞するため、隊長であった中川州男大佐に11回もの嘉賞（「お褒め」の言葉）を送っているのである。戦闘に勝目が全くないことは当初から分かっており、しかもその結果が98パーセントという死亡率であったということは、この嘉賞は、「汝らは死んで朕につくせ」という命令を、間接的に「嘉賞」という形で幾度もくり返し表現したに過ぎないのである(30)。

あらためて説明するまでもないが、ペリリュー島での戦闘だけが日本軍将兵に多くの死傷者を出す結果になったわけではない。1942年8月に始まるガダルカナル島での戦闘での2万860名の死者（そのうち1万5千名が餓死・病死）や、合計15万7，646名という大量の兵員が送り込まれた東部ニューギニアでは、敗戦時の生存者はわずか1万724名。すなわち94パーセントという高死亡率で、ここでもその多くが餓死・病死であった。1944年になると、日本が占領していた太平洋の島々に米軍が次々と攻撃をかけ北上する作戦を展開したため、ブーゲンビル、ポナペ、トラック、グアム、サイパンなど多くの島が攻撃目標となり、兵員だけではなく無数の民間人が犠牲となったことも周知のところである。サイパンでは日本兵と在留民間日本人の合計5万5千人以上が死亡したが、その多くが「自決者」であった。ペリリュー島での悲惨で無意味な「玉砕」作戦は、1945年2月19日から始まり3月26日に終結した硫黄島での戦闘でくり返され、さらに10万人の兵員死亡者のうえに10万人ほどの民間人を犠牲にした沖縄戦でもくり返された(31)。

熱帯地域で餓死・病死に追いやられ、なんとか生き延びても「玉砕」という自殺行為を強いられた、このような無数の兵たちを「祖国を守るべく戦地に赴き、帰らぬ身となった」という美辞麗句で表現することですませ、あの戦争は本当に「祖国を守る」ための戦争だったのか、何のための戦争だったのか、とりわけ、いったいその責任は誰にあったのかは一切問わない。彼ら「帰らぬ身となった」者たちは、はっきり言えば「犬死に」したのである。彼らの死は、「悲惨、無意味、一方的に殺戮された」結果の死、つまり小田実が喝破したように「難死」以外のなにものでもない(32)。しかも「難死」させられた者は、これまた小田が適格に述べているように、国家と元首である天皇に見捨てられた「棄民」である。しばしば我々が耳にする天皇や政治家たちの言葉、「戦争犠牲者のうえに戦後の日本の繁栄がある」などというのは詭弁に過ぎない。彼らの「難死」は戦後の「繁栄」とはなんの関係もなかった。

明仁のみならず、明仁を見習う天皇家一族の「慈悲深さ」をメディアは絶賛し続けた。同時にほとんどの日本国民が、そうした報道をなんの疑問も感ぜず全面的に受け入れ、明仁と美智子を深く尊敬し、二人の慈愛活動をいたくありがたがったのである。「このような悲しい歴史があったことを、私どもは決して忘れてはならないと思います」という明仁の言葉を真に実践し、「犬死に」させられた人間のことを記憶に留め、同じような歴史をくり返さないようにするために絶対不可欠なことは、日本人は「なぜゆえに、このような悲しい歴史を歩まなければならなかったのか」、「そのような悲しい歴史を作り出した責任は誰にあるのか」という問いである。ところが、明仁の「ありがたいお言葉」

には、「悲しい歴史」を作り出した「原因」と「責任」に関する言及は、どの「慰霊の旅」でも、また例年の「終戦の日」の「戦没者追悼式」での「お言葉」でも、常に完全に抜け落ちていた。最も重大な責任者であった彼の父親、裕仁の責任をうやむやにしたままの「慰霊の旅」は、結局は父親の責任を曖昧にすることで、国家の責任をも曖昧にした。つまり、換言すれば、明仁・美智子の「慰霊の旅」は、本人たちの意識にかかわらず、裕仁と日本政府の「無責任」を隠蔽する政治的パフォーマンスだったのであるが、この本質を指摘するメディア報道は文字通り皆無であった。それどころか、日本国家には戦争責任があるという明確な意見を持っている進歩的知識人と呼ばれる者たちの中にさえ、こと明仁の「慰霊の旅」については、この本質を見落とし、明仁尊敬の念を表明する人間が少なくないことに、筆者は少なからぬ驚きを覚えるのである。

「慰霊の旅」の目的は、もっぱら日本人戦没者の「慰霊」であって、日本軍の残虐行為の被害者の「慰霊」が行われることはほとんどなかった。時折、「お言葉」の中で、きわめて抽象的あるいは一般的な表現で連合軍側やアジア太平洋地域の国々での「戦争の犠牲者」について触れることはあっても、いずれの「慰霊の旅」でも中心はあくまでも日本人戦没者であった。2005年6月、明仁夫妻の初の海外慰霊の旅となったサイパン訪問では、多くの日本人が崖から身を投げて自殺した「バンザイ・クリフ」の前で、二人は深々と頭をさげた。この旅では韓国人犠牲者の慰霊塔にも訪れたが、実は、これは当初の日程には含まれていなかった。ところがサイパン島の韓国人住民が明仁に謝罪を求めて抗議運動を起こしたために、急遽行われたのである。謝罪はなかったが、この後で抗議運動は静まったとのこと(33)。

したがって、明仁夫妻の旅は、裕仁の「巡幸」と同じく、結局、日本人の「戦争被害者意識」を常に強化する働きをしたが、日本軍戦犯行為の犠牲者である外国人とその遺族の「痛み」に思いを走らせるという作用には全く繋がらなかった。すなわち、日本人の「加害者意識」の欠落を正し、戦争被害を加害と被害の複合的観点から見ることによって、戦争の実相と国家責任の重大さを深く認識できるような思考を日本人が養うことができるような方向には、「慰霊の旅」は全く繋がらなかった。こうして、「日本国、日本人は戦争被害者でこそあれ加害者などではない」という国家価値観が作り上げられ、それが今も国民の間で広く強固に共有されている。そればかりではなく、非日本人の戦争被害者、とりわけ日本軍の残虐行為の被害者には目を向けないという排他性が、日本人の他民族差別と狭隘な愛国心という価値観を引き続き産み出す、隠された原因ともなっているのである。そのような価値観を共有することが国民の知らないうちに強制されていくという、「国家価値規範強制機能」が天皇の「象徴権威」にはあるのである。明仁・美智子夫妻のこうした「慰霊の旅」のパターンと「象徴権威」の機能は、そのまま新天皇夫婦にも受け継がれていくことは間違いないであろう。

明仁がいたく重要視した「天皇の象徴活動」は、このように、実際には極めて政治的な意味を強く且つ深く内在させているものなのである。くり返し述べておくが、それは「国体構成要素」の1つである天皇の「象徴権威」を巧妙に活用する国民支配機能、すなわち被支配者に「支配」を「支配」とは感じさせない国民支配機能であり、権力支配者側にとっては極めて都合の良い政治機能なのである。天皇の政治性を全く否定したかのように映る8条からなる憲法第1章は、実はこのように、国民の社会政治意識支配という面で、並々ならぬ影響力を深く内在させているのである。

(5) 天皇裕仁の戦争責任追求を通して「天皇人間化」を目指した労働運動家、学生と元日本兵

したがって、こうした巧妙な民衆（とりわけ〝民衆意識〟）支配機能をもっている天皇制の「象徴権威」に対して、我々市民の側は、いかにすればその民衆支配のカラクリを暴き出し、そのような「象徴権威」を持っている天皇個人を、天皇という神がかり的で雲上人的な地位からいかにしたら我々市民と同じレベルにまで引きずり降ろすことができるか、ということを考える必要がある。「引きずり降ろす」という意味は、我々大衆の意識の中で、「天皇は特別に崇敬すべき」と捉えられている存在から、長所短所の様々な性格要素と喜怒哀楽の感情をもった「我々と同じ人間」としての存在になるまで変革する、ということである。そうした我々の側の意識変革が、「象徴権威」を打破するためには必要であるし、天皇制廃止のためには「象徴権威」の打破は欠かせない。

戦後の歴史において、天皇の「象徴権威」に力強く立ち向かい、天皇を雲上から地上に引きずり降

ろそうと試みたケースはごく少ないが、これまでにあることはある。

Ａ「食糧メーデー・プラカード事件」裁判

その最初のケースは、いわゆる１９４６年5月19日の「食糧メーデー・プラカード事件」である。戦時中は食糧生産事情が悪化していた上に、１９４５年の夏は冷夏、秋には台風が幾つも襲来したため、上述したように１９４６年の年明け以降、食糧事情は危機的状況となり、全国で餓死者が続出した。その一方で、戦時中に軍需として貯蔵されていた多量の食糧が戦時利得者（いわゆる闇商人）や官僚（とりわけ農林省、外務省、警視庁、都庁の職員）によって隠匿されており、もちろん皇居の台所にも贅沢な食料品が山ほどあった(34)。

したがって、46年のメーデーが食糧配給を要求する「飯米獲得人民大会」となったのも当然であった。25万人という驚くべき数の参加者があったこのメーデー集会では、「欠配米の即時支給」、「学童への給食の復活」、「妊産婦へ栄養の増配」、「乳幼児への即時牛乳の配給」、「米軍より政府に引渡食糧の人民管理」、「強権発動反対・農民の自主供出」など、16項目の要求が決議された。この集会に出席していた田中精機工業社員（同時に同社労働組合委員長）で共産党員の松島松太郎が、プラカードを掲げて参加。そのプラカードの表面には、「ヒロヒト　詔書曰ク　国体はゴジされたぞ　朕はタラフク食ってるぞ　ナンジ人民飢えて死ね　ギョメイギョジ」、裏面には「働いても　働いても　何故私達は飢えねば

ならぬか 天皇ヒロヒト答えて呉れ 日本共産党田中精機細胞」と書かれていた(35)。戦争に国民を駆り立てて多くの命を奪い、さらに戦後の窮乏化で多くを餓死させている国家元首・裕仁の責任を痛烈に揶揄した内容の文章であった。

松島はこのプラカードのために検挙され、当時まだ効力のあった旧刑法の「不敬罪」で起訴された。ところが「不敬罪」を反民主主義的な悪法と考えていたGHQの圧力のために、同年11月2日、東京地方裁判所での第1審判決では、不敬罪は認められずに名誉毀損罪が認められた。その結果、天皇に対する名誉毀損で松島は懲役8ヶ月の判決を受けた。ところがその翌日、日本国憲法の公布にともなう大赦令によって免訴とされた。免訴とはいえ、名誉毀損罪という犯罪歴そのものが消えるわけではないので、これを不服として松島は控訴した(36)。

ところが、47年6月28日、東京高等裁判所での控訴審判決でも免訴とされた。免訴により不処罰とはなるが、職権判断で改めて審理をしたところ、公訴事実となる不敬罪そのものは一応成立していたという判断が下された。今度は「不敬罪」にもかかわらず免訴となったことに対し、松島はさらに上告。これに対し、48年5月26日、最高裁は、大赦がなされた後においてなおも審理を継続し、ましてや犯罪の成立を認定する職権判断は違法であるとの判断を下した。しかし、犯罪の成立決定は破棄されていないが、大赦によって公訴権が消滅したのだという理由で上告を棄却したのであった(37)。つまり、大赦がなかったならば、「民主憲法」下においても、松島は天皇に対する「不敬罪」と「名誉毀損罪」で実刑を受けていた、という驚くべき結果となっていたのである。「民主化」されたはずの「天皇制」に対する一市民の非暴力的な批判に対し、このような不条理な判断を裁判所は出したのである。

　この裁判で重要視しなければならないのは、第1審の公判で松島の弁護人を務めた正木ひろし弁護士が主張したその内容である。すなわち、検察側が主張するように松島のプラカードが名誉毀損罪に確当するのであれば、それは刑法232条の「告訴ヲ待テ之ヲ論ズ」という親告罪を前提としている。したがって、裕仁本人が出廷してその「被害」を述べなければならない、という主張である(38)。法廷に天皇を引きずり出し、じかに発言させる。これは旧憲法で規定された天皇の「神聖不可侵性」、それを継承する新憲法を拠りどころとする「象徴権威」に対する真っ向からの挑戦である。天皇が普通の人間であり、名誉毀損の被害者であるなら、出廷してはっきりと自分の意見を述べるべきだという、いたって当然の論理だ。おそらく、天皇を証人喚問するために出廷を要求したのは、日本の裁判史上これが初めてのケースであったと思われる。

　裁判長・五十嵐太仲は、この正木の要求に驚いて、最初はどう判断してよいのか困ってしまったようである。しかし、最終的に五十嵐は、「告訴は単に親告罪の訴追を被害者の意思に係らしめる形式的要件であって、犯罪の成立に必要な構成要件ではない」とワケの分からない理由をあげて、天皇を喚問する必要なしという判断を下した(39)。これは、「天皇の意思」を検事が忖度で尊重して、天皇に対して無礼な態度をとった人間を訴追することにはなんら問題がないと判断したと解釈してよいだろう。「天皇を法廷に呼び出すなどという不敬は、畏れおおくてとてもできない」というのが、五十嵐の本音であったのであろう。しかし、雲上と地上の間で宙ブラリンとなった状態の天皇を、地上にまで引きずり降ろす試みという点で、裕仁の裁判証人喚問要求は、実現しなかったとはいえ、画期的な一歩であったと言ってよい。

B 京都大学訪問の天皇裕仁への公開質問状

戦後の「象徴権威」打破のための試みの2番目のケースは、裕仁の戦争責任を個人的に問うという形をとることで行われた。裕仁個人宛ての公開書簡を通して、人間として彼と対等の立場にたって、彼の人間性に訴えるという、読者にきわめて分かりやすい内容で、裕仁を「人間化」することで彼を地上にまで引きずり降ろすことに見事に成功している。

この2番目のケースについては、まず１９５１年５月に京都大学の医学部と理学部の両学生自治会が企画した「原爆展」の説明から始めなくてはならない。原爆攻撃の直後に広島に送り込まれた複数の調査団の中には、京都大学（医学部と理学部）の調査団もあり、派遣された教官や学生が原爆被害の調査・研究、生存者の治療などに当たった。大学内の「わだつみの声にこたえる全学文化祭」の一企画として催されたこの「原爆展」は、調査団のメンバーであり、被害状況に詳しい医学部助教授・天野重安と理学部教授・木村毅一、ならびに被爆者作家・太田洋子の講演を中心にしたものであった。この学内企画が大きな反響を呼んだため、京都大学の全学学生自治会である「同学会」が、この「原爆展」をもとに、科学、医学、社会、政治など、もっと総合的な側面から原爆をとらえる、一般市民向けの「綜合原爆展」を学外で開催することを計画した(40)。

他大学の学生も加わって、数百人にのぼる学生ボランティアが奮闘した結果、京都駅前の丸物百貨店(後の京都近鉄百貨店)で、「綜合原爆展」を同年7月14日から10日間にわたって開催することができた。この原爆展では、原爆の製造過程と物理学的原理、放射能被害の状況、核兵器国際管理の実態、原爆文学作品などについて解説するとともに、被爆者の無惨なケロイド傷害を紹介するスチール写真も含めて、190枚のパネルが展示された。さらには、丸木位里・俊夫妻が制作した『原爆の図』の第1部から5部までが展示され、そのうちの4部と5部は初公開されたものであった。当時まだ占領下にあった日本でこのような総合的な原爆展が開催されたのは初めてで、10日間で約3万人が訪れるという大成功をおさめた(41)。占領下にもかかわらず、このような原爆批判の大々的な展示会を開くことができたのは、この2ヶ月後の9月4〜8日にはサンフランシスコ講和条約と安保条約が調印され、翌52年4月28日の講和条約発効とともに日本が「独立」することになっていたため、プレスコードがかなり緩められていたという状況があった。ちなみに、この綜合原爆展の純益は、財政に困窮しながらも広島で原爆孤児を収容していた孤児園に全額寄付された（42）。

多くの市民が見た「総合原爆展」は夏休み中の開催であったため、学生に見てもらうことを目的に、同学会は、同年11月10日から大学本部のある吉田キャンパスで開催予定の秋の大学文化祭で再びこの原爆展を開くことを計画し、大学当局に許可を申請した。ところが、大学側はすぐにはこの申請に対する回答をせず、結局は理由も述べずに、同学会が希望していた11月中旬ではなく初旬ならよいと同学会に通知。大学側が開催時期にこだわったわけは、11月中旬には、対日講和条約・安保条約の批准決定が国会で行われる予定であったうえに、京都・奈良を巡行する天皇裕仁が京都大学吉田キャンパスを訪問することにもなっていたからであった（43）。当時は、レッド・パージ、朝鮮戦争、講和問題などをめぐって反政府運動が昂揚していたときであり、京都大学でも学生運動が先鋭化していた時期でもあった。とりわけ、1950年6月に勃発した朝鮮戦争とそれに伴うＧＨＱによる「警察予備隊」（1954年に「自衛隊」に改組）創設指令は、学生の間に再び戦争に巻き込まれるのではないかという危機感を煽り、反戦運動を活発化させた。また、サンフランシスコ平和条約が米国をはじめとする西側諸国との「片面講和」であることに対しても、学生たちは強く反対していた。大学側の反応は、明らかに、裕仁の大学訪問と大学文化祭が重なって、学生側がこれを機に政治的活動を展開する可能性があることを危惧した結果であった。

大学側が、突然10月27日になって、秋季文化祭を11月1～2日とすることを一方的に発表したため、開催期日についての交渉は決裂し、文化祭計画は頓挫。したがってその中心企画の「原爆展」も棚上げ状態となってしまった。その後まもなく、天皇裕仁が京都・奈良巡行中の11月12日の午後に1時間ほど京都大学を訪問することが判明し、学生たちは、大学側が文化祭開催期日についてなぜそれほどまでに強硬な態度をとっていたのかを初めて知った。しかし同学会は、裕仁を「歓迎もしなければ拒否もしない。天皇にはありのままの京大を見てもらいたい」という方針を決め、そのことを11月10日に新聞記者たちにも伝えたのである(44)。同時に同学会は、裕仁に「公開質問状」を作成し、これを学長が裕仁に直接渡すように大学側に要求したが、拒否された。

11月12日午後1時頃には大学キャンパスの時計台前広場には約2千人ほどの学生・教職員が天皇を一目見ようと集まっていた。門前には縦3メートル、横2メートルほどの「願」と題された看板が立てられ、そこには「神様だったあなたの手で我々の先輩は戦場に殺されました。もう絶対に神様になるのはやめて下さい。『わだつみの声』を叫ばせないで下さい。京都大學學生一同」と書かれていた。

裕仁が到着する直前に、門外に停車していた毎日新聞社の車から「君が代」が流され始めたが、これに反発した学生たちが、誰に指導されるというわけでもなく、自発的に反戦歌「平和を守れ」を歌い始め、これがまたたく間に大合唱となった。その中を天皇を乗せた車が到着し、大学教授たちによる進講を受けるために本部会議室に入っていった。裕仁は午後3時過ぎに大学を去るが、その間ずっと学生たちは反戦歌を歌い続けた。大学側は、裕仁が去る時の進路を確保するために警察隊を学内に導入し、裕仁は警察隊が作った人垣の中を通ってキャンパスをなにごともなく去っていった。学生たちは天皇一行が到着したときも去っていったときも、遠巻きに反戦歌を合唱していただけで、なんらの妨害行動もとらず、警察官との衝突もなかった。同学会は、むしろ学生整理で大学に協力する働きをしたのであった(45)。

ところが、翌日13日の新聞各紙は、この京都大学での状況を「共産党のしわざ」、学生たちが「インターナショナル」を歌った、常軌を逸した「左翼小児病」の行動などと報道し、地元の京都新聞も「天皇への無礼と京大の責任」という論説で、学生たちがあたかも「不敬事件」を起こしたごとく批難した。さらに、同日の衆議院文部委員会でも、審議中の大学管理法案との関連で天野貞祐文相がこの「事件」に言及するという大騒ぎをしたのである。15日には京都大学当局は、同学会が「計画的に」起こした「混乱」であるとして解散を命令し、さらには同学会委員会幹部8名を無期限停学処分とし、事実上退学させるという厳しい措置をとった。11月26日には、服部峻治郎学長と同学会委員長・青木宏を衆議院法務委員会に呼び出して喚問し、ここでも学生たちが「不敬罪」を犯したごとく批難して、政府(吉田茂内閣)と与党自由党は、この「事件」を大学への警官の自由な立ち入りを認めさせるきっかけにしようと画策した。京都地検も公安条例違反で関係者を起訴しようとしたが、立証できなかったため断念したのであった(46)。

政府がこの「事件」をもはや無効となった「不敬罪」と同等な犯罪行為にでっちあげることで、大学側にも圧力をかけ、京都大学の反政府的な学生運動、とりわけ共産党徳田派の影響を強く受けていた同学会を押しつぶそうとはかったことは明らかである。

同学会が用意した裕仁への「公開質問状」は裕仁に渡されることはなかったが、この書簡も検察は、一時、「集団暴力事件」として取り扱いできないかと案を練ったようであるが、当然、立証不可能であった(47)。検察としては、「不敬罪」としたかったのであろうが、そのような「犯罪」はもはや存在しなかった。

この質問状は京都大学理学部学生で同学会委員の一人、中岡哲郎(現在は大阪市立大学名誉教授)が書いたものであるが、中岡は戦時中は海軍兵学校の生徒であった。後年、中岡は、この質問状を執筆しているとき、自分の眼の前に浮かんでいたのは、三八式小銃の銃身に刻まれた「菊の紋章」であったと述懐している(48)。以下がその質問状の全文である。

私たちは一個の人間として貴方をみる時、同情に耐えません。例えば、貴方は本部の美しい廊下を歩きながら、その白い壁の裏側は、法経教室のひびわれた壁であることは知ろうとはされない。貴方の行路は数週間も前から、何時何分にどこ、それから何分後にはどこときっちり定められていて、貴方は何等の自主性もなく、定まった時間に定まった場所を通らねばなりません。貴方は一種の機械的人間であり、民衆支配のために自己の人間性を犠牲にした犠牲者でありま す。私たちはそのことを人間としての貴方のために気の毒に思います。

しかし、貴方がかつて平和な宮殿の中にいて、その宮殿の外で多くの若者達がわだつみの叫びをあげうらみをのんで死んでいる事を知ろうともされなかったこと。今と同じようにすじがきに従って歩き乍ら太平洋戦争のために軍国主義イデオロギーの支柱となられたことを考える時、私たちはもはや貴方に同情していることはできないのです。しかし貴方は今も変っていません。名前だけは人間天皇であるけれど、それがかつての神様天皇のデモクラシー版にすぎないことを私たちは考えざるを得ず、又、単独講和と再軍備の日本で、かつてと同じような戦争イデオロギーの一つの支柱として役割を果たそうとしていることを認めざるを得ないのです。我々は勿論かつての貴方の責任を許しはしないけれど、もう一層貴方が同じあやまちをもう一度くり返さないことを望みます。

そのためには私たちは貴方が退位され、天皇制が廃止されることを望むのですが、貴方自身それを望まぬとしても、少くとも一人の人間として憲法によって貴方に象徴されている人間達の叫びに耳をかたむけ、私たちの質問に人間として答えていただくことを希望するのです。

質問

一　もし、日本が戦争に巻き込まれそうな事態が起るならば、かつて終戦の証書において万世に平和の道を開くことを宣言された貴方は世界に訴えられる用意があるでしょうか。

二　貴方は日本に再軍備が強要される様な事態が起った時、憲法に於て武装放棄を宣言した日本国の天皇としてこれを拒否する様呼びかけられる用意があるでしょうか。

三　貴方の行幸を理由として京都では多くの自由の制限が行われ、又準備のために貧しい市民に廻るべき数百万円が空費されています。貴方は民衆のためにこれらの不自由と、空費を希望されるのでしょうか。

四　貴方が京大に来られて最も必要なことは、教授の進講ではなくて、大学の研究の現状を知り、学生の勉学、生活の実態を知られることであると思いますが、その点について学生に会って話し合っていただきたいと思うのですが不可能でしょうか。

五　広島、長崎の原爆の悲惨は貴方も終戦の詔書で強調されていました。その事は、私たちはまったく同意見で、それを世界に徹底させるために原爆展を製作しましたが、その開催が貴方の来学を理由として妨害されています。貴方はそれを希望されるでしょうか。又、私たちはとくに貴方にそれを見ていただきたいと思いますが、見ていただけるでしょうか。

私たちはいまだ日本において貴方のもっている影響力が大であることを認めます。それ故にこそ、貴方が民衆支配の道具として使われないで、平和な世界のために、意見をもった個人として、努力されることに希望をつなぐものです。一国の象徴が民衆の幸福について、世界の平和について何らの意見ももたない方であるとすれば、それは日本の悲劇であるといわねばなりません。私たちは貴方がこれらの質問に寄せられる回答を心から期待します。

昭和26年11月12日

京都大学同学会

天皇裕仁殿(49)

裕仁をあくまでも一個の人間ととられ、その人間の感情に真剣に訴える、ひじょうに感動的な内容の質問状である。「少なくとも一人の人間として憲法によって貴方に象徴されている人間たちの叫びに耳をかたむけ、私達の質問に人間として答えていただくことを希望する」という要求は、我々に「天皇の象徴性」について熟考することを迫る。すでに見たように、憲法1章で規定された天皇には「人間性」が完全に欠如している。我々生きている国民一人一人、喜怒哀楽をもったその一人一人の人間性を、本来は「日本国民統合の象徴」である天皇が象徴していなければならない。ところが、そのまさに象徴である天皇には人間性を持つことが許されていない、この解決しがたい根本的な矛盾が憲法に深く根をおろしているのである。

C 裕仁を狙った「パチンコ玉発射事件」裁判

天皇の雲上からの引きずり降ろしの試みの3つ目のケースは、上述の京都大学でのケースと同じく裕仁の戦争責任を個人的に問うものであったが、その責任追求を、「食糧メーデー・プラカード事件」同様に、裁判闘争で行うというものであった。

戦地に送り込まれた16万人近い兵員の9割以上が餓死と熱帯病で死を遂げたニューギニア戦線での数少ない生き残り兵の一人、奥崎謙三は、1969年1月2日朝の新年一般参賀で、皇居長和殿東庭側ベランダに立った裕仁を狙って、25・6メートルの距離から、パチンコ玉3発をまとめて発射、続いてもう1発を「おい、ヤマザキ、ピストルで天皇を撃て！」と大声で叫びながら投射した。裕仁には1発も当たらなかった（因みに、奥崎はピストルなど実際には所持していなかった。当時はバルコニーに防弾ガラスが入っていなかったのであるが、この事件以降から入れるようになったとのこと）。なぜ「ヤマザキ」なのか？その「ヤマザキ」は、ニューギニアでほとんどが餓死した独立工兵第36連隊の自分の仲間の一人であった(50)。奥崎は、前日の1月1日に上京し、ニューギニア戦の戦友の一人に会って、「自分なりの方法で戦友に対する慰霊祭を行うために上京した」と述べている。奥崎のこの奇抜な行動は、裕仁の戦争責任を暴力的に問うという行動で、死んだ戦友たちの霊を慰めたいという慰霊の儀式であった。多くの戦友の壮絶な死を目にした生き残り兵が、真面目な人間であればあるほど、「自分だけが生き残った」という一種の罪悪感から逃れきれず、死者の怨念にとらわれていくというケースはしばしば見られることである。奥崎も、その典型的な一人であったように思われる。

奥崎はその場で即座に逮捕された。というよりは、逮捕してくれるように警官に頼んだのである。奥崎は、最初から法廷で裕仁の戦争責任を徹底的に追求する目的でこの事件を犯したのである。「ヤマザキ、ピストルで天皇を撃て！」と叫んだのも、「ピストル」と聞けば警官がすぐに奥崎を見つけて逮捕するだろうという希望的な予測によるものであった。ところが大勢の一般参賀者の中から彼を見つけるのに警察官が四苦八苦していたため、奥崎の方から近くにいた警官に接近して、「自分がやった、警察に行こう」と迫ったのであった。検察側も奥崎の意図を知ってか、最初は彼を偏執病に病んでいる「精神異常者」としてかたづけてしまい、裁判を避けようとしたようである。しかし、精神科医の診断で「問題なし」という結果がでたため、裁判にもちこまざるをえなくなった。裕仁に対する「暴行罪」による起訴である(51)。

奥崎は身柄拘束のまま起訴され、1970年6月8日の東京地方裁判所の1審で、暴行罪を定めた刑法102条違反として、懲役1年6ヶ月の有罪判決を受けたが、奥崎側も検察側も控訴した。2審は、東京高等裁判所で行われ、1970年10月7日に、1審と同じ懲役1年6ヶ月の有罪判決を受けた。しかし、2審では、1審の未決勾留日数の算定方法と意見が食い違ったため、2審判決は、形の上では「原判決破棄」の上で新しく出された判決となり、その結果、即日釈放された。検察側は、裕仁自身がパチンコ玉に気がついたかどうかも分からない、暴行罪未遂とも言えるこの些細な行為に対して、累犯加重の懲役3年の求刑を行った。暴行罪の法定最高限は懲役2年であるが、1年6ヶ月という重い実刑判決内容だった。それだけではなく、逮捕されてから1年6ヶ月（604日）の間、一度も保釈されずに身柄を拘束され続けたのも、通例の暴行事件と比較しても異例なことであった。しかも、1審中では、被告人の申請を受け入れて、裁判所が保釈許可の決定を下したにもかかわらず、高裁の決定で却下されたため、保釈はされなかったのである(52)。これは暴力行為の対象が、通常の市民ではなく、「日本国の象徴」の天皇裕仁であったことからの特別の処置であり、その意味では憲法第14条（「すべて国民は、法の下に平等」）に抵触していたのではないかと考えられる。

奥崎は、東京地方裁判所の第1審で、憲法上刑事被告人に保障された権利である「すべての証人を審問する権利」に基づき、「被害者」である天皇裕仁の証人請求を行うと同時に、10項目にわたる尋問予定事項を提出した。その中には、次のような質問が含まれていた。「被告人（奥崎）が、聖戦の名の下に行われた太平洋戦争に徴収され、ニューギニア島で戦い、傷つき、辛うじて生き残った帝国陸軍の一兵卒であったことを知っていますか」「あなたは被告人が徴収された帝国軍隊（いわゆる皇軍）の統帥権者の地位にあり、その権威の下に右戦争が遂行されたこと、そして被告人が右戦争の犠牲者・被害者の一人であることを同じ人間としてどう考えますか」「被告人が、ニューギニア島で飢え、傷つき、そして死んでいった同じ部隊の何千の戦友たちへの慰霊・供養として本件行為に出たことをあなたはどう考えますか」(53)(強調：引用者)。

ここには、前述の「食糧メーデー・プラカード事件」裁判の正木ひろし弁護士と同じように、奥崎が天皇をあくまでも一個の人間とみなし、その人間に対して、多くの人間を死なせたことの責任に対する個人的感情を問いただしていることが明瞭となっている。こうして問いただされた天皇からは、「神聖不可侵性」や「象徴権威」が見事に剥ぎ取られ、追求された責任問題に一個の人間としてどう思っているのか答えざるをえない状況に裕仁はおかれるはずであった。しかし、裁判長・西村法は、「食糧メーデー・プラカード事件」裁判の判事・五十嵐太仲のような意味のない口実的な説明すらなしに、奥崎の請求に対してただ「必要なし」とだけ答えて、「暴力事件」の「被害者」に対する尋問請求を拒否したのである(54)。こうして被害者側からの証言や供述調書は一通すらなく、この「暴行事件」は裁判にかけられ、奥崎は懲役1年6ヶ月という判決を受けた。事実上、奥崎の「暴行罪」は「不敬罪」なみの取り扱いを受けたのである。

2審判決は、明らかに憲法第14条に抵触する内容となっているだけではなく、奥崎の行動が憲法第1条に対する「犯罪行為」であるとまで厳しく断罪し、裁判長・栗本一夫は次のように述べた。「検察官の主張をみるに、所論がその理由の第一として、本件が日本国憲法によって、日本国の象徴、日本国民統合の象徴としての地位を有する天皇に対する犯行であって、極めて悪質であり、社会的影響も甚大であるとする点に対しては、もとより同調する……」(55)(強調:引用者)。これは、戦前・戦中の「不敬罪」を想起させるような内容の判決文である。ところが、1審判決同様にこの2審でも、検察側の控訴要求は「暴力事件としては余りにも重きに過ぎる」として、同じ懲役1年6ヶ月の判決内容を量定した。つまり、明らかに判決内容に矛盾がみられるのである。天皇の存在には一般国民とは決定的に異なった特別の法的地位があり、したがって奥崎の行動が憲法第1条に対する由々しい犯罪行為であったと主張するなら、簡単に「一暴力事件」として処理することができないはずである。逆説的に言えば、奥崎の行動を一般国民に対する「一暴力事件」として取り扱うのであれば、天皇の存在に特別の法的地位を認めること自体に論理性がなくなるはずである。しかも、憲法1条に反するという判断は、天皇を「日本国の象徴、日本国民統合の象徴」と認めないこと自体が憲法違反であるということを示唆しているように思える。すなわち「主権の在する日本国民の総意に基」いて決められたはずの天皇の地位に関して、国民の一人である奥崎が、その「総意」に賛成しないことが犯罪視されているということを意味しているのではなかろうか。その意味では、明らかにこの判決は奥崎の行動を「不敬罪」とみなしていることになる。しかし、ひじょうに興味深いのは、この2審判決を受けて奥崎が最高裁への上告のために準備した趣意書の内容である。それは、「極めて悪質であり、社会的影響も甚大な」、天皇に対する「犯罪」という2審判決に真っ向から挑戦した、見事な論理性をもった格調高い主張となっている。その主張の趣旨は、憲法第1章「天皇の規定」は、憲法前文の「人類普遍の原理」からして違憲無効の存在であるというものである。実は、同じ主張を、奥崎は2審の裁判中から唱えていたのであるが、その主張を最高裁への上告の折にも繰り返したのである。「人類普遍の原理」に言及する憲法前文の部分は、第1段落の以下のような文章である。

> そもそも国政は、国民の厳粛な信託によるものであつて、その権威は国民に由来し、その権力は国民の代表者がこれを行使し、その福利は国民がこれを享受する。これは人類普遍の原理であり、この憲法は、かかる原理に基くものである。われらは、これに反する一切の憲法、法令及び詔勅を排除する。（強調：引用者）

憲法前文のこの「人類普遍の原理」に照らして、憲法第1章「天皇」は違憲であるという主張を、奥崎は次のように展開した。

> 1、2審の判決と求刑をした裁判官、検察官は、本件の被害者と称する人物を「天皇」であると認めているが、現行の日本国憲法の前文によると、「人類普遍の原理に反する憲法は無効である」と規定しており、「天皇」なる存在は「人類普遍の原理」に反する存在であることは自明の常識であり、「天皇」の権威、価値、正統性、生命は、一時的、部分的、相対的、主観的にすぎないものであり、したがってその本質は絶対的、客観的、全体的、永久的に「悪」であるゆえに、「天皇」の存在を是認する現行の日本国憲法第1条及至第8条の規定は完全に無効であり、正常なる

判断力と精神を持った人間にとっては、ナンセンス、陳腐愚劣きわまるものである。……（56）（強調：原文）

この奥崎の見事な喝破に反論するのは、ほとんど不可能のように思える。したがって、最高裁の上告棄却の反論が、全く反論の体をなしておらず、なんの論理性もない誤魔化しに終わっていることも全く不思議ではない。上告棄却は以下のようなごく短いものである。

被告人本人の上告趣意のうち、憲法1条違反をいう点は、被告人の本件所為が暴行罪にあたるとした第1審判決を是認した原判決の結論に影響がないことの明らかな違憲の主張であり、同法14条、37条違反をいう点は、実質は単なる法令違反事実誤認の主張であり、その余は、同法1条ないし8条の無効をいうものであって、いずれも刑訴法405条の上告理由にあたらない（57）。

つまり、憲法第1条と暴行罪は無関係であり、14条違反やその他の点に関する主張も、単なる「事実誤認」だと述べ、なぜ事実誤認なのかについての説明も一切しない。こうして、奥崎が見事に指摘した、憲法前文と1条の決定的な矛盾については、最初から議論することを避けているのである。ちなみに、2審判決では、天皇の地位は「主権の在する日本国民の総意に基づく」とされているので、「民定憲法であることの表現と何ら矛盾、抵触するものではない」と述べて、1条は憲法違反にはあたらないと断定した。ここでも、奥崎が主張する前文と第1章の関係についてはまったく触れないで、意図的に議論を避けているのである(58)。しかも、1条で規定されている天皇の地位が実際に「国民の総意に基づく」ものであるのかどうか、国民投票で問われたことは1度もないことはあらためて説明するまでもない。

憲法第1条が前文ならびに9条と矛盾していることは前章で詳しく述べておいたが、1条と前文のこの決定的な矛盾、しかも天皇の戦争責任不問からくるこの矛盾を、奥崎は、単なる知識としてではなく、ニューギニアの生き残り兵という自分の筆舌に尽くしがたい体験から、本能的にとも言える感覚で捉えたに違いない。いずれにせよ、憲法第1章全部が憲法違反であるという主張を裁判闘争で主張したケースは、奥崎の前にも後にもないものと思われる。この点からしても、奥崎の「天皇人間化」の試みは極めて徹底したものであった。

不思議なことには、最高裁判事たちは、奥崎の主張に反論するために、憲法前文の「裁判規定性」を否定するという論法手段すらとっていない。奥崎を狂人扱いにして、まともに議論することすら拒否したということなのであろうか。もしそうであったとしたならば、最高裁判事たちの憲法理念の理解能力そのもの、すなわち奥崎の言葉では「正常なる判断力と精神」が問われる問題である。天皇制の問題の深さは、天皇という存在が、このように「狂気」と「正常」を倒錯させ、「狂気」を「狂気」

と感じさせない魔術力とも呼べるカルト的影響力を内包していることである。こうした「狂気」を「狂気」と感じさせない状況が極端な形で日本全体を覆ったのが、アジア太平洋戦争期であったが、実はその「狂気」は今現在も見えない形で大部分の日本国民を覆っている。

奥崎のパチンコ玉発射という奇抜な行動は、奥崎と殺された彼の戦友にとっては戦争という「狂気」を生み出した張本人と彼らが見なす天皇裕仁に対し、暴力―パチンコ玉発射という極めて小規模なものではあったが（しかし筆者自身はどのような形の暴力であれ容認することには反対である）―という「狂気」で立ち向かうことで、天皇制そのものがいかに「人類普遍の原理」からみて「正常」を逸したものであるかを暴力的に暴露しようとの試みであった。「日本国象徴」の「正統性」という国家原理に対し「人類普遍の原理」で挑戦した奥崎のこの行動には、したがって天皇制の否定だけではなく、天皇によって象徴される「国家」をも「悪」と見なし、戦争に国民を駆り出して死ぬことを強要する国家そのものの存在否定が秘められていたと言える。この点でも、奥崎の主張は、前章で説明した大熊信行や小田実の「国家悪」論に通じるものがある。

人類普遍の原理で日本という国家とその象徴である天皇を徹底的に否定するという奥崎は、結局、彼独自の考えの「神」観念に基づく「地上唯一の宗教」である「改世教」なるものを考え出し、それを「媒体・手段として本当の大義を追求」するという目的で、殺人を含む奇抜な暴力事件をその後も複数起こしている。「人類全員が神様と神様の法律に従い、全体的・絶対的・客観的・永久的に生きられる神様の世界をつくる本当の大義を追求」(59)するという彼を、ほとんどの人が「変人」扱いしてしまい、彼の言う「神」とは、戦争に人間を駆り出し、人を殺し、自分も殺されることを強要する「国家」の「狂気」に抗するための「人類普遍の原理」であったということを見逃してしまっているように思える。

ただひじょうに矛盾していたのは、奥崎の「人類普遍の原理」追求の活動が、それに反対する人間、あるいはそれを理解しない人間を暴力で激しく押さえつけるという――「人類普遍の原理」に明らかに反する――やり方であったため、ますます変人扱いされ、孤立した活動になってしまったことである。奥崎の決定的な欠点は、自分自身と亡くなった多くの戦友たちが舐めさせられた苦汁の戦争被害の責任を徹底的に追及する怨念のゆえに、日本帝国陸軍兵として自分たちが負っていた加害責任には無神経、無感覚になってしまっていたことである。

戦争という暴力行動は、戦争に駆り出される兵士たちを凶暴化、残虐化し、人間性を剥奪する。その意味で兵士たちは戦争犠牲者である。しかし、その兵士たちの残虐な行為が多くの犠牲者を産むという観点からすれば、彼らはもちろん加害者でもある。その凶暴で残虐な加害行為が、彼らをさらに非人間的にするという悪循環を作り出す。加害と被害の悪循環に取り込まれた者が、この非人間化の悪循環から自己を解放するには、そのどちらか一方だけの責任を追及しても、その止めどのない循環を断ち切ることはできない。奥崎の悲劇は、自分と戦友を戦争被害者にしたその責任だけを一方的にだけ問う、そこにあった。しかも、その責任追求行動を非難したり妨害しようとする者を徹底的に非人間化し、暴力で黙らせたことであった。

しかし、それでは、その悪循環から自由になろうと苦悩し闘い続けていた奥崎を、全く自分とは関係のない奇異な人間の行動として傍観していた我々一般市民には何の責任もないのであろうか？　戦争責任問題をないがしろにしたまま、「平和憲法」をありがたがっている我々大部分の日本人。「戦争責任」と「平和憲法」の2つの間の隠された密接な関係を暴露し、正義を求めようと苦闘し続けていた奥崎を「狂人」扱いしていた我々。そんな我々に、奥崎を非難する資格はあるのだろうか？　奥崎のようなあまりにも悲劇的な人間を作り出した自分たちの社会、その社会の本質に目を向けないまま、奥崎の言動を黙殺すること自体が「無責任」ではなかろうか。無責任な天皇制を中軸とする日本の「民主主義」に対して、何の問題意識も持たずに同じように無責任な態度を取り続けている我々市民の側にも、奥崎を悲劇的な人間にしてしまった「責任」があるのではなかろうか。奥崎を無視し続けることは、「難死」した多くの奥崎の戦友と他の日本軍兵士、日本市民、さらには日本軍兵士たちに「難死」させられた多くのアジアの民衆たちの苦悩を「人間化」することを否定することではなかろうか。

なぜなら、奥崎が自分のほとんど半生を費やした「天皇人間化」の狂気的とも呼べる闘いは、その天皇の無責任の犠牲にさせられたまさに奥崎自身の苦悩と怒りの「人間化」、戦死させられた多くの日本兵の魂の叫びの「人間化」を激しく求めるものであったからである。奥崎が完全に失敗したとはいえ、それはまた、本来ならば、戦争で犠牲を強いられた多くの日本市民の「人間化」、そして日本兵に殺害され、天皇を戴く日本帝国の支配拡大の犠牲にされた多くのアジア民衆の「人間化」を求める強烈な闘いに繋がるべきものであったからである。

以上、天皇を「人間化」しようと試みた3つのケースを分析してみたが、その結果浮かび上がってくるのは、国家権力と司法の側が、廃棄したはずの非人間的な犯罪概念である「不敬罪」を、天皇を「人間化」しようと試みた市民に事実上適用していたという事実である。ここには、国家権力が司法と結託して天皇の「象徴権力」をあくまでも維持、強化し続けようという意図がはっきりと見てとれるのである。

第4章脚注

（1）山田朗『昭和天皇の戦争指導』（昭和出版１９９０年）ならびに『昭和天皇の戦争』（岩波書店、２０１７年）を参照。

（2）『木戸幸一日記・下巻』（東京大学出版会　１９６６年）とくに１９４１年10月半ばから12月8日までの日記内容を参照。

（3）『昭和天皇独白録』（文芸春秋文庫　１９９５年）85～86頁。ジョン・ガンサー『マッカーサーの謎』で紹介されている裕仁のこの発言は、「開戦の決定」に関する独白と「奇妙なほどに照合する」と独白録の〈注〉で記されている。

（4）加納美紀代『天皇制とジェンダー』（インパクト出版会、２００２年）、第2章「母性と天皇制」を参照。

（5）天皇制における性差別は、皇室の様々な儀式にも組み込まれている。例えば、新天皇皇位継承の際に行われる「剣璽等 承継の儀」（三種の神器の受け継ぎ）の儀式には、女性が出席することは許されていない。

（6）John Dower, Embracing Defeat: Japan in the Wake of World War II (W.W. Norton & Company/New Press 1999) p.308, p.316.

（7）英国立憲君主制の特徴については、Vernon Bogdanor, Monarch & the Constitution (Clarendon Press, 1995) を参照。

（8）武藤一羊「試論　戦後国家解体プロセスでの『象徴権力』の露出 安倍政権下の平成天皇制と『お気持』の位相」（２０１６年10月19日）ピープルズ・プラン研究所　(http://www.peoples-plan.org/jp/modules/article/index.php?content_id=187)

（9）大正デモクラシー以前の赤十字社、博愛社の歴史的背景については、『日本赤十字社沿革史』（博愛社、１９０５年）を参照。

（10）『原敬日記　5巻』（福村出版社、１９６５年）68頁。

（11）牧野虎次著『針の穴から』（牧野虎次先生米寿記念会、１９５８年）49頁。

（12）財団法人日弁連法務研究財団ハンセン病問題に関する検証会議編『ハンセン病問題に関する検証会議 最終報告書』（明石書店、２００７年）「藤楓協会および皇室の役割」１４４頁。

（13）同右、１４５－１４６頁。加賀紀子「わが国のハンセン病対策に人々はどう関わったか—皇室の慈善事業と宗教団体の視点から—」（弘前学院大学看護紀要 第8巻、２０１３年）69頁。

(14) Yuki Tanaka, Chapter 6 'Japanese Atrocities on Nauru during the Pacific War' in Hidden Horrors: Japanese War Crimes in World War II (Second Edition, Rowman & Littlefield, 2017)pp.181-200.
(15) 前掲、「わが国のハンセン病対策に人々はどう関わったか」68〜70頁。
(16) 前掲、『ハンセン病問題に関する検証会議　最終報告書』「藤楓協会および皇室の役割」148頁。
(17) 例えば、皇室の慈善活動が実際には障害者差別につながっていることに関しては、北村小夜『慈愛による差別　障害者は天皇制を見限り始めた』（軌跡社、1991年）を参照。
(18) 衆議院会議録情報第019回国会　厚生委員会　第56号　1954年6月3日。
(19) 高橋紘『昭和天皇1945〜1948』（岩波現代文庫、2008年）42〜43頁。
(20) 前掲、『天皇制とジェンダー』53頁。
(21) 中国新聞社『年表ヒロシマ：核時代50年の記録』（1995年）49頁。
(22) 日本記者クラブ記者会見「アメリカ訪問を終えて　昭和天皇・香淳皇后両陛下」4頁。
(23) 栗原貞子『核・天皇・被爆者』（三一書房、1978年）47頁。
(24) 衆議院憲法調査会事務局『憲法制定の経過に関する小委員会報告書の概要』63頁。
(25) 豊下楢彦『昭和天皇の戦後日本―〈憲法・安保体制〉にいたる道』（岩波書店、2015年）、とくに第1章「転換点としての一九四七年」、第3章「『安保国体』の成立」を参照。
(26) General MacArthur Speeches and Reports 1908-1964 (Turner, 2000) p.150.
(27) 『東京新聞』2017年12月5日、『朝日新聞』2017年6月2日「〈象徴天皇と平成〉(3)励まし被災地の力に 福島川内村長・遠藤雄幸さん」。
(28) 『朝日新聞』2017年6月2日「陛下、祭祀開かず現地へ『何よりお見舞いにという方』」
(29) Huffpost News　2015年4月8日「天皇陛下、パラオ出発前にお言葉『悲しい歴史を忘れてはならない』」
(30) Francis Pike, Hirohito's War: The Pacific War 1941-1945 (Bloomsbury, 2015) pp.903-909.

(31) 南太平洋戦域における日本軍将兵ならびに民間人の餓死、病死、玉砕、生存者の精神的障害などの詳細については、藤原彰『餓死した英霊たち』(青木書店、2001年)、瑞慶山茂編『法廷で裁かれる南洋戦・フィリピン戦 強いられた民間人玉砕の国家責任を問う』、『法廷で裁かれる沖縄戦 初めて問う日本軍の国家賠償責任』(高文研、2018年)などを参照。
(32) 小田実の「難死」の概念については、小田実『「難死」の思想』(岩波現代文庫、2008年)を参照。
(33) 共同通信2005年6月28日「サイパン訪問中の天皇、皇后両陛下が28日、韓国人犠牲者慰霊の『韓国平和記念塔』」
(34) 「証言 日本の社会運動 食糧メーデーと天皇プラカード事件 松島松太郎氏に聞く」大原社会問題研究所雑誌 No.535(2003年)、(2) 56~57頁。
(35) 同右、68~70頁、ならびにNo.532(1) 36、48頁、No.537(3) 55~57頁。
(36) 同右、(3) 59~64頁。
(37) 同右、(3) 69~70頁。
(38) 同右、(3) 62頁。
(39) 同右 (3) 63頁。
(40) 中国新聞「検証ヒロシマ 1945~95〈15〉被爆展示」(1995年4月30日)。
(41) 「綜合原爆展」の詳細については、小畑哲雄『占領下の「原爆展」』(かもがわブックレット82、1995年)、小畑哲雄「平和を追い求めた青春『綜合原爆展』と『京大天皇事件』」(大原社会問題研究所雑誌No.653、2013年)、ならびに福屋崇洋「1950年前後における京大学生運動(下)綜合原爆 展と京大天皇事件を中心に」京都大学学術リポジトリ(2016年)を参照。
(42) 前掲、「1950年前後における京大学生運動(下)綜合原爆 展と京大天皇事件を中心に」8頁。
(43) 前掲、「平和を追い求めた青春―『綜合原爆展』と『京大天皇事件』」4~5頁。
(44) 同右、6頁。「ありのままの京大」とは戦争で荒廃した校舎や研究設備などを指す。
(45) 同右、5~6頁。

(46) 同右、7~9頁。
(47) 同右、10頁。
(48) 同右、11頁。
(49) 今西一「『京大天皇事件』から技術史家へ　中岡哲郎氏に聞く」ARENA Vol.11, 2011. 470~471頁。
(50) 奥崎謙三のニューギニア戦線での1年半にわたる死闘の詳細については、「パチンコ玉事件裁判」のために彼が作成した「ヤマザキ、天皇を撃て! 奥崎謙三陳述書」を参照。この長文の陳述書は奥崎謙三『ヤマザキ、天皇を撃て!』(新泉社、1987年)に収録されている。(同書のオリジナルは三一書房、1972年)
(51) 前掲、『ヤマザキ、天皇を撃て!』に収録されている「天皇の禁忌と新たな『不敬罪』」231頁。
(52) 同右、211~231頁。
(53) 同右、217~218頁。
(54) 同右、218頁。
(55) 同右、234~235頁。
(56) 星野安三郎「天皇制反対事件」、憲法判例研究会編『続　日本の憲法判例』(東京教文堂、1972年)280~281頁。
(57) 同右、281頁。
(58) 前掲、「天皇の禁忌と新たな『不敬罪』」233頁。
(59) 奥崎独自の宗教「改世教」における「神」の観念の詳細については、自著『ゆきゆきて「神軍」の思想』(新泉社、1987年)の中でくり返し述べられている。

第5章

「記憶」の日米共同謀議の打破に向けて

―ドイツの「文化的記憶」に学ぶ

「歴史の忘却、あるいはその曲解はなおさら、国家の形成にとって重要な要素なのである。だからこそ、歴史研究の進歩は、しばしば国民性にとって危険なものとみなされる」

アーネスト・レナン

《扉写真》
新作能「オッペンハイマー」の一場面　（シドニー大学名誉教授 アラン·マレット氏提供）

はじめに

第1～4章で詳しく見てきたように、日米両国はそれぞれ、アジア太平洋戦争中に犯した犯罪行為に対する責任、とりわけ前代未聞の強烈な破壊力をもった原爆による無差別大量殺戮と日本軍による残虐非道な侵略戦争行為に対する「責任」を、戦争が終結するや否や、大衆が単純に信じやすい「神話」――「原爆戦争終結神話」と「天皇裕仁平和主義者神話」――を作り出し、その「神話」によって自己正当化した。のみならず、それぞれの政治目的から、敵国であった相手側の責任をも隠蔽するという画策を遂行した。こうして、両国相互に都合の良い「記憶」を創り出し、その「記憶」をくり返し大衆の思考に浸透させることで、「記憶の日米共同謀議」とも称すべき状況を作り出し、現在もそれを強固に維持し続けているのである。

この章では、その日米の「記憶」、とりわけ「原爆殺戮」という由々しい「人道に対する罪」を隠蔽した公的な記憶が、両国において現在どのような形でそれぞれ持続され、しかもその公的記憶が、どのような政治目的から、いかようにして、暗黙のうちに相互に受け入れられているのかについて考察する。さらには、その日米の公的な記憶の仕方とは極めて対照的な、「歴史の克服」と呼ばれる、ドイツの戦争犯罪と責任の記憶の方法が、いかなる歴史的背景から、どのような形で現在の「文化的記憶」と呼べるものにまで発展してきたかについて概観する。

最後に、「歴史の克服」に成功したドイツの「文化的記憶」の方法を、いかにすれば「戦争責任意識」を欠落させた日本に応用し、戦争の「加害と被害」の両面に同時に強力な倫理的想像力の光を投射し、堅実で普遍的な人道主義を我々の日常生活精神の中に植えつけることができるようになるかについて考えてみたい。そのための試論として、日本の伝統的文化である能楽の応用について考察する。

(1) 罪と責任の忘却 ― ハンナ・アレントの目で見るオバマ大統領の謝罪なき広島訪問

第2章で見たように、1945年8月6日、広島への原爆攻撃の16時間後に、トルーマン大統領はアメリカ国民に向けたラジオ放送の声明の中で、原爆は「民間人の殺戮をできるだけ避けるため」に使われたのであり、「もし日本が降伏しないならば、……不幸にして、多数の民間人の生命が失われるであろう」と述べた。米国では、この原爆攻撃正当化論が戦後ますます誇張され、原爆が使われていなければ戦争は終結していなかったかのような神話が作り上げられただけではなく、戦争が続いており、米軍の日本本土上陸作戦であるダウンフォール作戦が決行されていれば、米軍側だけでも少なくとも50万人の戦死者がでたであろうという誇張がその神話に加えられた。しかもその推定死亡者数は時が経つごとに水増しされ、最後には「百万人にまでなったはず」という仮説があたかも当然なものとして米国民の間で受け入れられるようになってしまった。そして、その神話が今も大多数の米国民の意識の中に深く根をおろしていることはあらためて説明するまでもないであろう。この神話を、戦後の歴代のアメリカ大統領が機会あるごとに演説の中で唱えてきたことも周知のところである(1)。

核廃絶の夢を唱え、ノーベル平和賞まで授与されたオバマ大統領も例外ではなかった。それどころか、彼は、この神話を、こともあろうに史上初の原爆攻撃のグラウンド・ゼロ地点である広島で、間接的な表現とはいえ、主張したのであった。2016年5月27日、広島で行ったオバマの演説にこそこの神話の本質が表明されていると考えられるので、ここでは彼の演説に焦点を当てる形で、米国の神話=公的記憶の批判を、ハンナ・アレントが「罪と責任」に関する論考で展開した考えを応用しながら試みてみたい。

「わたしたちの社会には、裁くことに対する恐れが広まっている……。悲しいことに、生きているか死んでいるかを問わず、権力と高い地位をえている人々の罪を問うことにたいする恐怖はとくに強い」(2)。これはハンナ・アレントが、彼女の著書『イェルサレムのアイヒマン』(1963年)に向けられた猛烈な批判への応答として、1964年に著した論考「独裁体制のもとでの個人の責任」の中で述べた言葉である。

それから半世紀以上を経た2016年5月、被爆者を含む大半の広島市民と日本国民は、「権力と高い地位をえている人々の罪を問うこと」はすっかり忘れているため、「恐怖」を感じるどころか、人類史上最も重大な犯罪の1つである原爆無差別大量殺戮に対して71年過ぎてもその加害責任を認めようとしない米国大統領を、被害国首相の肝入りで大歓迎するという愚行をおかした。さらに悲壮的なのは、その愚行を、地元の中国新聞をはじめ、これまた日本の大半のメディアがこぞって褒めたたえたことである。これを「愚行」と呼ばなければ、なんと表現すべきだったのだろうか。

オバマ広島訪問は、我々が決して忘れてはならない重大な戦争犯罪の「罪」と「責任」の問題をすっかり忘却させるという、決定的な思考的打撃＝精神的麻痺を広島市民と日本国民に与えたという意味で、「被爆地・広島」のその後の「反核運動」にとって深刻な禍根となる歴史的な出来事であった。この打撃の深刻さが歴史的に見ていかに重要であるかに大半の広島市民と日本国民が気がつかなかったこと、そして今も気がついていないこと自体、実は日本の民主主義にとってはさらに深刻な事態なのであるが。このオバマ訪問と、同じく広島市民が熱狂的に歓迎した１９４７年12月の天皇裕仁の広島訪問の2つは、広島の反戦反核運動を決定的に骨抜きにし、日本の民主主義そのものにも致命傷的悪影響を与えたと筆者は考えている。

この場合の「罪」とは何か。言うまでもなく、それは一瞬にして数十万の、米国に「危険をもたらす可能性もない人々を、何らかの必要性のためではなく、反対にすべての軍事的な配慮やその他の功利的な配慮に反してまでも、殺害」(3)した犯罪行為のことである。ちなみに、上記括弧内の引用文はアレントが上述の論考でユダヤ人虐殺という犯罪について解説した言葉であるが、それはそのまま原爆無差別大量殺戮にも当てはまる。第2章で詳しく見たように、アメリカ政府が広島・長崎への原爆攻撃を決行した理由は、もっぱら、ソ連に対して核兵器の破壊力を誇示するという政治的理由のためであって、戦略的には全く必要がなかったことは、今や研究者の間では明確に証拠づけられた歴史的事実である。しかも、いかなる理由があったにせよ、この無差別大量殺戮行為は、明らかにハーグ条約に違反する戦争犯罪行為であり、且つ「人道に対する罪」でもあることはあらためて説明するまでもないことである。

ではそのような重大な犯罪を犯した「犯罪人」は誰なのか。これまたあらためて述べるまでもなく、トルーマン大統領をはじめスティムソン陸軍長官やバーンズ国務長官などの当時の軍指導者や米国政府閣僚たちと、グローブズ少将や科学者オッペンハイマーなどマンハッタン計画の重鎮など、多数の人間である。広島・長崎原爆無差別大量殺戮は、これらの複数の人間が共同で犯した重大犯罪である。共同で犯した犯罪ではあるが、その「罪」はそれら複数の人間一人一人が犯した個人的行為のことである。なぜなら、アレントが、これまたナチスのユダヤ人虐殺との関連で主張しているように、裁かれなくてはならない「罪」とは、その一人一人の「人間の行為」なのであって、「すべての人に共通する人間性の健全さを維持するために不可欠とみなされている法に違反した行為が裁かれる」のである(4)。

つまり、「罪は責任とは違って、つねに単独の個人を対象」とするものであり、「どこまでも個人の問題」、「罪とは意図や潜在的な可能性ではなく、行為にかかわるもの」なのである(5)。アレントは(アイヒマン裁判で)「判事たちが大きな努力を払って明らかにしたことは、法廷で裁かれるのはシステムではなく、大文字の歴史でもなく歴史的な傾向でもなく、何とか主義(たとえば反ユダヤ主義)でもなく、一人の人間なのだということであった。もしも被告が役人であったとしても、役人としてではなく、一人の人間として裁かれるのである。役人としての地位においてではなく、人間としての能力において裁かれる」(6)と述べた。同じように、原爆無差別大量殺戮の「罪」とは、大統領、陸軍長官、国務長官等々などの「地位」とは関係なく、その人間がそれぞれとった行動=殺戮犯罪行為のことであり、それ以外のなにものでもない。彼らは「大量無差別殺人者」という「犯罪人」であったというこの明白な事実を、我々は決して忘れてはならない。しかも、ユダヤ人虐殺も原爆無差別大量殺戮も、「無法者、怪物、狂乱したサディストが実行したのではなく、尊敬すべき社会で、もっとも尊敬されていた人々が手を下した」のであった(7)。「責任」問題は、この「罪」の明確な確認なくして議論できないことは明らかである。言うまでもなく、「罪」を忘却することは、したがって必然的に「責任」の忘却に直結する。また逆に、「責任」の忘却は「罪」の隠蔽に直結している。

問題は、こうした重大犯罪行為が、戦時、国家という名の下に行われた場合、とりわけ戦勝国によって行われた場合には、全く法的制約を受けないということである。つまり、アレントも説明しているように、国家の行為という弁明の背後にある理論＝国家理性（レゾンデタ）論は、主権国家の存続または維持が左右されるというような異例な状況にあっては、犯罪的な手段を利用せざるをえない、あるいは利用することが許されるという主張である。国家の存続が危険にさらされる場合には、その危険を排除するために使われる手段はいかなるものにも制約されないと主張する一方で、法的な制約や道徳的な配慮は国家の成員である市民には厳しく要求されるわけである。しかし、アレントが適確に指摘しているように、ユダヤ人虐殺という犯罪は「なんらかの必然性のために犯されたものではない」し、「ナチス政府はこうした周知の犯罪を犯さなくても存続できた」のである（8）。同様に原爆無差別大量殺戮もまた、必然性があって犯されたものではないし、米国政府はそのような重大な犯罪を犯さなくても存続できたし、戦争にも勝利できたことは誰の目にも明らかである。

したがって、原爆が使われていなければさらに百万人という死亡者を出したであろうし、戦争は終結していなかったであろうという米国の原爆攻撃正当化論は、犯罪隠蔽のために常に利用される国家理性論から観ても成り立たない、文字通りの「神話」である。原爆使用の是非をめぐる議論は、いつも、それが必要であったかなかったかといった「歴史的状況判断論」にばかり集中する傾向があるが、そのことによって原爆無差別大量殺戮に関する議論の本質である「犯罪性」の問題が実はぼやかされてしまうということも我々は強く注意しておくべきである。つまり、「状況判断論」で、「犯罪性」の問題がごまかされないようにしなくてはならない。

かくして「罪と無実の概念は、個人に適用されなければ意味をなさない」のに対し、責任には、「行為」の結果として必然的に発生する「個人的責任」と、「国家責任」のような集団責任がある。集団責任とは、個人行為に関する法的な表現とは明確に区別されなければならない政治的な表現のことである。戦争犯罪のように国家の名において私の父や先祖が犯した犯罪、すなわち自分が実行していない行為について責任を問われること、その責任を私が負うべき理由は、私がその国家集団に所属しているからであり、「共同体の名において実行されたことにたいして、共同体が責任を問われること…… 善きにせよ悪しきにせよ、この責任は共同体を代表する政府だけではなく、すべての政治的な共同体にかかわるから」である。すなわち、「すべての政府は、それ以前の政権の行為と過失の責任をひきうけるのであり、すべての国は過去の行為と過失をひきうける」義務がある、とアレントは主張する（9）。

なぜなら、「わたしたちが実行していない事柄に〈身代わりの〉責任をひきうけ、わたしたちがまったく無辜である事柄の帰結をひきうけるということは、わたしたちが自分たちだけで生きているのではなく、同じ時代の人々とともに生きているという事実に対して支払わなければならない代価である。なによりも政治的な能力である行動の能力は、多数で多様な形態のもとにある人間のコミュニティのうちでしか実現できない」（強調：引用者）からである、とアレントは説明する（10）。

つまり、異なった共同体の成員である我々が、「ともに生きていく」ためには、自己の所属する共同体成員がその共同体の名前で他の共同体の成員に対して犯した過失や犯罪行為について、共同体としての集団責任をとるという正義を果たさなければ、共生共存は不可能なのである。自己の所属する共同体の（現在と過去の両方の）行為を厳しく自己検証することは、したがって、共同体間関係＝国際関係の平和構築には不可欠な行為なのである。

2016年5月27日、オバマは、「謝罪」を求めない少人数の被爆者（しかも韓国人被爆者は一人も含まない）だけを集めた広島平和公園で「所感発表」を行った。その冒頭の発言は次のようなものであった。「71年前、晴天の朝、空から死が降ってきて世界が変わった。閃光と炎の壁がこの街を破壊し、人類が自分自身を破壊する手段を手に入れたことを示した」

原爆攻撃を、「空から死が降ってきて……閃光と炎の壁がこの街を破壊した」とあたかも天災のごとく描写した(11)。まずこの冒頭の表現で、原爆無差別大量殺戮問題にとって最も重要な問題、つまり「罪」の問題を取り上げることを彼は拒否した。いったい誰が、どんな理由で、どれほど残虐な殺戮破壊行為を犯したのかを確認し、言明することを被害者の前で拒否したのである。そして次の文言、「人類が自分自身を破壊する手段を手に入れた」という表現で、今度はその「罪」を「人類」全体に負わせてしまい、そのことによって自国の責任、とりわけ責任を最も強く継承しているはずの米国政府の首長である大統領としての自己の責任を認めることを拒否した。つまり、最初の一言で、原爆無差別大量虐殺という犯罪にとって決定的に重要な2つの問題、すなわち「罪」と「責任」について、認識することを完全に拒否したのである。したがって、「所感」のその後の内容が、いかに空虚で無意味なものとなるかは、もはや聞くまでもなく想像できたことであった。ちなみに、オバマは広島を訪問する直前に訪れたベトナムでも、米国のベトナム侵略戦争（大々的な空爆と枯葉剤散布による無差別大量殺傷を含む）のその「罪」と「責任」については一言も触れなかった。

広島でもベトナムでも米国の「罪と責任」には全く触れず、謝罪もしなかったということ、それどころか「責任」を全人類に負わせることで自分たちの責任を隠蔽したということは、自分たちには「罪」も「責任」もないということをはっきりと表明したということである。そのことは、すなわち、間接的とはいえ、米国の無差別爆撃殺戮行為が正当であったという「神話」をそのまま継承し、自国が犯した「人道に対する罪」の正当化論を堅実に維持しているということである。

人類全てに「罪」があるならば、誰にも「罪」はないということになり、よってその「責任」も誰もとらなくてもよいということになる。これは、1945年8月15日に日本が敗戦した折に日本政府が唱えた「一億総懺悔」と全く同じマヤカシ論法である。敗戦（「侵略戦争」ではなく）には国民全員に責任があるという「一億総懺悔」を国民に強いることで、日本帝国陸海軍大元帥である裕仁と軍指導者、政治家、高級官僚たちが無数の自国民とアジア人を殺傷したその「罪」と「責任」が、結局はウヤムヤにされてしまった。しかもこの「一億総懺悔」が、天皇裕仁を戦争被害者とすることで「一億総被害」にすぐに転化されてしまったことについては第4章で見たとおりである。安倍晋三は、このマヤカシ論法すらとらず、日本軍による侵略戦争とアジア太平洋各地で犯した様々な戦争犯罪という「罪」そのものがあたかも最初から存在しなかったような虚偽論法で、「罪」と「責任」問題を否定している。

このような安倍にとっては、米国大統領が広島で自国の原爆無差別殺戮の「罪」と「責任」を「人類全般」に負わせてウヤムヤにすることは、安倍が自国の「罪」と「責任」問題の存在そのものを否認することに米国が暗黙のうちに共感し、支持していることを意味していた。オバマと安倍の二人が広島の平和公園に並んで立ったことは、まさに、日米両国の「罪」と「責任」の否認を相互に認め合う儀式であったのだ。この儀式のために、「ヒロシマ」という場所と「被爆者」という戦争被害者が政治的に利用されたのである。そして「罪」と「責任」の否認の日米相互確認は、もちろん米国の「核抑止力体制」と日米軍事同盟の相互確認と表裏一体となっているものであった。

この日米の「罪と責任の否認」という共犯性を如実に表しているのが、原爆死没者慰霊碑の碑文、「安らかに眠ってください　過ちは繰り返しませぬから」である。なぜなら、この碑文は、原爆無差別大量殺戮という重大な「人道に対する罪」を犯した米国の大統領トルーマンをはじめ、それに加担した多くの米国の政治家、軍人、科学者の「罪」と「個人的責任」を追求することもなく、そのような重大犯罪を犯した米国の国家責任も追求しない。さらには、アジア太平洋戦争という侵略戦争を開始し、結局は原爆無差別大量殺戮を招いた、その日本の国家元首・裕仁や軍指導者、政治家たちの「罪」ならびに「個人的責任」、さらには日本の「国家責任」もウヤムヤにしてしまっている。その「責任ウヤムヤ」は、もちろん、「唯一の原爆被害国」と言いながら、米国の核抑止力を強力に支持するだけではなく、自国の核兵器製造能力を原発再稼働で維持し続けている日本政府の「無責任」と表裏一体になっている。

そんな状況を隠しておいて、「『過ち』とは一個人や一国の行為を指すものではなく、人類全体が犯した戦争や核兵器使用などを指しています」という、オバマの「所感」と同内容の広島市役所による碑文説明は、重大犯罪の「罪」も「責任」もウヤムヤにしているのであり、これがマヤカシでなければ、何と称するのか(12)。国家による「大量殺戮」を正当化し、その「罪」も「責任」も否定することが、民主主義破壊行為でなければ一体何であろうか。再度述べておくが、そんな行為を平気で行う大統領や首相を褒めたたえることが低劣極まりない「愚行」でなければ、何と表現すればよいのか。

アレントは、ナチスのユダヤ人虐殺命令に従うことを拒否した人間を次のように描写している。「殺人に手をそめることを拒んだ人は、『汝殺すなかれ』という古い掟をしっかりと守ったからではなく、殺人者である自分とともに生きることができないと考えたからなのだ」(13)。原爆による無差別大量殺人に手をそめたトルーマンをはじめとする米国の政治家、軍人、科学者たちの行為になんらの罪も認めず、彼らが「殺人者」であったことになんの倫理的矛盾も感じない。それのみか広島・長崎に投下した原爆よりはるかに破壊力の大きな核兵器の力で世界を脅し続けている国家の大統領という地位にある人物、また、そのような人物をもろ手をあげて支持する日本の首相という地位にある人物には、「殺人者である自分とともに生きることができない」と考えるなどということは、夢想すらできないことなのであろう。広島訪問時にも「核兵器使用許可ボタン」を身辺から離さなかったオバマにとっては、「殺人者である自分とともに生きること」が至極当然だったのである。そんなオバマが折ったと称する折鶴が全く非政治化され、象徴的意味が虚脱化されて、原爆資料館のガラス箱に入れられて観光の目玉とされているのである。

(2) 広島の「記憶の伝承」方法の精神的貧困性

自国が犯した大量殺人の罪も責任も認めないで、その責任を人類全体の責任にしてしまうという「似非人道主義」を唱えたオバマを大歓迎した広島市民、ひいては日本国民一般の間では、「原爆の記憶」はどのように継承されているのか、もう少し詳しく見てみよう。

平和公園内の数多くの慰霊碑、広島平和記念資料館、それに国立広島原爆死没者追悼平和祈年館などを一見してみて分かることは、それらの全てが自分たちの被害の記憶だけに焦点をあてる慰霊碑と展示資料のみであるということである。しかも、そこには、同じく原爆で被害にあった長崎に関する情報は極端に少なく、あたかも広島のみが原爆被害地であったかのような情報提示の仕方をしているのである。驚くべきことに、広島平和記念資料館の展示物には長崎の写真一枚すら含まれていない。さらには、戦後間もなく始まった米ソの原水爆実験競争では、多くの住民が放射能汚染の被害者となったが、その被害者たちの実態に関する情報展示もほとんどない。つまり、同じ核被害者との連帯を築こうとする意思表示もない。あくまでも自分たちの核被害だけが重要なのである(14)。

戦後の「平和」は「広島・長崎の犠牲」の基にこそ築かれたという、原爆犠牲の正当化が戦後間もなく主張されはじめた。しかしながら、そのような「犠牲の正当化」は、戦争を非政治化させながら、実際には肯定的に受け入れているのであり、小田実は、敗戦国によるこの種の「犠牲の正当化」を、「戦勝国ナショナリズム」と対比させて「戦敗国ナショナリズム」と称した(15)。その典型的な1例は、1946年8月6日、すなわち広島の原爆1周年にあたっての広島市長・木原七郎のメッセージである。木原は、「本市がこうむりたるこの犠牲にこそ、全世界にあまねく、平和をもたらした一大動機を作りたることを想起すれば、わが民族の永遠の保持のため、はたまた世界人類恒久平和の人柱と化した十万市民諸君の霊に向かって熱き涙をそそぎつつも、ただ感謝感激をもってその日を迎うるのほかないと存じます」と述べた（強調：引用者）。同日の中国新聞コラムもまた、「広島の市民が犠牲になったためにこの戦争が終わった。よいキッカケになったことがどれだけ貴い人命を救ったか知れない」と主張して、「被害者による原爆正当化論」を展開した(16)。現在の広島平和公園内の資料館や慰霊碑を目にすると、いまだにこの「戦敗国ナショナリズム」どころか、「戦敗都市ナショナリズム」とでも称すべき心理状態に広島が浸りきっていることが分かる。

　同時に、原爆被害の重大性を強調しているにもかかわらず、原爆無差別大量虐殺という由々しい「人道の罪」を犯した米国の戦争責任を追求する表現は、平和公園内のどこを探しても見つからない。すなわち、「加害者を認定しない被害者意識強調」という不思議な現象がここには見られるのである。したがって、他国（米国）が自分たちに犯した犯罪の責任を追求しないため、自国が他国（アジア太平洋諸国民）に犯した戦争犯罪の責任も当然追求しない、自国の戦争責任を追求しないから他国の戦争責任も追求しない、という「無責任の悪循環」をくり返している。しかし、「核兵器の究極的廃絶」というお題目だけは常に唱える広島。広島公園内の展示館や記念碑はどれも、この広島の決定的な欠陥を明瞭に反映している。

　それを最も典型的に表しているのが国立広島原爆死没者追悼平和祈年館内に掲げられている説明書きである。以下はその中からの引用である。

「日本は、20世紀の一時期、戦争への道を歩み、そしてついに昭和16年（1941年）12月8日、アメリカやイギリスとの間に戦端を開き、太平洋戦争に突入しました。戦争は、アジア太平洋地域を主な戦場として戦われましたが、やがて日本の敗色が濃くなり、アメリカ軍機による日本各地に対する爆撃が始まり、沖縄も戦場となりました。このような戦況の下、昭和20年（1945年）8月6日、人類史上最初の原子爆弾という、かつて比類のない強力な破壊兵器が、広島の街に投下されました」（強調：引用者）

つまり、日本政府の公式見解では、アジア太平洋戦争は1931年9月18日の満州事変からではなく、41年12月8日の真珠湾攻撃から始まっている。つまり中国への侵略戦争は戦争とは見なされていない。原爆は「投下された」のであるが、その「比類のない強力な破壊兵器」での殺戮がいかなる犯罪行為であるのか、また「誰が投下」したのかを明示することを避けることで、その責任もうやむやにしてしまっている。オバマの広島での演説と同じように、ここでも原爆はあたかも天災のごとく取り扱われているのである。

説明の最後では、「ここに原子爆弾によって亡くなった人々を心から追悼するとともに、誤った国策により犠牲となった多くの人々に思いを致しながら、その惨禍を2度とくり返すことがないように、後代に語り継ぎ、広く内外へ伝え、一日も早く核兵器のない平和な世界を築くことを誓います」（強調：

引用者）と記されている。ところが、「誤った国策」とはいったいどのような国策だったのかについては一切説明しないし、「犠牲となった多くの人々」は被爆者だけであり、自国がアジア太平洋全域で犯した様々な戦争犯罪の数千万人に及ぶ被害者には「思いを致す」ことはしない。しかも「誤った国策により犠牲となった多くの人々」という文章の英訳を見ると、「the many lives sacrificed to mistaken national policy」となっている。「mistake」と言う英語は、「最初から意図して犯したことではなく、なにかの思い違いからやってしまった」という極めて軽い意味の言葉で、この場合にはあまりにも不適切で軽薄な言葉である。

さらに、「sacrificed」とは「生け贄として捧げる」という意味をもつ、きわめて宗教的な言葉である。被爆者をこのような意味合いで提示しようという政府の意図は、祈念館入り口に掲げられたもう1つの説明書きを読めばさらに明らかとなる。そこでは「原子爆弾死没者の尊い犠牲を銘記し追悼の意を表す」（強調：引用者）、英語では「to remember and mourn the sacred sacrifice of the atomic bomb victims」となっている。なぜゆえに原爆の被害者が「尊い」とされなければならないのか、どういう理由で「尊い」のか、その理由が分からない。「sacred sacrifice」に当たる正しい日本語は「聖なる犠牲者」である。被爆者を「聖なる犠牲者」として「記憶」するということは、彼／彼女らを世俗から引き離し、ある種の宗教的な高みへと昇らせ、一種の「聖人」扱いとすることで、誰がどのような理由からこれらの市民を原爆の被害者にしたのかという歴史的、政治的背景を全て排除してしまうことになる。なぜなら「尊い人＝聖なる人」は、どのような理由があるにせよ、どのような過去をもっているにせよ、「尊く、聖なる」人間として記憶され、崇められなければならないからである。すなわちこれは、靖国神社に祀られた兵士たちと同じ扱いかたなのであり、戦争犯罪人である兵士といえども、一旦、神社に祀られれば、その兵士の過去は問題にしてはならないのであり、そのような兵士を生み出した日本帝国主義の歴史も問われてはならないのである。

このように、広島の原爆被害を、他の戦争被害のケースと全く異なった極めて特殊なケースとして提示し、被爆者も「特殊な、聖なる被害者」という扱いで「記憶」することに努力している点では、広島市も日本政府と本質的には変わらない。広島市や県が他の戦争犯罪との比較を試みるときは、必ずと言ってよいほど「ナチスのホロコースト」を、アウシュヴィッツとアンネ・フランクの話を持ち出す。その意図は、「広島の原爆被害はホロコーストと並ぶほど悲惨なケースであった」という面をもっぱら強調することで、広島の特殊性をくり返し提示することにあり、そうした自己被害の面のみの提示の仕方だけで自己満足に終わっている傾向が強い。そこには、後述するようなドイツの「過去の克服」と「戦争被害の記憶」の仕方から多いに学び、それを広島における自分たちの「過去の克服」と「記憶の継承」に積極的に役立てようという思考は全くといってよいほど働いていない。

他の戦争犯罪のケースを学ぶのであれば、ホロコーストと同時に、あるいはそれより先に、むしろ「南京虐殺」、「マレーシア華僑虐殺」、「日本軍性奴隷」といった、自国が犯した重大な犯罪ケースを詳しく学び、なぜゆえにこのような残虐行為を私たちの父や祖父の年代の日本人が犯したのか、その原因と歴史的経緯をしっかりと検証し、いかなる責任を誰に対して負っているのかを考えるべきであろう。そのうえで、日本軍残虐行為の被害者の「痛み」にも想いをはせ、自分たちの戦争被害の「痛み」と一緒に内面化し、戦争被害者の連帯意識を築き上げることで、反戦平和の思想と運動を堅実なものとして発展させていくことが必要であるが、そのような「未来への開かれた展望」が広島には存在しない(17)。

この観点からするならば、広島にとっては、特に「マレーシア華僑虐殺」が重要である。1942年2月にシンガポールを陥落させた日本軍第25軍司令官・山下奉文は、シンガポールとマレー半島の「華僑粛清」命令を自軍に出した。シンガポールとマレー半島には多くの華僑が住んでおり、彼らは日本に侵略されている祖国の中国に献金する「抗日救国運動」を展開していた。そのため、シンガポールでは18歳から50歳までの華僑男子のうち「敵性あり」とみなされた者が次々と処刑され、3月末までに4~5万人が虐殺された。マレー半島でも、2~3月に、「抗日的」とみなされた者は検挙され、その多くが処刑され、「抗日分子」または「抗日ゲリラ」が潜んでいるとみなされた村落は皆殺しにされた。マレー半島での犠牲者数は数万人から10万人にのぼると推定されている。このマレー半島を侵略し虐殺に加わった兵隊たちの一部は、広島に本部が置かれていた第5師団歩兵第11連隊所属の兵員だった(18)。第5師団が置かれていた広島城跡地のすぐそばには、現在、歩兵第11連隊の記念碑が立てられているが、その碑文には連隊の活動を褒め称える文章は記されていても、自分たちが犯した残虐行為の罪と責任については一言も触れていない。

戦争加害責任という観点から広島を見てみるならば、その責任は単にアジア太平洋戦争期に限定されるものではない。明治維新後の10年後の1877年に広島城跡地に広島鎮台司令部が置かれ、1888年の陸軍第5師団が発足してからは、ここがその司令部となった。翌年1889年に築港された広島宇品港が陸軍の軍用港に指定され、1894年の日清戦争では、この宇品港から歩兵第11連隊が朝鮮半島を経て中国東北部に送りこまれた。しかも、第5師団司令部には戦争指揮のための大本営が置かれ、明治天皇・睦仁をはじめ政府ならびに軍首脳も広島に移り住み、大本営のそばには臨時の国会議事堂まで建てられた。日清、日露戦争で勝利した日本は、宇品港をもつ広島に様々な軍事施設を設置して「軍都」として発展させ、ここを起点に中国、さらにはその他のアジアと太平洋地域への侵略行為をエスカレートさせていった(19)。

1910年代になると軍都・広島には兵器生産のための工場も建てられはじめ、軍需産業が発展していった。それと並行して、広島市内とその近辺では道路・河川・水道などのインフラ拡張整備工事が行われ、山間部では広島市内に電力を供給するためのダムや発電所の建設工事もさかんに行われるようになった。そうした建設工事のための安価な労働力が、植民地化されたばかりの朝鮮に求められ、広島に移り住む朝鮮人の数が増え続けたのである。その数は、満州事変、日中戦争、太平洋戦争と戦争が拡大していくに従って急速に増加し、戦争末期になると強制連行されてきた人たちもいた。したがって、広島の原爆で被爆した朝鮮人の数は約5万人、そのうち死亡者が3万人。朝鮮人被爆者数が広島での総被爆者数の10人に1人であったと言われるのも、まったく不思議ではないのである（長崎でも朝鮮人被爆者数は2万人、その半数の1万人が死亡者）(20)。

かくして、我々には、被爆地・広島が原爆無差別爆撃を受けるまでの半世紀にわたって行ってきた戦争加害の側面の歴史を明確に認識し、その歴史が1945年8月6日の恐るべき被害とどのように関連しているのかを、「加害責任」と「戦争被害」の相互関連という点から熟考してみることが重要なのである。それと同時に、アメリカはなにゆえに我々に対して残虐非道な原爆殺戮という犯罪を犯したのか、その原因、歴史的経緯と責任を問う必要がある。その上で、被害と加害がこのように複雑に絡み合った我々の歴史をいかにしたら「克服」することができるのか、そのためには「広島の記憶」をどんな形で、どのように活用し、我々自身の将来への展望を切り開いていったらよいのかについて議論を深める必要がある。

そのような議論と努力無しで、上記のような「広島被害超特殊論」にのみ基礎を置き、もっぱら自分たちの被害だけを一方的に発信する「記憶」だけに「広島の記憶の継承」の方法を求めるなら、これからの70年さらには百年という長い将来の展望でこの問題を考えると、「広島の記憶」はどんどん薄れていき、最終的にはほとんど忘れ去られるであろうことは確実である。後述するドイツの哲学者、テオドア・アドルノが述べたように、「忘却というものは、いともたやすく忘却された出来事の正当化と手を結ぶ」(21)という言葉は、残念ながら、すでに広島の戦争記憶、日本の戦争記憶にかなりの程度当てはまっている。

アドルノは、「アウシュヴィッツの原理に対して唯一ほんとうに抵抗できる力は、カントの表現を用いれば、オートノミー(自律性)であろう。それは反省する力、自己規定する力、そして(権力に)加担しないという力である」とも述べた(22)。この「アウシュヴィッツの原理」、すなわち「大量無差別殺戮正当化の原理」という意味の表現は、「広島・長崎原爆殺戮の原理」、「南京虐殺の原理」と置き換えることもできる。こうした非人道的犯罪に抗する力を我々が持つためには、記憶の忘却化あるいは神話化で「罪と責任」を隠蔽するような権力には加担せず、過去をしっかりと自分の力で見つめ、反省することができるような自律性、自己規定性の能力を備えることが重要である。

(3) 葬り去られた記憶の復活―「ノイエ・ヴァッヘ」と「空中に浮かぶ天使」

これまで見てきた米国と日本の戦争記憶、とくに米国原爆殺戮行為と日本軍残虐殺戮行為に関する「罪と責任」を隠蔽する「記憶＝神話」の創出とは極めて対照的であるのが、ドイツのホロコーストに関する記憶の継承の仕方である。なぜこのように全く対照的な記憶の方法——「罪と責任の徹底的自己追及」——の創出が、ドイツでは可能であったのだろうか。

この疑問について考えるための端緒として、まず、ナチス政権下で一旦葬りさられた、第一次世界大戦の記憶の象徴化とも言える芸術作品が、第二次世界大戦後にどのように復活されたのか、その2つの具体例を見てみよう。

ケーテ・コルヴィッツ（1867〜1945年）はドイツの有名な版画家、彫刻家であるが、夫はベルリンの貧民街住民（下層労働者）の医療に専念した医者であった。1914年に第一次世界大戦が勃発するや、息子のハンツとペーターが兵士志願。しかし次男のペーターは志願資格の21歳に達していなかったため、親の承諾が必要であった。コルヴィッツの夫は反対したが彼女が強く後押ししたため、夫も息子の志願に賛成するようになり、ペーターは入隊。ところが同年10月にペーターが戦死してしまう。この息子の戦死がコルヴィッツの思想を大転換させ、その後、彼女は徹底した反戦平和主義者、社会主義者となった。戦争で子どもを失う母親の深い心の痛みを抉り出すような感動的な版画（とくにシリーズ「戦争」）や彫刻を次々と制作し、第一次大戦後、反戦芸術家として高い評価を受けるようになった。しかし、1933年1月のヒットラー政権樹立に続き始まった「退廃芸術」排斥運動で、コルヴィッツは「反ナチス的芸術家」とみなされ、ベルリン芸術アカデミー学長職や芸術協会から追放されてしまう。1930年代後半以降は作品制作・展示を完全に禁止された。後述する、1937年制作の、死んだ息子を抱きかかえる母親をテーマにした彫刻「ピエタ」が彼女の最後の作品の1つである。1942年、孫のペーター（ハンツの息子、奇しくも第一次世界大戦で戦死した叔父と同じ名前）が東部戦線で戦死。1945年4月、ヨーロッパでの第二次世界大戦終結の直前に彼女は死去した(23)。

ケーテ・コルヴィッツの友人に、エルンスト・バルラハ（1870~1938年）という彫刻家、画家であり劇作家でもあった人物がいた。彼は、第一次世界大戦開戦時は熱烈な戦争支持者で、1915年に歩兵として志願して従軍。しかし戦争の残虐性と恐怖を実際の戦地で強烈に実感し、心臓病のため3ヶ月で除隊して、彼もまた反戦芸術家となった。戦場での個人的な恐怖の記憶がそれ以降の彼の作品に大きな影響をもたらした。戦後、多くの賞を受賞し名声を博したが、コルヴィッツ同様、ナチス政権下で「反ナチス的芸術家」と名指しされ、「マクデブルク戦没者記念碑」、「ギュストロウ戦没者記念碑」、「ハンブルク戦没者記念碑」などが除去され、1937年には全ての美術館から彼の作品が撤去された。長年コルヴィッツとも親交を深めたが、1938年10月に死去した(24)。

前述のコルヴィッツの作品「ピエタ」は、死んだ息子の死骸を母親が両足に挟み込んで、しっかり抱え込み、死んでも子どもを守りたいという悲哀、あるいは子どもを守りきれなかったという母の深い悲しみを強烈に表現したものである。「ピエタ（死んだキリストとマリア）」というタイトルがつけられているものの、ミケランジェロの「ピエタ」のような宗教性がほとんど感じられず、死者の「救済」といったメッセージは全く伝わってこない。伝わってくるのは「無惨な殺戮に対する母親の深い心的打撃」のみである。「ノイエ・ヴァッツヘ」と呼ばれる、元々は「（第一次）世界大戦戦没者慰霊館」（東ドイツ下で1960年以降は「ファシズムと軍国主義の犠牲者慰霊館」となる）が、1993年にドイツ連邦共和国中央慰霊館（通称「戦争と暴力支配の犠牲者に対する記憶と追悼の場」）となり、戦後は忘れ去られていた（オリジナルは小型の）コルヴィッツの彫刻「ピエタ」を拡大して、この慰霊館の中央に設置。建物の入口横の壁には以下のような文章が数ヶ国語で掲げられている。

我々は戦争で苦しんだ各民族に思いをいたす。我々は、そうした民族の一員で迫害され命を失った人々に思いをいたす。我々は、世界大戦の戦没者たちに思いをいたす。我々は、戦争と戦争の結果により故郷で、捕われの身で、また追放の身でそれぞれ命を落とした罪無き人々に思いをいたす。

我々は殺害された何百万ものユダヤの人々に思いをいたす。我々は殺害されたシンティ・ロマの人々に思いをいたす。我々はその出自、その同性愛、その病いや弱さゆえにそれぞれ殺されていった全ての人々に思いをいたす。我々は生きる権利を否定された全ての人々に思いをいたす。
我々は、宗教や政治的信念ゆえに命を落とさなければならなかった人々に思いをいたす。我々は暴力や支配に抵抗し命を犠牲にした女性たちや男性たちに思いをいたす。我々は自らの良心を曲げるより死を受け入れた全ての人々の栄誉を讃える。
我々は１９４５年以降の全体主義独裁に逆らったために迫害され殺害された女性たちや男性たちに思いをいたす。

かくして、元々は第一次世界大戦で戦死した息子のための「記憶と追悼」という極めて個人的な意図から創作された彫刻が、ホロコーストのみならずあらゆる戦争と暴力の犠牲者のための記憶と追悼のためのシンボリックな表象体として、ここを訪れる人の心を深く動かす(25)。

コルヴィッツと親しかったバルラハも、コルヴィッツの息子ペーターの死を悼み、ブロンズ製の彫刻「空中に浮かぶ天使」を制作。その彫刻はバルラハが住んでいたドイツ北部の小さな町グーストロウの教会に設置された。天使の顔は、明らかにコルヴィッツの顔であり、天使としてはとても哀しい顔に作られている。バルラハもまた、天使の顔に、コルヴィッツに代表される「子どもを戦争で失った多くの母の悲しみ」をシンボリックに表現したのであった。

１９３７年8月、ナチスの命令により、この彫刻は教会の天井から取り外され、兵器製造利用のために溶解されてしまった。しかし、その2年後の１９３８年10月のバルラハの死後、彼の友人や支持者が協力して、ベルリンの製錬所に保管されていた彫刻制作のための粘土の型から、もう1つ同じ彫刻を密かに作り、北ドイツのある小さな村に隠しておいた。戦後、１９５１年にこの彫刻はコロンの教会に設置され、彫刻の下に置かれた石には「１９１４-１９１８」、「１９３９-１９４５」という数字、すなわち第一次、第二次の両世界大戦の期間を示す数字が刻まれた。戦後の冷戦による東西ドイツの政治的摩擦にもかかわらず、１９５３年には「空中に浮かぶ天使」の3つ目の彫刻が作られ、当時は東ドイツ側にあったグーストロウに西ドイツからその彫刻が送られ、元々彫刻が置かれていた教会に再び設置された(26)。

１９８１年12月13日、東西ドイツの関係回復のために東ドイツを公式訪問中であった西ドイツ首相ヘルムート・シュミットの提案で、シュミットと東ドイツの国家評議会議長エーリック・ホーネッカーがグーストロウ教会の「空中に浮かぶ天使」の彫刻の下に二人で立ち、東西ドイツの「和解」のための象徴的行動とした。その9年後の１９９０年10月3日、東西ドイツの統一が成就。２０１４年、この彫刻は短期間ではあるが大英博物館に貸し出され、観覧者にドイツの過去と現在のみならず、「戦争と和解」という普遍的問題について考えさせる重要な機会を提供した(27)。

(4) ドイツ「過去の克服」運動の歴史と「記憶と継承」としての追悼施設運動

一旦葬られた記憶の象徴である2つの芸術作品が、多くのドイツ国民の戦争記憶の象徴として、しかも、制作当初のある程度限定された象徴的意味をはるかに超えた、感動的で普遍的な「反戦・平和の象徴」として復活することが、どうして可能であったのだろうか。これを知るためには、ドイツの「歴史の克服」過程を見てみる必要がある。

1949年8月、コンラート・アデナウアーが初代のドイツ連邦（西ドイツ）首相に選出され、その後14年にわたって政権を維持した。戦争被害者のためのさまざまな社会復帰政策や経済復興政策を推進すると同時に、ホロコースト生存者に対する弁償金支払いなども行った。しかし、その一方で、再軍備を進めると同時に、東ドイツの承認拒否、さらには旧ドイツ国防軍の名誉回復をはかり、戦犯恩赦を実施。そのため、「ニュールンベルグ裁判でナチス犯罪の責任者はすでに裁かれ、責任問題は解決済み」という考えが一般的となった(28)。

ところが、旧ナチス派の社会復帰（教員、医師、弁護士が多かった）が進み、対ソ連戦は「ヨーロッパ文明を野蛮から守る闘いであった」とする戦争肯定論が国民に受け入れられる傾向も強まった。さらには、目覚ましい経済復興の結果、アデナウアー自身が「過去の臭いをかぎ回るのをやめよう」とまで主張するようになった。その結果、西ドイツでは1950年代末から、ユダヤ人墓地が荒らされ、シナゴーグに落書きがされるなどの反ユダヤ主義の残存を窺わせる事件が増加（1959年末から60年1月末までに470件。アデナウアーは、これらの事件は西ドイツの対外的信用失墜を狙った東ドイツ側の謀略と主張）。しかし、こうした反ユダヤ主義運動に拮抗する形で、『アンネの日記』が出版され、ナチス犯罪の犠牲者に関する情報が拡散されるという運動も起きた(29)。

こうしたドイツの状況を批判し注意を促すために、1959年秋、フランクフルト大学社会研究所教授、テオドア・アドルノが、「過去の総括 ― それは何を意味するのか」という題の講演で「過去の克服」の重要性を強調。アドルノは、当時のドイツの状況を「ナチズムは生き延びている」と厳しく批判し、「民主主義に対抗してファシズム的傾向が生きながらえることより、民主主義の内部にナチズムが生きながらえることの方が、潜在的にはより脅威」(30)だと主張。「過去の総括が幾度となく唱えられながら今日まで成功することなく、戯画に成り下がり、空っぽの冷たい『過去の』忘却に陥っていること。このことは、ファシズムをもたらした客観的な社会条件がなお存続していることに起因する」(31)からだとも述べて、西ドイツ社会を批判した。さらに、アドルノは、なぜ人はファシズム権力に容易になびいて追従してしまい「他律状態」に陥るのか、その原因を究明するための「集団実験プロジェクト」を実施。その結果、民主主義を強化するためには、「過去の克服」を行う努力を地道に且つ熱心に行うことで、市民が個人の自律的な主体性を打ち立てることが必要であると主張した。

「忘却は忘れ去られたことへの正当化へと実に手もなく合流してしまう」と警告し「民主的な教育」、「主体としての展開」としての教育の重要性を強調した。彼は、こうした主張を単に論文や講演として発表するだけではなく、ラジオ、テレビ番組にも頻繁に出演して持論を展開したのであった(32)。

このようなフランクフルト学派の理論・主張が、1960年代末に学生運動の中心を担った「68年世代」や「抗議世代(1938〜48年生まれ)」の思考や行動にも大きな影響を与えた。彼らが反発し批判した権威主義や当時の社会状況の源泉は、ファシズムの残滓であり、したがって、ファシズム的過去を克服し、ファシズム再生の可能性を完全に除去しない限り民主主義の構築はありえないという彼らの考えが、フランクフルト学派の「過去の克服」論とマッチしたのである(33)。

1969年、こうした状況を積極的に受け入れる形で、かつて反ナチス地下活動に参加した経験をもつヴィーリー・ブラント(1969年〜74年在任)が西ドイツ政権の座についた。このように、フランクフルト学派は単なるアカデミックな学派ではなく、ドイツ市民の社会政治意識や生活意識に変革的な影響を及ぼす知的陣営でもあった。一方、東ドイツでは、ナチス=ファシズムを敗退させたのは共産主義であったという、「共産主義の勝利」のみが強調されたため、結局は「過去の克服」に失敗。東ドイツでの「過去の克服」をめざす教育は、1990年の統一ドイツ成立後まで待たなくてはならなかった。

上記のアドルノの言葉を借りれば、この74年間「過去の克服」をしてこなかった日本ではいまだ「天皇制軍国主義は生き延びている」のであり、民主主義の中で生き延びてきた潜在的に危険な天皇制（＝家父長制）軍国主義が、いまや安倍晋三という政治家の手で完全復活を遂げようとしていると言えるのである。ドイツとは全く対照的に、日本の国民の多くは権力に大きく依存する他律状態を続けることで、民主主義構築に最も重要な自律の理念を空洞化させてきた。その結果、安倍と安倍を支持する日本会議に表象される天皇制軍国主義という亡霊をよみがえらせてしまった。よって私たち日本の市民自身が「過去の克服」をなすことなしに、日本に民主主義を構築することは不可能であると筆者は考える。

ヴィーリー・ブラントは東欧諸国との外交関係改善をめざす「新東方政策」を開始し、その推進のために自国の「戦争責任」を明確にし、自ら追求するという行動を積極的にとった。そうした行動の典型的な一例としてよく知られているのが、1970年、ワルシャワ・ゲットー蜂起記念碑の前で彼が膝まずいて謝罪の意を表明したことである。ブラントのこうした政治行動によってドイツにおけるナチス犯罪の記憶が一気に政治化され、「過去の克服」運動がさらに推進されることになった(34)。

そのうえ、1978年のアメリカのテレビ番組『ホロコースト』（『ルーツ』を制作したマーヴィン・チョムスキー監督制作：ユダヤ人医師ワイス一家がナチスの迫害により、全員がそれぞれ壮絶な運命を辿るという内容）が79年に西ドイツで放映され、これが国民の間で盛んに議論されたことでホロコーストに対するドイツ国民の意識が一変し、国民の間でナチス批判が急激に高まった(35)。

こうした1970年代の動きが、ギムナジウムなどの学校教育にも大きく反映され、ナチズムが歴史(現代史)授業の中心テーマとなり、ナチスの戦争犯罪やホロコーストが大きくとりあげられるようになった。授業では、単に何が起きたのかという歴史事実についてだけ学ぶのではなく、「なぜ、ナチズムが台頭し、なぜそのような残虐な戦争犯罪やホロコーストを犯すようになったのか」という原因について、ナチスの国家体制や社会構造との関連のなかで、学生たち自身が批判的に検証するという学習方法がとられるようになった。一般のドイツ市民がナチズムを下から支えたことで、ナチス独裁や権力支配が起きたその「国民の責任」を明確にし、「未来は過去と現在がともに加わって決定される」ことを教える授業内容は今も変わらない。こうした1970年代の教育を支えた理論は、フランクフルト学派第2世代のユルゲン・ハーバーマスらが提唱した「解放教育学」(=権威に抵抗する教育の可能性を探求する批判的教育学)に負うところが多い(36)。

それでも、西ドイツ国民の中には、自国の過去の暗い歴史にとらわれ続けることで国民の自尊心が傷つけられ、国家としてのプライドが保てないと主張する保守派も存続していた。こうした愛国主義者に向けて、終戦40周年記念日の1985年5月8日、ドイツ連邦議会での演説で、ヴァイツゼッカー大統領が「過去に目を閉ざす者は、現在にも盲目となる」と警告した(37)。この演説は歴史に残る名演説と国内外で絶賛され、日本語にも翻訳されたことは周知の通りである。

1970年代の「過去の克服」運動の推進の結果、80年代に入ると、ナチズムと関連した記憶の場所に次々と追悼施設、記念碑、情報センターなどが建てられるようになった。例えば、ノイエンガンメ旧強制収容所資料館（1981年）、ヴェーベルスブルク収容所博物館（1982年）、エムスラント郡内収容所に関する情報センター（1983年）、ハダマー旧精神病院（障害者安楽死計画実行場所）追悼施設（1983年）などである(38)。

(5)「コミュニケーション的記憶」から「文化的記憶」へ―ドイツ個別の記憶から人類の普遍的記憶への止揚

1980年代後半になると、こうした追悼施設運動に影響されて、被害者への慰霊の場である追悼施設（建物、関連物品、展示資料）を、「犠牲者の痛み」を想像する「想起の教育化」に役立て、ナチズム批判の歴史教育に活用するという「追悼施設教育学」が提唱され、実践されるようになった。追悼施設とメディア情報の活用を積極的に歴史授業に取り入れ、徹底的にナチズムの「記憶」を目に見える形で提示、継承していくという教育方法である(39)。

被害者や戦争体験者の証言を聴いたり、書かれた証言や体験記を読むだけの「コミュニケーション的記憶」の伝承方法は、「記憶の継承」方法としてはひじょうに弱い。とりわけ証言者（被害者、体験者）が亡くなったあとは、この方法だけに依存していれば、遅かれ早かれ「記憶」は消滅する。本人の「記憶」に基づく証言でなければ、「（他人による代理）証言」は人の心を深く動かすような強いものとしては存続しがたい。言葉（音声であろうと活字であろうと）がもつ記憶継承力は、目で見えるビジュアル表象体がもつ記憶継承力と比べればきわめて脆弱。「記憶」が継承されるためには、過去に起きた事の「本質」が、人の心を動かすシンボリックな形で「文化の総体＝文化的記憶」として提示される必要がある。この点で、現在、広島市がすすめている「被爆者証言の継承」運動、すなわち被爆体験の全くない人が被爆者証言を丸暗記して述べるという伝達方法では、被爆者本人が伝えることができる臨場感を聞き手に与えることはできないし、しかも被害の実情だけを一方的に述べるという形で終わってしまう。このような運動は聞き手に感動を与えるようなものにはならないため、決して長続きはしないであろう。

1990年の東西ドイツ統一後に、旧東ドイツにあったナチスの旧強制収容所（ブーヘンヴァルト、ザクセンハウゼン）が、ソビエト秘密警察の特別収容所として使用されており、多くの「政治犯」がスターリン圧政による蛮行の犠牲となっていたことが判明した。したがって、東西ドイツ統一後、これらの旧収容所は「二重の過去を背負った場所」として「記憶」されることとなった。その結果、ナチズムの歴史だけではなく、独裁、戦争、追放、大量虐殺などの広義の人権侵害、すなわち人類共通の普遍的問題を起こした現場として、これらの旧収容所の歴史が議論されるようになったのである。その結果、追悼施設教育学にも拡張がみられるようになり、ナチズムに関する歴史教育をふまえた上でい「広義の人権教育」が目的とされるようになり、しかも教育の対象者も子どもだけではなく大人へ、すなわち、学校教育から生涯教育へと拡張されていった(40)。

1990年のドイツ統一以降、ドイツが長年続けてきた戦争犯罪と戦争責任追及の「過去の克服」がEU内でも評価されるようになり、政治経済でもドイツがEUの指導的地位を占めるようになると、それまで一方的にドイツを批判してきたスイス、フランス、ポーランドなどのEU諸外国も自国の過去に目を向けるようになった。それらの国々も、第二次世界大戦中にナチスの政策、犯罪、ホロコーストに加担していた歴史的事実や、自国が独自に犯した犯罪事実を明らかにするようになった。例えば、1990年に、共産主義時代の過去と抵抗運動に関する「1956年ハンガリー革命歴史」研究所がブタペストに設置され、それに続き、同様の研究所がワルシャワ、ブラチスラヴァ、プラハ、ブカレストにも次々と開設された。2004年に「ワルシャワ蜂起博物館」、2006年には「ソ連占領博物館」(ティフリス、キエフ)、2008年に「全体主義支配研究所」(プラハ)、2009年に「ルーマニアのホロコースト追悼記念館」(ブカレスト)、同年「逃亡、追放、和解」財団が設立された。このように、東欧諸国では、ナチスによるホロコーストと同時に、スターリン政権とそれに加担した自国の政府による集団殺戮、強制収容所での蛮行、市民に対するテロなどの「記憶」も継承しようとする努力が見られるようになったのである。(41)

かくして、ヨーロッパ諸国が自国の「過去の克服」に取り組むことで、ドイツの過去が相対化されるという現象が起きている。しかし、そのことでドイツの戦争責任が矮小化されるということは全く起きていないようである。ちなみに、1945年2月のドレスデン空爆で激しく損壊され、2000年にようやく完全修復された教会フロイエンキルシェの屋根の頂部にとりつけられる十字架が、2004年6月22日の欧州終戦記念日に、「和解」の印としてイギリスから贈られた。この金の十字架を作ったロンドンの金細工師アラン・スミスの父親はドレスデン空爆に参加した爆撃機搭乗員の一人であった。この十字架は、ドレスデンに送られる前の5年間、ドイツ軍の激しい空爆を受けたイギリスのコベントリーやリバプール、ロンドンなど各地の教会で展示された。さらに、2015年2月14日、ドレスデン空爆70周年の日、英国国教会大司教ジャスティン・ウエルビーが正式に空爆に対する謝罪を表明。ウエルビーの大叔父は、ドレスデン空爆を行った英空軍の参謀長チャールズ・ポータルであった(42)。これは、自国の戦争責任を徹底的に追及することが「和解」を産み出すという良い具体例である。安倍晋三をはじめとする日本の政治家による「南京虐殺」や「慰安婦制度」の事実否定が、中国や韓国市民のさらなる日本不信と憎悪を強化拡大し、外交関係を悪化させているのとはひじょうに対照的である。

ドイツ個別の戦争記憶、とりわけ「加害の記憶」を元にしながらも、その記憶を「人類の普遍的記憶」にまで止揚している「文化的記憶」の典型な例としては、さらに以下の2つのものが挙げられよう。

Ａ「虐殺されたヨーロッパのユダヤ人のための記念碑（ホロコースト記念碑）」

地下が博物館になっているが、地上には2千711個の様々な大きさの長方形のコンクリートが並べられているベルリンのこの記念碑は、ピーター・アイゼンマン（建築家）とブロ・ハポルド（土木技師）による共同制作の作品である。名前も個性も消滅させられ「忘却の穴」（ハンナ・アレントによる表現）へと入れられた老若男女のホロコースト被害者を悼む記念碑であるが、ほとんど何の説明もなく、2千7百個以上という数の長方形のコンクリートが並べられているだけである。コンクリートには何の説明も記されてはいない。しかし、なんら説明がなくても訪れた人の心を強く打つのは、棺を想起させるこれらの長方形のコンクリートが、大量虐殺被害者への想いを強く深く想起させるシンボリックなオブジェだからであろう。このオブジェは、ホロコーストのみならず、広島・長崎原爆無差別虐殺、南京虐殺、マレーシア華僑虐殺、ベトナム空爆被害者、ボズニア戦争被害者、9・11テロ被害者などなど、あらゆる戦争とテロ行為における大量虐殺被害者を悼むものとして受けとめることが可能である。

虐殺されたヨーロッパのユダヤ人のための記念碑＜ホロコースト記念碑＞（著者撮影）

B ユダヤ博物館内の「記憶の真空」（高さ20メートルの空間）に設置された『Shalechet (Fallen leaves 落葉)』

同じくベルリンにあるユダヤ博物館の一角には、厚さ3センチほどの丸い鉄板1万枚が床一面に敷き詰められており、それらの鉄板1枚1枚に目・鼻・口を表す穴が開けられ、哀しげな人間の顔が表現されている。これらの顔は1枚として同じ形のものはない。これら人間の顔の鉄板を踏まずにここを通ることはできず、踏むたびに人間の哀しい泣き声のような大きな音が空間に響き渡るように作られている。この展示コーナーは、イスラエルの彫刻家メナシェ・カディシュマンによる制作であるが、ここにもほとんど説明書きがなく、これまたホロコースト犠牲者の「痛み」を強烈なシンボリック表現で我々に伝えてくる。しかし、これらの顔も、ホロコースト被害者という特定の被害ケースの記憶を超えて、あらゆる暴力被害者の「痛みの記憶」をシンボリックに表すオブジェとなっている。

この2つの例が強烈に我々に訴えているように、「記憶の継承」には必ずしも言葉は必要ではない。最も重要なことは、悲惨な歴史的事実の「本質」をいかに単純明晰に、しかし強烈な形＝シンボリズム表現で伝え、情報を受け取った人間の心を深

ユダヤ博物館内の「記憶の真空」に設置された「Shalechet（落葉）」（著者撮影）

く強く打ち、いかにその人をしてその情報を他者にどうしても伝達したいと思わせるようにするかである。そのためには、「記憶」そのものが、時間と場所にかかわらず存続する「普遍性」を内包していなければならない。

(6) 日本独自の「文化的記憶」による「歴史克服」を目指して

広島の原爆被害には、もちろん歴史的特殊性がある。しかし、戦争／テロ被害者の一人一人にとっては、原爆であろうと焼夷弾であろうと、あるいはクラスター爆弾であろうと、どんな武器による戦争／テロ被害であろうとも「特殊な痛み」であり、その人個人にとっては「堪え難い、極めて私的な痛み」であることを我々は忘れてはならない。したがって、「特殊性＝自分たちの痛み」を他者にも痛みとして受け取ってもらうためには、我々もまた他者の痛み、とりわけ自国が犯した残虐な戦争犯罪行為の被害者の痛みを、自分が追体験し、内在化する、つまり自己の記憶の中にしっかりと根づかせるという努力をしなくてはならない。

このことの重要性を、詩という形で見事に表現したのが栗原貞子の『ヒロシマというとき』である。とりわけ、その詩の最後の言葉は、その本質を象徴的に表現している。

〈ヒロシマ〉といえば
〈ああヒロシマ〉と
やさしいこたえがかえって来るためには
わたしたちは
わたしたちの汚れた手を
きよめなければならない（43）

このように他者（とりわけ私たち自国の残虐行為による被害者）の「記憶」を自分のものとして内面化することを経て、はじめて我々自身の「記憶」が他者によって継承されるのである。「記憶」とは他者と自己との継続的な相互交流の中でこそ機能し継承されるものであり、「文化的記憶」はこのような二重性、相互関連性を最初からしっかりと具えていなければならない。自己の「記憶」だけを一方的に相手にむかって発信しても、そして、たとえそれが一時的に受けとめられたとしても、それが時間と場所を超えて長く広く継承されることはない。

では、我々日本人がこの「文化的記憶」を推進していけるような方法には、どのようなものが考えられるであろうか。先に挙げた栗原貞子の詩のような文学作品、あるいは丸木位里・俊が制作した「原爆の図」と同時に「南京大虐殺の図」や「沖縄戦の図」といった絵画大作、四國五郎が制作した「黒い雨」シリーズの絵と「ヴェトナムの母子」シリーズ、「アパルトヘイト　否！」といった美術品をもっと頻繁に活用することが考えられるであろう。そうした文学や美術作品を「文化的記憶」継承の手段として国際的な広がりのなかで活用する様々な仕方を、積極的に考えていく必要があるだろう。また同時にそれを教育の材料として、いかにすれば効果的に活用できるかも考える必要がある。

先にも述べたように、「文化的記憶」は、悲惨な歴史的事実の「本質」を単純明晰に、しかし強烈なシンボリズム表現の形をとることができ、「記憶」そのものが、時間と場所にかかわらず存続する「普遍性」を内包しているようなものでなければならない。この点で、日本の伝統芸術である能楽は、「文化的記憶」の傑出した手段となる可能性をおおいに秘めている。

周知のように、能は今から650年ほど前の室町時代に、観阿弥、世阿弥の父子によって大成された芸能と言われており、2008年には、日本初のユネスコの「無形文化遺産」に登録された。能には、大まかには、夢幻能と現在能の2つの分野に分けられるものがある。現在能には生きている人間だけが登場するが、夢幻能の主人公は霊的存在、多くの場合が幽霊である。夢幻能の構成はどれもほぼ同じで、ワキ役と呼ばれる旅の僧がある名所旧跡を訪れると、前シテと呼ばれる謎の人物がその僧の前に現れる。しかしその人物は、仮の姿として人間、通常は女性とか老人といった姿をとっているが、本当は霊的存在である。この謎の人物は、その土地にまつわる話をしてから、自分が何者であるかをほのめかすと、舞台から一旦消え去る。同じ場所に僧がそのままとどまっていると、消えた謎の人物が、今度は本来の霊的姿である幽霊（あるいは、神や草木の精霊の場合もある）となって再び現れ（後シテと呼ばれる）、自分の本来の姿を隠すことなく表示し、舞を舞ってから再び消える、というパターンである。「夢幻能」という名称は、霊がワキの夢の中に現れることからつけられたと言われている(44)。

シテの霊は「異形の人」とも呼ばれるが、その人物が舞台の橋掛りの暗がりから時空を超えてこちらの世界（舞台正面）にやってくる。そして自分の体験した凄まじい出来事と苦悩を、ワキである僧に物語り、その一部始終を語り終えて、舞を舞った後で再び橋掛りの向こうにある「異界」へと戻っていく。凄まじい体験には、愛する子を失い狂気する母の苦悩、嫉妬に狂った女性の苦悩、戦いで殺された武将の死んでなお残る恨みと悲しみといった、言語に絶するような深い悲哀や怒りを伴うものが多い。つまりシテの亡霊は、ワキの僧に弔われ成仏することを願って、この世に姿を現してくるわけである。能の面白さの1つは、異界の話を異界からやってきた霊的存在から直接聞くことができることであろう(45)。

ここで注目すべきことは、ワキである僧が亡霊を救うために何か具体的な行動を始めるというわけではないことである。僧はただ静かに座したまま、亡霊の恨みや苦しみにじっと耳を傾け、その苦しみを自分の苦しみとして内面化するだけである。しかし、そのことで幽霊は救われて成仏するのである。僧のその幽霊との出会いに立ち会い、幽霊の声を僧と一緒に聞くことで、観客である現生の我々の内面もまた変わる。観客として皆が一緒にその内面的変化を体験することで、観客という「共同体」が救いを経験するわけである。ちなみに、ワキは「脇役」という意味ではなく、「分ける」が語源で、「この世とあの世の分け目、境界にいる人物」という意味である。だからこそ、幽霊の苦しみに深く耳を傾けることができる人物なのである(46)。

これはまさに、暴力の被害者の心の最良の癒しは、その人の体験に静かに耳を傾け、その苦しみを自己のものとして内面化し、被害者とその痛みの体験を共有する聞き手の態度であることを、謡と舞という形で具現化したと言えるのであろう。例えば、平治の乱で傷つき、落ち延びた青墓の宿で父や弟と一緒に自刃して果てる少年・源朝長と、その朝長の最後を看取った女性についての能『朝長』などは、その典型であろう。このように、夢幻能には、人の苦悩という「見えないもの」を「見せる」機能が備わっているのである。

能劇は、幽霊を主役とするという点で、世界に類例をみない極めてユニークな演劇である。幽霊は、通常の演劇では、見えるか見えないか分からないくらいの「脇役」しか与えられていない。ところが夢幻能では、幽霊が時空を超えて我々の眼前に姿を現わし、もろに語りかけてくるので、その話は当然に時間的限定性を超越した「歴史超越的」な「普遍的」なメッセージとなる。しかもその物語の内容が、ある特定の歴史的時期における具体的な「出来事」を基にしてはいるのであるが、「語り」の内容が「謡」という濃縮された「詩的な表象的表現」をとり、顔を含めた「身体的動き」は、ごく限られた数の「能面」や抑制された型に沿った手足の動きによる凝縮表現で、人間の苦悩・恐れ・怒りなどを徹底的に洗練し、純化し、高度にシンボリックな表現にまで簡潔化、凝結化させているため、これまた世界中のあらゆる人間に深い共感を呼ぶような「普遍性」を強くそなえているのである。したがって、惨たらしい殺戮の場面などを具体的に再現しなくとも、いや再現しないからこそ、その惨状の実相は、強烈なシンボリズムの形で観覧者である我々の魂を震わせるのである。

したがって、能楽は異常で激烈な出来事の「場」、特定の「場」での設定でありながら、同時に普遍性をもった「場」に置かれた人間の、精神的葛藤の時空を超えた普遍的な形での超シンボリックな表現なのである。14世紀という昔に、なぜこのような、「霊魂だけが持つ普遍的、形而上的世界を描く」能劇という驚くべき芸術が日本で生まれたのか。鎌倉時代後期から室町時代初期は戦乱が続く世の中であったため、人々が「心の癒し」を求め、「平和」を求め、戦乱の犠牲者の苦悩と悲哀への共感を多くの人々に呼び起こす演劇を作り出したのも、したがって不思議ではないのかもしれない。その意味では、同じく人類への普遍的メッセージを内包しているギリシャ悲劇が産み出された歴史的背景と似ているのかもしれない。

能楽は古典だけではなく、新作能と呼ばれる現代になって作られたものも多数あるが、そんな新作能の夢幻能のなかにも、「文化的記憶」として活用できるすばらしい作品がある。その点で最も注目できる新作能は、多田富雄（1934～2010年）の作品であろう。なぜなら、多田は、被爆の残虐性、非人道性を見事にシンボル表現化した「原爆忌」と「長崎の聖母」、沖縄戦の地獄を描いた「沖縄残月記」、若い時代に強制連行で夫を失った韓国人老婆の痛恨の悲しみを描いた「望恨歌」などで、日本の戦争加害と被害の両面を取り扱い、能という芸術作品で「過去の克服」を見事に成功させていると考えられるからである。「過去の克服」は、歴史学の知識上の学習だけでできるものではない。多田の新作能は、まさに、この「文化的記憶」の日本のモデルとも言えるものの1つと称してよいであろう(47)。

興味深いことには、多田はプロの能楽師ではなく、免疫学の分野で優れた業績を残した著名な科学者であった。しかし青年時代から文学に興味があり、医学生時代に詩なども創作し、晩年には自伝的な闘病記である『寡黙なる巨人』（2007年、小林秀雄賞）や石牟礼道子との往復書簡集『言魂』（2008年）など、多くのエッセー集を発表。能楽にも若い頃から親しみ、大倉流小鼓を打つことも趣味としていた、多才な人物であった。

文学への深い関心から、「言葉による象徴的表現」に常に関心があったようで、戦争の悲惨な状況をこと細かにくり返し記述しても、必ずしもそれが読み手または聞き手の魂を強く動かすとは限らないと考えていたようである。例えば、「原爆忌」創作にあたって多田が多くの被爆体験記を読んだことは間違いない。しかし彼は、被爆体験の表象化に関して次のように説明している。「しかし、それ（＝被爆体験）を能に書くのは困難だった。事実は表象不可能な原爆である。書きようがないというのが本当だった。いくら悲惨なエピソードを集めても、能の題材にはならない。それを救ってくれたのは、能という演劇の象徴性、普遍性だった」(48)（強調：引用者）。すなわち、被爆体験を伝えるためには、ただ単に多くの証言や体験記を聞かせたり読ませたりすればよいというわけではなく、被爆体験の根源的な本質を抉り出し、それを象徴的に表現することが不可欠であると多田は述べているのである。

同じようなことが反核運動にも言えるのではないかと考えられる。どれほど悲惨な被爆証言を数多く積み上げ、くり返し聴かせても、反核運動の広がりにはつながらないのではないか。要は、数多くの被爆体験に含まれている根本的に重要なメッセージを、いかなる形にすれば、言葉を超えて人々の魂に訴えるような象徴性、普遍性をもった強烈な力をもつ反核メッセージになるのか、このことが極めて重要なのである。

多田の新作能のすばらしさを知るには、やはり実際に作品を観劇するほかはないのであるが、その1つである「原爆忌」の謡の中から、ごく一部を抜粋して紹介してみよう。

「求むれど
猛火に包まれし水はなし、
助けを求め水を乞い
常葉の橋に駆け上がりて
川瀬を眺むれば無残やな
見渡す限り
死屍累々と折り重なって足の踏み場もなかりけり。
おおわが子はいずくにありやと、
声を限りに叫べど
煙霧と炎に覆われて
道は広島、六つの川に
死骸は川面を埋め尽くす
…………（以下、数行省略）
見慣れたる薄衣に
あれはわが子と走りより
抱きあげ見れば無残やな
たれとも分からぬ幼子の死骸なり」(49)

これは被爆し亡くなった男の幽霊が、60年後に、旅の僧に語る被爆体験の地謡の一部である。この能劇の最後は、当時、被爆しながらも生き残ったこの男の娘、今では老女になった女が父親の霊と灯籠流しで再会し、父親が、「一瞬にして地獄と化した広島、水を求め黒い雨にうたれてさ迷い命を落としたありさまを語り舞う」というシーンである。

幽霊が生きている近親者に自分の「死に様」を語り説明し、二人の間の情愛を再確認するという形式は、能劇でしばしば見られるものである。広島で被爆して死んだ父親の幽霊が生き残った娘に語りかける、井上ひさし作の『父と暮らせば』や、その続編とも言える、長崎の原爆で死んだ息子の幽霊と生き残った母親の情愛を描いた山田洋次監督作の映画『母と暮らせば』は、実は、もともとは能楽のこの伝統的な表現形式を継承しているのである。井上は、演劇の脚本を書くにあたって、おそらく能からアイデアを得たのであろう。この表現形式には、生き残った者が、自分の身近にいた死者の霊と交流し、その死者の霊の苦しみを理解し、生き残った自分の苦悩と悲哀を死霊にも理解してもらうという「苦悩と悲哀の分かち合い＝痛みの共有」をなすことで、自分の心が癒され、精神的回復を遂げることができるという機能が働いているのである。この機能は、したがって、世界の多くの人間の共感を得ることができる普遍的なものなのである。すでに述べたように、能に「癒し」を感じるのは、まさにこのゆえである。

実は、「原爆忌」や「長崎の聖母」は海外でもすでに何回も上演され、大変好評で、観客たちも観劇後の印象として「癒し」を感じたという意見が多い。例えば、2015年、「長崎の聖母」がニューヨークで上演されたことを伝えるニュースでは、このときの観客へのインタヴューでも、原爆殺戮に9・11テロ事件を重ね見たという興味深い意見が出されていた。なお、『多田富雄新作能全集』には、「原爆忌」や「望恨歌」など6作の英語訳も含まれている。

原爆をテーマにした新作能には、多田富雄の上記の能劇の他に、京都の能楽師で能面作家でもある宇高通成の作による「原子雲」といったものもある。これまた観客の心を震わせる傑作である。この「原子雲」は、母親が原爆で失った幼子を探し歩いてたどり着いた「黄泉の国」で、ヤナギの若木に生まれ変わったわが子と再会するが、「失われた多くの命を忘れずに祈れば、再び生まれ変わることができる」と聞き、母親がその言葉に安堵して俗界に戻るという筋書きである。宇高は、2001年9月11日のテロ事件をきっかけに、平和を祈願するためにこの「原子雲」を書き上げたとのこと。2007年には、1945年2月に米英軍による猛烈な爆撃で崩壊したドレスデンで、またベルリンとパリでもこの「原子雲」を上演し、好評を博した。

たいへん興味深いことは、日本人だけではなく、最近は外国人のなかにも新作能を作る人が出てきたことである。例えば、オーストラリアのシドニー大学の音楽学名誉教授アラン・マレットは『Oppenheimer（オッペンハイマー）』という新作能を、2015年に作っている。マレットは日本音楽の専門家であると同時に、アボリジニ伝統音楽にも精通しているが、日本文化、とくに禅仏教に深い関心をもち、禅宗の僧の資格までもつユニークな人物である。マレットは、武蔵野大学文学部教授で能楽専門家であるアメリカ人、リチャード・エマートの協力をえて、この新作能を創作した。オッペンハイマーが、晩年に、核兵器開発に主導的な役割を果たしたことを後悔して、１９４５年7月16日の史上初の核実験「トリニティー」を回顧しながら、古代インドの聖典『バガヴァッド・ギーター』の一節「私は死神なり、世界の破壊者なり」を暗唱したことはよく知られている。これを新作能の創作に応用。原子爆弾という大量破壊兵器を産み出し、無差別大量殺戮を犯してしまったことへの救い難い罪意識にとらわれ、成仏できないオッペンハイマーの苦悩を見事に描き出した内容となっている。おもしろいことに、シテやワキの謡も地謡も、すべてが日本語ではなく英語で行われている。

このように、いまや能楽は、その演劇が内包している「象徴性と普遍性」という固有の優れた特徴から、日本という国土を超えて、世界的な芸術になりつつある。このことを日本人、とくに広島市民はもっとよく知り、自覚し、その活用について広く議論すべきであろう。原爆関連の新作能と同時に、それとセットにした形で「望恨歌」や「沖縄残月記」を上演すべきだし、そのことによってこそ、広島が、そして日本が真の意味での「普遍的な平和メッセージ」を世界に発信できるようになる(50)。

第5章脚注

(1) 原爆が終戦を早め、百万人の米兵の命を救ったと正当化する見方がアメリカでどのように形成されたのかについては、ロバート・リフトン、G・ミッチェル『アメリカの中のヒロシマ』上・下(岩波書店、1995年)を参照。
(2) ハンナ・アレント『責任と判断』(筑摩書房、2007年)28〜30頁。
(3) 同右、53頁。
(4) 同右、30頁。
(5) 同右、196頁。
(6) 同右、40頁。
(7) 同右、53頁。
(8) 同右、48〜49頁。
(9) 同右、196〜198頁。
(10) 同右、206〜207頁。
(11) Huffpost News 2016年5月27日 オバマ大統領の広島スピーチ全文「核保有国は、恐怖の論理から逃れるべきだ」
(12) 広島市ホームページの「原爆死没者慰霊碑(公式名は広島平和都市記念碑)」に関する説明。
(13) 前掲、『責任と判断』55頁。
(14) 平和公園の外にあるにせよ、公園近辺にある慰霊碑の中には核武装論者で、しかも「原子力平和利用」の日本への導入に重大な役割を果たし、にもかかわらず、福島第1原発事故の後もなんらの反省もない中曽根康弘の短歌を刻んだものすらある。
(15) 小田実『戦後を開く思想』(講談社『小田実全集 評論 第4巻』Kindle版 2014年)
(16) 中国新聞社『年表ヒロシマ:核時代50年の記録』(1995年)36頁。
(17) 例えば、広島市の広島平和文化センターが企画する若者向けのフィールド・スタディ・ツアーには「ホロコースト」学習ツアーはあるが、「南京虐殺」や「マレーシア華僑虐殺」といった日本軍加害行為を学ぶためのツアーは全くない。

（18）マレーシア・シンガポールでの日本軍による華僑虐殺に関しては、林博史『華僑虐殺―日本軍支配下のマレー半島』（すずさわ書店、１９９２年）、高嶋伸欣・林博史編『マラヤの日本軍―ネグリセンビラン州における華人虐殺』（青木書店、１９８９年）を参照。

（19）「軍都」広島の歴史に関しては、広島県『原爆三十年』（広島県、１９７６年）の「軍都広島」18～25頁を参照。

（20）朝鮮人／韓国人被爆者の歴史的背景については、市場淳子『ヒロシマを持ちかえった人々―「韓国の広島」はなぜ生まれたのか』（凱風社、２０００年）を参照。

（21）テオドール・W・アドルノ『自律への教育』（中央公論社、２０１１年）31頁。

（22）同右、１３０頁。

（23）ケーテ・コルヴィッツの生涯と芸術作品についてはIris Berndt & Isabell Flemming, Käthe Kollwitz in Berlin (Lukas Verlag, 2015); Neil MacGregor, Germany: Memories of a Nation (The Penguin Group, 2014), Chapter 22 'The Suffering Witness' pp.396-417; Ingrid Sharp 'Käthe Kollwitz's Witness to War : Gender, Authority, and Reception,' in Women in German Yearbook, vol. 27, 2011, pp. 87-107 を参照。

（24）前掲、Germany: Memories of a Nation, Chapter 29 'Barlach's Angel' pp.528-542.

（25）このノイエ・ヴァッへの「ピエタ」彫刻の設置にあたっては、ドイツ国内でいろいろな議論が起きたが、最終的には国民全体に受け入れられたと考えられる。議論の詳細については、米沢薫『記念碑論争―ナチスの過去をめぐる共同想起の闘い［１９８８～２００６年］』（社会評論社、２００９年）60～67頁、Zbigniew Mazur, 'Neue Wache (1818-1993)' in Przeglad Zachodni, No.1, 2001, pp 49～72などを参照。どのような議論があったにせよ、ノイエ・ヴァッへの「記憶」の仕方は、戦時植民地を含む自国の（戦争犯罪人を含む）兵士のみを神として祀る靖国神社のやり方と決定的に違っていることに注目すべきであろう。

（26）前掲、Germany: Memories of a Nation, Chapter 29 'Barlach's Angel' pp.538-540.

（27）同右、pp.540-542.

(28) アデナウアー政権の外交問題に関しては Thomas W. Maulucci Jr., Adenauer's Foreign Office: West German Diplomacy in the Shadow of the Third Reich (North Illinois University Press, 2012) を参照。

(29) 同右、224〜225。今井康雄「『過去の克服』と教育―アドルノの場合」、對馬達雄編『ドイツ 過去の克服と人間形成』(昭和堂、2011年) 158〜160頁。Hans-Peter Schwarz, Konrad Adenauer: From the German Empire to the Federal Republic, 1876-1952 v. 1 (Berghahn Books, 1995) pp.85-104.

(30) 前掲、『自律への教育』10頁。

(31) 同右、28〜29頁。

(32) 前掲、「『過去の克服』と教育―アドルノの場合」162〜171頁。

(33) 1960年代のドイツの学生運動については、Tony Judt, Postwar: A History of Europe Since 1945 (Penguin Group, 2005) を参照。

(34) ヴィーリー・ブラントの政治思想と政治的成果については Willy Brandt Archive, Struggle for Freedom: Willy Brandt 1913-1992 (Friedrich Ebert Foundation, 2001) を参照。

(35) 飯田収治「戦後ドイツにおける現代史教育と『過去の克服』 1980〜83年の『大統領懸賞付きドイツ史生徒コンクール』を中心に」、大阪市立大学文学部紀要第48巻第12分冊 (1996年) 46頁。このテレビ・ドラマ・シリーズの監督、マーヴィン・チョムスキーは、哲学者・言語学者で政治評論家としても有名なノーム・チョムスキーの従兄弟である。

(36) ドイツの歴史教育の歴史と実情に関しては、岡裕人『忘却に抵抗するドイツ―歴史教育から「記憶の文化」へ』(大月書店、2012年) 第1章「記憶を伝える」を参照。ハーバーマスが唱えた「解放的教育学」については、今井康雄「解放的教育学」、小笠原道夫編『教育学における理論=実践問題』(学文社、1985年) 115〜138頁、ならびに野平慎二『ハーバーマスと教育』(世織書房、2007年) を参照。

(37) 『荒れ野の40年―ヴァイツゼッカー大統領演説全文 1985年5月8日』(岩波ブックレット、1986年)

(38) 山名淳「追悼施設における『過去の克服』〈第二次的抵抗〉としての『追悼施設教育学』について」、前掲『ドイツ 過去の克服と人間形成』第7章、263～264頁。

(39) 同右、268～270頁。ドイツのこうした様々な追悼施設や記念碑の具体的な紹介に関しては、松本彰『記念碑に刻まれたドイツ―戦争・革命・統一』（東京大学出版会、2012年）を参照。

(40) 前掲、「追悼施設における『過去の克服』〈第二次的抵抗〉としての『追悼施設教育学』について」、271～272頁。

(41) 前掲、『忘却に抵抗するドイツ 歴史教育から「記憶の文化」へ』、第2章「記憶は変わる」を参照。

(42) 'Cross of RAF pilot's son crowns rebuilt church in Dresden' in The Telegraph (23 June 2004); Archbishop of Canterbury Justin Welby's Home Page 'Archbishop of Canterbury attends Dresden bombing commemorations'(16/2/2015).

(43) 『ヒロシマというとき』（三一書房、1976年）この栗原の思想を自己の証言運動と平和運動で見事に実践したのが、沼田鈴子（1923～2011年）であった。彼女は、被爆者としての自己の被害体験を証言するだけではなく、日本軍が犯した残虐行為の犠牲者である韓国、中国、マレーシア、シンガポール、沖縄などの人々とも親しく交流し、その人たちの「痛み」を内面化しようと必死に努力した人であった。彼女の思想と活動については、広岩近広『青桐の下で―「ヒロシマの語り部」沼田鈴子ものがたり』（赤石書房、1993年）を参照。

(44) 夢幻能の特徴については、田代慶一郎『夢幻能』（朝日選書、1994年）を参照。

(45) 多田富雄『能の見える風景』（藤原書店、2007年）10～13頁。

(46) 能楽においてワキが果たす役割については、安田登『異界を旅する能―ワキという存在』（ちくま文庫、2011年）第2章「ワキが出会う彼岸と此岸」を参照。

(47) 多田富雄『多田富雄新作能全集』（藤原書店、2012年）

(48) 前掲、『能の見える風景』76頁。

(49) 前掲、『多田富雄新作能全集』146～147頁。

(50) 「日本軍性奴隷（いわゆる「慰安婦制度」）」についての新作能が創作されることを筆者は熱望している。前シテは「元慰安婦の老婆」、後シテは「元日本兵の男の霊」、ワキは「旅の僧」、ワキツレは「若い修行僧」。性奴隷とされた老婆の苦悩の記憶、その加害者でありながら同時に国によって戦争に駆り出され殺された日本兵の罪意識と恨みの重複性、この二人の苦悩の記憶をどう理解したらよいのか悩む僧、とりわけ性欲の問題に悩む若い修行僧、この4人による「苦悩の舞」である。

あとがき

２０１５年3月末の定年退職をひかえ、その1ヶ月ほど前に、広島の平和活動仲間のみなさんに「さよなら講演」と題する講演会を広島市内で開いていただいた。本書の第5章は、そのときに準備した講演ノートを修正し、かつ大幅に加筆したものである。

13年間暮らした広島を離れたとはいえ、その後も毎年8月6日前後の数週間は広島に戻り、いまも市民活動に参加させてもらっている。そのうえに、少なくとも毎年もう1回は広島に戻っているため、いつも私の頭から「広島、原爆、戦争責任」という問題が離れることはない。

実は、「さよなら講演」のあと、広島の原爆問題をめぐる歴史、政治社会問題、文化問題を総合的に分析するような著作を、時間をたっぷりかけて書いてみたいと思い、まず書き始めたのが本書の第2章の元になる原稿であった。書き始めて、自分の構想がいかに自分の力量を超える能力を必要とするものであるのか、遅まきながら気がついた。しかし同時に、「天皇の戦争責任」問題が、戦後の日本の「民主主義」のあり方にひじょうに深い影響を及ぼしており、現在の日本の政治・社会問題を考えるうえでも、この問題を問わずには、いま我々が直面している様々な問題の根本的な原因を理解できないのではないかと考えるようになった。

そこで天皇制に関する様々な資料を読みだしたのであるが、奇しくも、それが天皇明仁の「生前退位」の発表と重なり、そのため、にわかに関連する出版物が増え、それらに目を通すことで私自身もいろいろ思考を重ねた。そんな状況のなかで、私が尊敬するピープルズ・プラン研究所の武藤一羊さんと天野恵一さんのお二人からは、実に貴重なご教示をたくさんいただいた。お二人のご支援がなければ、この小著を完成させることはできなかった。また、最近亡くなられた加納実紀代さんからも多くのことを学ばせていただいた。このことを記して、お三方に深く感謝の意を表したい。

それと同時に、この小著のなかで展開した私の考えは、広島に赴任した2002年から現在までの長年にわたる広島の市民活動の仲間たちとの交流で培われてきたことも間違いない。その意味で、この拙著を出版できたのは、多くの広島の活動仲間のみなさんのご協力のおかげでもある。お世話になったすべての人のお名前をあげることはできないが、以下の人たちに特にお礼を申し上げたい（順不同、敬称を略させていただく）。久野成章、横原由紀夫、池田正彦、上羽場隆弘、豊永恵三郎、岡原美知子、土井桂子、足立修一、土屋時子、大月純子、藤井純子、岡本珠代、西岡由紀夫、湯浅一郎、堀伸夫のみなさん。

本書をお読みいただければお分かりのように、私は小田実の著作から多大な影響を受けている。著作だけではなく、小田さんがご存命のときには、直接彼との個人的な議論を通しても、思索上多くの刺激を受けた。小田さんにあらためて感謝すると同時に、小田さんの「人生の同伴者」である玄順恵さん、活動仲間の北川清一郎さん、木戸衛一さんからも、いまも様々な形でご支援をいただいていることに感謝したい。小田さんと交流のあったベルリン在住の梶村太一、道子ご夫妻からは、ベルリン訪問中にドイツの戦争責任の取り方についてひじょうにたくさんのことを教えていただいたことを記して深く感謝する次第である。

私は自分の性格上、実は大学の教員や研究者がどうしても好きになれないのである。自分が長年大学に席をおきながらこんなことを言うのはおかしいのであるが、大学の外での市民活動に自分の考えを投げ入れ、批判され、そのなかでその考えを鍛え上げるというくり返しをやらないことにはいられない性格なのである。そのため、大学の研究者との交流も、自然と同じような考えをもっている人たちに限られてしまうため、ひじょうに少ない。少ないながらも、こんな変人の私と交流をしていただき貴重なご教示をいただいているかたがた、とりわけ、松村高夫さん、前田朗さん、岡野八代さん、浦田賢治さん、湯浅正恵さん、ウルリケ・ヴェールさんに感謝したい。

本書の表紙には、私の大好きな広島の画家・四國五郎さん（1924〜2014年）が残された数多くの秀れた作品のなかの1枚、「相生橋」を使わせていただいた。この絵が表しているように、戦後間もなくから1970年代末まで、広島には太田川に沿って原爆スラムと呼ばれるバラック街があった。親族を失って生き残った被爆者だけではなく、引揚者や在日の人たちなど、差別され貧困に苦しむ多くの人たちが住んだこの街は、戦後日本の「民主主義」の深い歪みを象徴的に表している一つであると私は考えている。この絵を使うことを許していただいた四國五郎さんのご子息の四國光さんには、なんとお礼を申し上げてよいか分からない。以前からこの絵を表紙にした著書を出したいと願っていたので、その念願が叶って本当にありがたく思っている。

本を出すたびにお礼が最後になるが、妻のジョアンナ、娘の美嘉と愛利然のいつも変わらぬモラル・サポートに感謝の意を表しておきたい。これまでのささやかな私の仕事も、家族の変わらぬ支えがなければ、すべて不可能であった。

この小著が、読者のみなさんの思索を刺戟する一助となることを願って、筆をおく次第である。

２０１９年　春分の日を前に

田中利幸

田中 利幸（たなか としゆき）
歴史学者（専攻は戦争犯罪史、戦争史）。著書に『空の戦争史』（講談社現代新書）、『知られざる戦争犯罪』（大月書店）、Hidden Horrors: Japanese War Crimes in World War II (Second edition, Rowman & Littlefield)。共著に『原発とヒロシマ「原子力平和利用の真相」』（岩波ブックレット）。編著に『戦争犯罪の構造』（大月書店）、共編著に『再論 東京裁判』（大月書店）。翻訳書にジョン・ダワー著 『アメリカ 暴力の世紀 — 第二次大戦以降の戦争とテロ』（岩波書店）、ハワード・ジン著『テロリズムと戦争』（大月書店）などがある。

検証「戦後民主主義」
わたしたちはなぜ戦争責任問題を解決できないのか

2019年5月20日　　第1版第1刷発行

著　者—— 田中 利幸 © 2019年
発行者—— 小番 伊佐夫
装丁組版— Salt Peanuts
印刷製本— 中央精版印刷株式会社
発行所—— 株式会社 三一書房
〒101-0051
東京都千代田区神田神保町3－1－6
☎03-6268-9714
振替 00190-3-708251
Mail: info@31shobo.com
URL: http://31shobo.com/

ISBN978-4-380-19003-2　C0036　　Printed in Japan
乱丁・落丁本はおとりかえいたします。
購入書店名を明記の上、三一書房まで。